Waltraud Roth-Schulz

ALLGEMEINES WOHNMOBIL KOCHBUCH

Die Anleitung für alle Wohnmobil-Köche

DER WOHNMOBIL-VERLAG
D-98634 Mittelsdorf/Rhön

Bibliografische Information Der Deutschen Bibliothek

Die Deutsche Bibliothek verzeichnet diese Publikation in der
Deutschen Nationalbibliografie.
Detaillierte bibliografische Daten sind im Internet über
<http://dnb.ddb.de> abrufbar.

Titelbild: "Der WOMO-Koch", in Szene gesetzt von
            Erwin Schellenberger & Reinhard Schulz

4. Auflage 2014

Druck:
www.schreckhase.de

Vertrieb:
GeoCenter ILH, 70565 Stuttgart

Herausgeber:
WOMO-Verlag, 98634 Mittelsdorf/Rhön
GPS: N50° 36' 38.2" E10° 7' 55.6"

Fon: 0049(0)36946-20691
Fax: 0049(0)36946-20692
eMail: verlag@womo.de
Internet: www.womo.de

Autoren-eMail: Schulz@womo.de

ISBN 978-3-86903-254-2

EINLADUNG

„Da stand es nun vor der Haustür, das neue Familienmitglied. Unser WOMO – ein Riesen-Baby!
Mein Göttergatte hatte sich (uns?) damit einen Herzenswunsch erfüllt, ich ging etwas reservierter an das WOMO-Abenteuer heran.
Sicher, die Freiheit des Reisens und Bleibens überzeugte auch mich – aber durch meine neuen Urlaubsträume zog nicht nur der Duft von Freiheit und Abenteuer, sondern auch der von Küchendunst und schmutzigem Geschirr.

Viele Jahre sind wir nun schon mit dem WOMO unterwegs, haben uns wegen der Küchenarbeit gestritten und wieder vertragen, haben LIDL- und ALDI-Konserven gemampft und uns schließlich geschworen:
Der nächste WOMO-Urlaub wird nicht wieder ein kulinarischer Tieflieger, sondern ein lukullischer Höhenflug!
Viele Gespräche und Erkundigungen waren nötig, wochenlange Koch-, Back- und Bratexperimente, um Ihnen ein Wohnmobil-Kochbuch präsentieren zu können, das diesen Namen wirklich verdient:
Schmackhafte und doch flinke Gerichte – zubereitet nur auf zwei Gasflammen.

Ich wünsche Ihnen mindestens ebensoviel Freude an unseren Tipps und Genuss an unseren Gerichten, wie wir Spaß an der Zusammenstellung hatten.

Ihre

Waltraud Roth – Schulz

P.S.
Alle Angaben und Rezepte in diesem Buch wurden mit viel Mühe und Sorgfalt ausprobiert. Eine Garantie für Ihre Koch- und Bratergebnisse können wir jedoch in keinem Fall übernehmen, weshalb wir auch jegliche Haftungsansprüche zurückweisen müssen.
Für neue Ideen für die WOMO-Küche, weitere Rezepte sowie sachliche Kritik sind wir stets dankbar.

INHALT

EINLEITUNG:
Die Wohnmobilküche ....S. 7

KAPITEL 1:
Einkochen von Urlaubskonserven ....S. 17

KAPITEL 2:
Kalte Küche..S. 31

KAPITEL 3:
Salate ....S. 47

KAPITEL 4:
Suppen & Eintöpfe...S. 66

KAPITEL 5:
Pfannengerichte...S. 83

KAPITEL 6:
Eier- & Käsegerichte S.103

KAPITEL 7:
Fische und Meeresfrüchte S.123

KAPITEL 8:
Fleisch & Geflügel...S.139

KAPITEL 9:
Grillgerichte S.155

KAPITEL 10:
Gemüsegerichte S.171

KAPITEL 11:
Kartoffeln, Reis und Teigwaren S.177

KAPITEL 12:
Gebackenes aus der Pfanne S.201

KAPITEL 13:
Desserts...S.217

KAPITEL 14:
Resteverwertung...S.230

KAPITEL 15:
Küchenwörterbuch S.243

REZEPTVERZEICHNISSE S.256

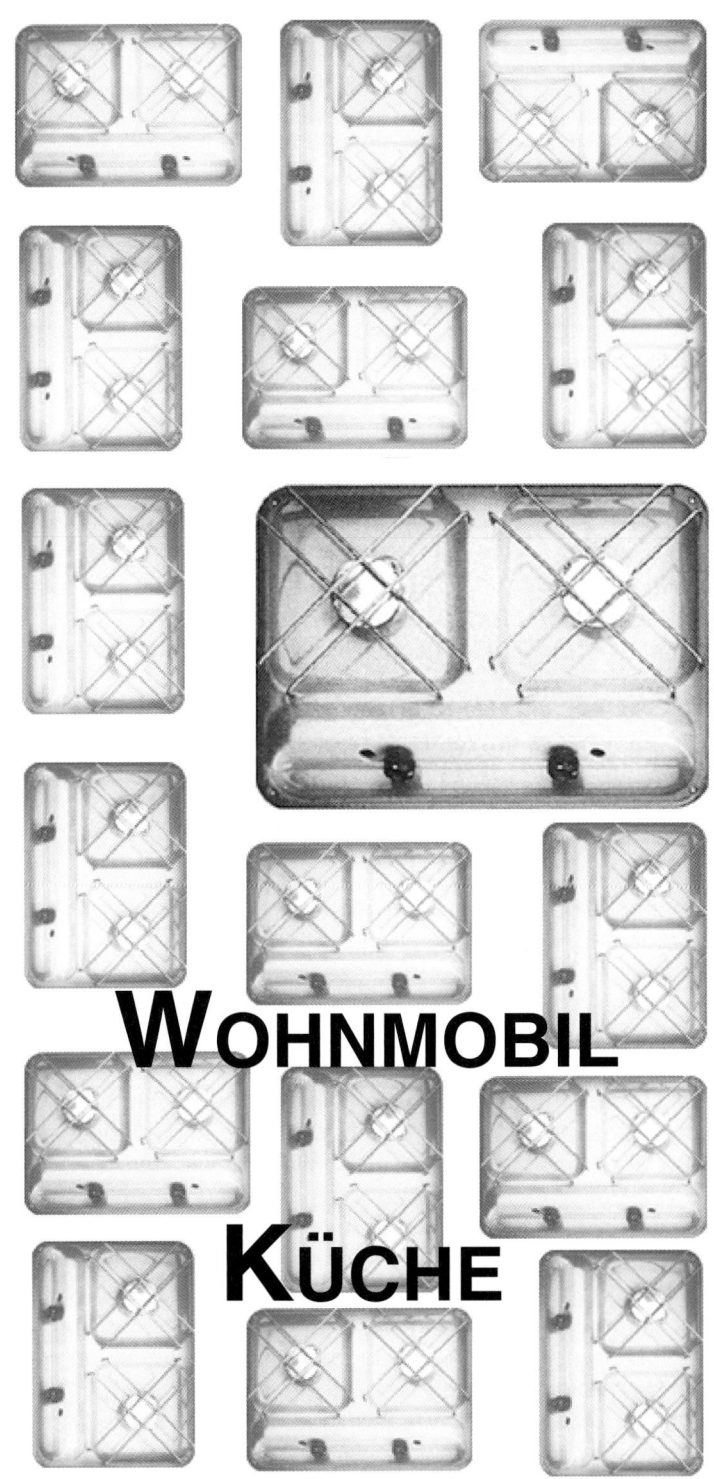

WOHNMOBIL

KÜCHE

HALLO – KÖCHE & KÜCHENHELFER

Kochen macht Arbeit – aber Arbeit macht Spaß (auch im Urlaub), wenn man sich des Erfolges sicher sein kann!

Ich möchte Ihnen auf den nächsten Seiten helfen, auch mit der kargen Küchenausstattung des Wohnmobils flott und schmackhaft zu kochen, zu backen und zu braten. Dabei ist mir (und gewiss auch Ihnen bewusst), dass mit einigen Einschränkungen "gekämpft" werden muss, denn die Wohnmobilküche des **freien Campers** besteht nur aus:

* **Gaskocher mit 2 Gasflammen**
* **Kühlschrank mit kleinem Tiefkühlfach**
* **Spüle**
* **wenigen Staufächern für Geschirr und Lebensmittel**

Da wir (und viele WOMO-Fans) fast immer auf freien Plätzen in der Natur stehen, müssen wir auf den 220-V-Stromanschluss verzichten. Dadurch fallen auch so vertraute Küchenhelfer weg wie:

* **Kaffeemaschine**
* **Rührgerät**
* **Backofen**
* **Mikrowellenherd**

Aber nur keine Bange – denn genau für diesen Sonderfall habe ich dieses Büchlein konzipiert!

Nicht ein einziges der vielen Rezepte erfordert mehr, als auch ein kleines WOMO hergibt – und Sie werden staunen (und noch mehr Ihre Tischgenossen), was in der Wohnmobilküche alles "geht".

Ganz ohne Planung und sinnvolles Zubehör läuft jedoch nichts! Deshalb möchte ich Sie herzlich bitten, den nun folgenden Seiten besondere Aufmerksamkeit zu widmen.

Gerade der Wohnmobilmieter sollte sich vor der Abreise vergewissern, dass ein Mindestmaß an Küchenausstattung vorhanden ist (und zur Not einiges vom heimischen Haushalt dazupacken).

Wer gerne Gäste im WOMO empfängt, der muss den von uns empfohlenen Vorrat an Speisegeschirr und -besteck entsprechend erweitern – und falls Sie bei der Fülle unserer Ideen und Rezepte Angst haben, von der "Urlaubskocheritis" befallen zu werden: Decken Sie sich reichlich mit Gas ein!

Studiert man die Prospekte der Campinghändler, dann scheint Plastikgeschirr die Szene zu beherrschen. Falls auch Sie darauf "abfahren", empfehlen wir Ihnen beim Kauf einen schnellen Blick auf die Unterseite von Tellern und Tassen: Steht dort "Melamin", dann haben Sie sicher keinen schlechten Griff getan, denn dieser Duroplast-Kunststoff (aus der Familie der Aminoplaste) hat sich seit über 50 Jahren bewährt.

Unsere Teller zeigen auch nach 20 Jahren Gebrauch noch keinerlei Verschleißerscheinungen (auch keine Messerrillen); Die Tassen jedoch begannen langsam den Kampf gegen den heißen Kaffee zu verlieren und hatten erste kleine Risse. Deshalb sind wir hier auf die 8-eckigen Tassen aus bruchfestem Arcoroc®-Glas umgestiegen.

Für Kaltgetränke bevorzugen wir Edelstahl. Außer den überall erhältlichen Edelstahlbechern klappern in unserem Staufach einige Edelstahltassen (mit Griff) aus Schweden, die dort im Haushaltswarengeschäft als Messbecher verkauft werden. Auch unsere Edelstahl-Müslischüsseln und die kleinen Edelstahl-Schnapsgläschen stammen dort her.

Edelstahl ziert auch unser Besteck, die Griffe sind aus massivem Kunststoff. Einheitlichkeit können wir hier nicht vermelden, denn im Laufe der Jahre ging manches verloren und wurde quer durch Europa nachgekauft. Den Boden der Besteckfächer haben wir mit Schaumstoff ausgelegt (klappern tut`s trotzdem).

Wer dem Camper empfiehlt, er solle nur stapelbares Geschirr kaufen und dies auch noch klapperfrei verstauen – der hat seine Erfahrungen am Schreibtisch gemacht. Gehen Sie einfach davon aus, dass ein WOMO während der Fahrt eine gewisse individuelle Geräuschkulisse besitzt ...

Da sich in unserem WOMO-Haushalt die Sitte eingebürgert hat, nur einmal am Tag (abends) aufzuwaschen, brauchen wir pro Person mindestens zwei Gedecke. Folglich ergibt die Zählung im Geschirrfach **pro Person**:

* **2 große flache Teller**
* **2 kleine flache Teller**
* **2 tiefe Teller**
* **2 Tassen**
* **2 Trinkbecher**
* **1 Frühstücksbrettchen**
* **1 Müslischüssel**
* **2 Bestecksätze**

KÜCHENZUBEHÖR

Vermutlich haben Sie gerade einen Heidenschreck bekommen – beim Anblick der "langen Latte der Notwendigkeiten".
Aber das meiste davon ist "Kleinkram", braucht wenig Platz und erspart viele zeitaufwendige Provisorien. Trotzdem kann "man" nach kritischer Sichtung sicher das eine oder andere weglassen (aber sich dann auch nicht bei mir beschweren):

* Schneidbrett
* Rührlöffel oder Quirl
* Gemüselöffel
* Salatbesteck
* Schöpfkelle
* Grillzange
* Bratenwender
* Brotmesser
* Küchenmesser (mehrere)
* Kartoffelschäler
* Gurkenhobel
* Rohkostreibe
* Schneebesen
* Schneerädchen
  (für Schlagsahne und Eischnee, Handbetrieb)

* Sieb (groß, stabil f. Spaghetti)
* Topflappen/Topfuntersetzer
* Alufolie
* Frischhaltefolie
* Küchenrolle
* Streichhölzer
* Gasanzünder
* Flammenverteilersieb
* Spritzschutzsieb
* Messbecher
* Kurzzeitwecker
* Holzspieße
* Geschirrabtropfmatte

* Knoblauchpresse
* Muskatreibe
* Zitronenpresse
* Dosenöffner
* Flaschenöffner
* Korkenzieher
* Schere
* Geschirrtücher

* Abwaschschüssel
* Geschirrspülmittel
* Abwaschtuch
* Abwaschbürste
* Putzschwamm

* 2 Plastikschüsseln
  (ineinander passend)
* mehrere Vorratsdosen mit
  dichtem Deckel
  (ineinander stapelbar)
* Kunststoffflaschen für
  Erfrischungsgetränke
* Weithalsflaschen
  für Zucker, Mehl usw.

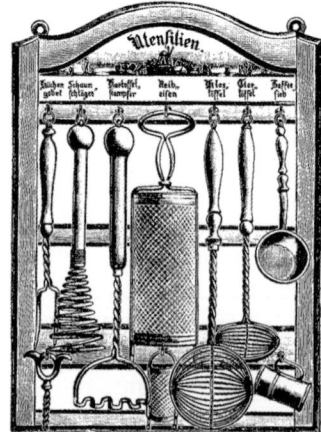

* **Schnellkochtopf (Dampftopf)**   5 L Inhalt
* **großer Kochtopf**   4 L Inhalt
* **mittlerer Kochtopf**   2 L Inhalt
* **Stielkasserolle**   1 L Inhalt
* **Wasserkessel (Pfeifkessel)**   1 L Inhalt
* **Bratpfanne flach**   oberer Ø 28 cm
* **Bratpfanne hoch mit Deckel**   oberer Ø 24 cm
* **Teekanne mit Sieb**
* **Kaffeekanne mit Filter und Filtertüten**
  oder besser:
* **Espressomaschine (Ital-Express) für 14 (!) Tassen**
* **WOMO-Pfannenknecht**
* **Salatschüssel aus Plastik**

Wer dem WOMO-Koch dünnwandiges Alu-Kochgeschirr à la Pfadfinder empfiehlt, hat noch nicht damit gekocht. Wir ziehen es vor, auch im Wohnmobil unsere Teflon-beschichteten Alu-Töpfe und -pfannen in Haushaltsqualität zu benutzen. In ihnen verteilt sich die Hitze schnell und doch gleichmäßig – und leicht sind sie auch noch. Der Gefahr, dass sich die Beschichtung während der Fahrt abreibt, begegnen wir erfolgreich durch Zwischenlagen von Küchenpapier.

Im Kapitel "Backen" verraten wir Ihnen z. T. völlig neue Techniken zum Backen in der Bratpfanne. Dafür brauchen Sie außer der o. a. hohen Bratpfanne mit Deckel einen **Backkegel**. Leider ist dieser im Handel nicht erhältlich. Man bastelt ihn aber ganz leicht selbst,  indem man einem neuen Ton-Blumentopf vorsichtig den Boden ausschlägt (genaueres steht im Backkapitel).

Das Gewackel mit Kaffeekanne und Filter haben wir in dem Moment beendet, als wir die Ital-Express-Espresso-Maschine aus Hartaluminium entdeckten. Sie braucht kein Filterpapier und filtert den Kaffee doch – per Wasserdampf und Metallsiebeinsatz. Nimmt man scharf gebranntes Espressokaffeepulver, erhält man bis zu 14 Tassen Espresso. Füllt man normales Kaffeepulver ein, dann ist das Ergebnis vier Tassen "normaler" Kaffee.

LEBENSMITTELVORRÄTE

Ein Genuss für alle Sinne ist ein Bummel über einen griechischen Obst- und Gemüsemarkt, durch eine spanische Fischhalle oder einen türkischen Basar – und die beste Gelegenheit, Frisches für die nächsten Mahlzeiten einzukaufen und Neues zu entdecken.

Der WOMO-Urlauber muss sich jedoch für alle Eventualitäten wappnen: Schnelle Mahlzeiten während der Anreise, zur Not kalte Küche, mit der der Fahrer gefüttert wird – oder der Griff in die Konservenkiste, wenn am einsamen Strand die Frischvorräte ausgehen ...

Zum Thema "Konserven" halten wir im entsprechenden Kapitel ganz Überraschendes für Sie bereit, schnelle und kalte Küche war uns auch ein Kapitel wert – aber um einen Dauer-Lebensmittelvorrat im WOMO kommt man nicht herum.

Wir füllen die folgenden Lebensmittel möglichst in dicht verschraubbare Flaschen oder Weithalsflaschen aus Kunststoff um (wenn sie nicht bereits in praktischen Plastikgefäßen angeboten werden).

Wichtig: Diese Vorräte sollten regelmäßig ausgetauscht und im Haushalt aufgebraucht werden.

* Mehl	* Zucker
* Öl	* Essig
* Grieß	* Paniermehl
* Reis	* Spaghetti
* Nudeln	* Müsli
* Milchpulver	* Limopulver
* Zitronenteepulver	* Kaba
* Kaffee	* Tee
* Zwieback	* Salzstangen
* Salz	* Pfeffer
* Paprika	* Muskatnuss mit Reibe
* Majoran/Oregano	* Maggi
* Suppengrün (getr.)	* Salatkräuter (getrocknet)
* Lorbeerblätter	* Cayennepfeffer
* Curry	* Thymian

Erst kurz vor Abfahrt ins WOMO-Wochenende oder zur Urlaubsreise wird die große Vorratskiste gepackt >>>>>>>>

DIE GROSSE VORRATSKISTE

Auf dieser Seite werden die Meinungen weit auseinanderklaffen. Unsere große Vorratskiste ist im Laufe der Jahre immer weiter geschrumpft. So, wie Europa zusammenwächst, findet man auch an den entferntesten Gestaden fast alle heimischen Lebensmittel. Auch liegen die Preise nicht mehr so weit auseinander. Dabei gilt: Frisches wird von Nord nach Süd immer billiger. So ist es eher ein Akt der Bequemlichkeit, wenn wir vieles quer durch die Lande karren, statt es erst bei Bedarf einzukaufen. Produkte, die in manchen Ländern nur recht teuer (oder gar nicht) erhältlich sind, habe ich mit einem (!) gekennzeichnet:

* Limo
* Wein (!)
* H-Milch (!)
* Wurstdosen (!)
* Puddingpulver
* Honig
* Senf
* Ketchup
* Mayonnaise
* Butter
* Margarine
* Käse
* Zwiebeln
* Kartoffeln
* Sprühsahne

* Bier (!)
* Schnaps (!)
* Dosenmilch
* Fischdosen (!)
* Marmelade
* Zitronensäure kristall. (!)
  (statt Zitronensaft)
* Tomatenmark
* süße Sahne/Schmand
* Bratfett
* Dauerwurst
* Eier
* Knoblauch
* Schokolade/Bonbons
* Dosenbrot/Brot

* Kartoffelpüree
* Bratensoßen

* Semmelknödel
* Instantsuppe/-brühe

* Fertiggerichte in Dosen und Tüten

EIGENE KONSERVEN
* Hackfleischbällchen
* Rouladen
* Schmorbraten

* Gulasch
* Frikassee
* Lammragout, usw.

(Infos und Rezepte im folgenden Kapitel)

Richtwerte für Maßangaben

1 gestrichener Esslöffel (1 EL = 15 ml) wiegt gefüllt mit:

* Butter	15 g	* Mehl	8 g
* Öl	12 g	* Paniermehl	6 g
* Reis	15 g	* Rosinen	10 g
* Salz	15 g	* Stärkemehl	7 g
* Wasser	15 g	* Zucker	14 g

1 gestrichener Teelöffel (1 TL = 5 ml) wiegt gefüllt mit:

* Backpulver	3 g	* Mayonnaise	5 g
* Pfeffer	2 g	* Milch	5 g

1 kleine Zwiebel wiegt 50 g, 1 mittlere 100 g, 1 große 200 g (das gleiche gilt für Kartoffeln).

Ich liebe meinen Schnellkochtopf (Dampftopf)!

Im SKT kocht man schneller, vitamin- und wertstoffschonender und – besonders wichtig im WOMO – viel geruchsärmer!
Nach etwa 1/3 der sonst üblichen Garzeit sind die Gerichte fertig – und man hat 2/3 des wertvollen Gasvorrates gespart!

Der SKT-Trick:
Nach kurzer Anheizzeit zeigt der Druckanzeiger an, dass 0,5 - 0,8 atü und damit 113°C - 118°C erreicht sind. Jetzt kann die Gasflamme zurückgedreht werden.

Wichtig:
Topf zu Beginn richtig schließen: Topf- und Deckelgriff müssen genau übereinander stehen.
Topf öffnen: Erst, wenn sich das Kochventil ganz gesenkt hat.

Garzeiten:
Wegen der kurzen Garzeiten ist ein Kurzzeitwecker nötig!

* Fischfilet	1-2 min.	* Fisch (ganz)	5-7 min.
* Gulasch	20-25 min.	* Geschnetzeltes	6-8 min.
* Hackbraten	10-15 min.	* Hähnchen (ganz)	15-20 min.
* Gemüse	3-10 min.	* Reis	6-9 min.
* Nudeln	4-8 min.	* Hülsenfrüchte	18-25 min.

... und weil der SKT so praktisch fürs WOMO ist, habe ich viele Rezepte für ihn optimiert und dort nochmals die genauen Garzeiten angegeben.

DER WOMO-PFANNENKNECHT

Das hätten sich die alten österreichischen Waldarbeiter auch nicht träumen lassen ....

In einem kleinen Heimatmuseum in einer ebenso kleinen Tiroler Provinzstadt ließen wir uns von der schweren Arbeit der Holzfäller erzählen und entdeckten dabei den "Gock", wie ihn der Museumswärter nannte. Er wurde neben dem Lagerfeuer in den Boden gesteckt und diente als Haltevorrichtung für eine Bratpfanne ....

Genial, dachten wir uns, machten eine Skizze und ein Modell aus Draht und legten beides einem Kunstschmied vor, damit dieser das Waldarbeitergerät in ein Campingmodell umarbeiten möge ....

Bereits einige hundert WOMO-Fans haben inzwischen den Pfannenknecht, wie wir ihn tauften, erprobt! Ob Rührei mit Speck, Kaiserschmarrn, Steak oder Fischfilet – stets genügen ein paar winzige Ästchen, um prima bruzzeln zu können. Kein Mitschleppen von Holzkohle mehr, keine schwarzen Finger, kein Gepuste – und vor allem keine trockenen Ledersteaks, sondern Saftiges – und das alles unter freiem Himmel!

So weit uns bekannt ist, gibt es den Pfannenknecht nirgends auf der Welt mehr zu kaufen – außer bei uns! Einschließlich angepasster Qualitätseisenpfanne, die nie aufgewaschen werden muss (Bestellzettel am Buchende).

Wettbraten à la Pfannenknecht

TRINKWASSER IM WOMO

Für Benzin und Diesel, Brot und Obst gibt es Einkaufsmöglich-
keiten in Hülle und Fülle. Wo aber erhält man gutes Trinkwasser? In einigen Ländern hat die Zahl der Entsorgungsstationen
(wo man auch Trinkwasser fassen kann) erfreulich zugenom-
men. In allen Reiseführern der WOMO-Reihe sind nicht nur
diese Stationen, sondern auch viele Trinkwasserbrunnen auf
den Tourenkarten genau eingezeichnet und im Text beschrieben. Auch beim Tanken ist die Frage nach dem langen Wasser-
schlauch selten vergeblich: „Ziehen Sie bitte 1 € mehr ab für
einen Tank voll Wasser?"

Meist kann man davon ausgehen, dass das frisch eingefüllte
Nass keimfrei ist. Dies bleibt es aber – zumal bei sommerlichen
Temperaturen – nicht lange. Um einer unangenehmen Ur-
laubsdiarrhö, auch Durchfall genannt vorzubeugen, werden in
Fachkreisen diverse Entkeimungsmethoden diskutiert:
Mühsam, zeitaufwendig (und gasverschwenderisch) ist das
Abkochen. Für eine sichere Entkeimung (z. B. zur Zubereitung
von Babynahrung) müsste dieser Prozess auch noch wiederholt werden!!
Eine sichere, preiswerte und einfache Methode ist das Kata-
dyn-Verfahren. Es beruht auf der keimtötenden Wirkung (Oligodynamie) geringster Konzentrationen von Silberionen. Die
im Campinghandel angebotenen Pülverchen oder Tropfen
tragen die Namen Micropur, Aqua Clean oder PuroSil, sind
geschmacklos, gesundheitlich völlig unbedenklich und wirken
sicher. Sie verhindern auch die Nachverkeimung des Wassers
im Tank über viele Wochen hinweg. Einen Haken hat die
Oligodynamie: Die Entkeimung dauert etwa 5 Stunden!
Alle anderen Entkeimungsmittel enthalten chlorabspaltende
Präparate (auch die meisten Wasserwerke in Deutschland
setzen Chlor ein!). Im Campingladen gibt es z. B. Romin
keimfrei.
Wer ganz auf "Nummer Sicher" gehen will, dem empfehlen wir
ChloroSil. Sein Inhalt ist eine Kombination aus beiden Entkei-
mungsmitteln: Hypochlorit für die Sofortentkeimung und Silberionen, um die Nachverkeimung zu verhindern (wir verwenden es selbst seit Jahren).
So groß Ihr Wassertank auch sein mag – die Wasserpumpe
röchelt stets im falschen Augenblick die letzten Tropfen aus.
Machen Sie es sich deshalb zur Regel: Nie an einem Brunnen
vorbeifahren, auch wenn der Tank noch zur Hälfte gefüllt ist!

EINKOCHEN VON URLAUBSKONSERVEN

„Konserven kauft man im Laden!"

Diesen Spruch hat uns die Werbung seit Jahren erfolgreich eingehämmert. Ist er jedoch für den Verbraucher noch nachvollziehbar nach den Lebensmittel-Skandalen der letzten Zeit? Ist es tatsächlich "Fortschritt", wenn sich die Konservenetiketten wie Chemiebücher lesen?

Trotzdem waren all diese Gedanken nur zusätzliche Bestätigung für uns, die wir den uniformen Geschmacksmampf der meisten Konserven einfach über hatten.

Kostspielig war der Neubeginn nicht, denn bei Muttern stand noch der alte "Einweck-Apparat" herum. Auch an guten Ratschlägen fehlte es nicht; schließlich hat unsere Elterngeneration noch regelmäßig eingekocht. Aber das erfolgreiche Ergebnis unserer vielen Experimente hat doch wenig mit der stundenlangen "Einkocherei" unserer Altvorderen zu tun:

„Leckere und gesunde Konserven fix aus dem Schnellkochtopf!" heißt die Devise.

Unsere Einkochtechnik ist jedoch nicht nur unter wirtschaftlichen und gesundheitlichen Gesichtspunkten interessant. Sie ist eine schöpferische Arbeit, bei der man seine eigenen Ideen verwirklichen kann, ohne komplizierte neue Techniken zu erlernen, denn alle Geräte sind in einem modernen Haushalt vorhanden.

Das Ergebnis ist ganz nach Wunsch gesunde, leckere Hausmannskost oder auch ein raffiniertes exotisches Geschmackserlebnis. Rechtzeitig zu Hause konserviert, zaubern Sie im Urlaub in wenigen Minuten ein fertiges Gericht (unter geringstem Gaseinsatz). Die Konserven sind nach unseren Langzeittests auch unter extremen Temperatur- und Transportbedingungen mindestens 6-8 Monate haltbar, können folglich schon lange vor der hektischen Vorurlaubsphase in Ruhe hergestellt werden. Am einfachsten und zeitsparendsten ist es, wenn Sie von Ihren Lieblingsrezepten die doppelte oder dreifache Menge zubereiten: Die Portionen, die eingekocht werden sollen, werden nach der halben Garzeit entnommen, in Gläser gefüllt und sterilisiert, den Rest kochen oder schmoren Sie wie gewohnt zu Ende.

Selbstverständlich kann man auch rohes Gemüse oder Fleisch einkochen. Die sichersten Einkochergebnisse erzielten wir jedoch mit vorgegarten Produkten.

„Wie groß ist Ihre Wohnmobilfamilie?"
Sie bestimmt die Größe der "Twist-off-Gläser" (normale Marmeladen-, Gurken- oder Aletegläser mit Schraubdeckel), die Sie für Ihre Einkochaktionen sammeln sollten (Tipp: Für einen 2-Personen-Haushalt ist die Fleischportion in einem "normalen" 450-ml-Marmeladenglas ideal).

Wir haben diese Gläser mit Erfolg 3-4 Mal verwendet, bevor die Deckeldichtung unbrauchbar wurde. Für den WOMO-Urlauber ist es jedoch einfacher, sie nach Benutzung in den Altglas-Container zu werfen.

Nur absolute Einkoch-Freaks werden sie sorgfältig aufwaschen und auf die Gelegenheit warten, sie wieder mit schwedischen Pilzen, norwegischen Heidelbeeren oder Marmelade aus griechischen Orangen füllen zu können. Dazu jedoch später – am Ende meiner Rezeptvorschläge!

Absolute Hygiene ist beim Einkochen oberstes Gebot, denn unsauberes Arbeiten kann zum Verderb der ganzen, wertvollen Lebensmittelportion führen – von Ihrer vergeblichen Arbeitszeit ganz zu schweigen. Deshalb:

☞ Gläser gut reinigen, mit klarem, heißem Wasser nachspülen, umgedreht auf ein sauberes Küchentuch stülpen, nicht abtrocknen!

☞ Ebenso mit den passenden Schraubdeckeln verfahren (die Deckel dürfen noch keine Roststellen aufweisen, die Dichtung muss unversehrt sein!

Inzwischen haben Sie einige Portionen zum Einkochen vorbereitet. Unser Rezeptteil auf den folgenden Seiten soll Ihnen nur Anregungen geben. Falls Sie Ihre Lieblingsspeisen nicht darunter finden: Eigenes Probieren geht auch über studieren ....

Jetzt tritt der SKT (Dampftopf) in Aktion! Testen Sie, wie viele Gläser nebeneinander auf seinem Boden passen und bereiten Sie entsprechene Mengen (s. o.) vor. In den SKT gehören 1/4 L - 1/2 L Wasser; die Gläser stellen wir in den gelochten Einsatz, so dass sie 1-2 cm hoch vom Wasser umspült sind. Das Gargut wird in die gespülten Gläser eingefüllt (zuerst das Fleisch, dann zusätzliche Gewürze, am Schluss die Sauce bis max. 2 cm unter dem Rand). Nachdem man den (verkleckerten) Glasrand mit einem sauberen Tuch abgewischt hat, werden die Gläser (nicht zu stramm) zugedreht, denn beim Sterilisationsprozess wird durch den entstehenden Wasserdampf die Luft herausgedrückt und der Deckel bombenfest angesaugt.

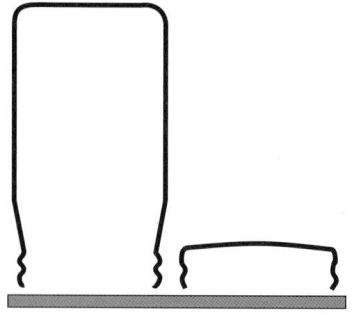

Marmeladengläser mit "Twist-off"-Deckeln werden sorgfältig gereinigt, klargespült und auf ein sauberes Tuch gestülpt.

Währenddessen wird das Einkochgut (Gulasch, Fleischbällchen; siehe Rezeptvorschläge) halb gar gekocht oder gebraten.

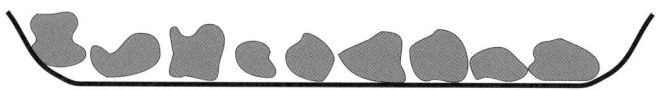

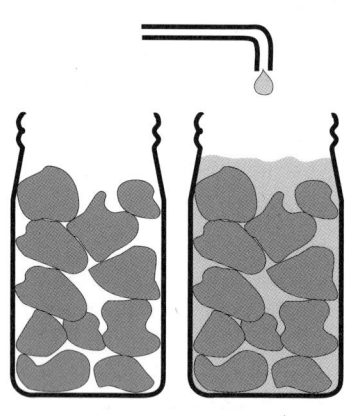

Das Gargut wird in die Gläser eingefüllt, dann werden zusätzliche Gewürze (Salz, Pfeffer, Paprika, Piment, Muskat o.a.) zugegeben.
Schließlich wird mit Sauce (oder Wasser) bis max. 2 cm unter dem Glasrand aufgefüllt.

Der (verkleckerte) Glasrand wird mit einem feuchten, sauberen Tuch abgewischt. Dann wird das Glas (nicht zu fest) zugeschraubt und auf den Einsatz des SKT in 1-2 cm Wasser gestellt.
Beim Sterilisieren kann die Luft hinaus, aber nicht wieder zurück – wie man am eingedellten Deckel erkennen kann.

STERILISATION

Die eigentliche Sterilisation verläuft nicht anders als ein normaler Kochvorgang im SKT:

☞ Nach dem Schließen des Deckels wird ca. **15 Minuten** bei vollem Druck eingekocht. Bei einer Temperatur von 115°-120°C und einem Druck von 1,8-2,0 bar (= 1,8-2 atm, vergleichbar dem Druck in einem Autoreifen) wird viel schneller, vitamin- und wertstoffschonender sterilisiert als mit dem herkömmlichen Einweckapparat. Gleichzeitig ist die Sicherheit, jedem Bakterium den Garaus gemacht zu haben, viel größer.

☞ Anschließend stellen Sie die Energiezufuhr ab und lassen den SKT auf dem Herd geschlossen stehen und abkühlen. **Meine Empfehlung:** Abends einkochen und über Nacht stehen lassen.

☞ Nach dem Öffnen kontrollieren, ob der Deckel eingedellt ist (bei Misserfolg Inhalt sofort verbrauchen), die Gläser beschriften und bis zum Urlaub kühl und dunkel aufbewahren.

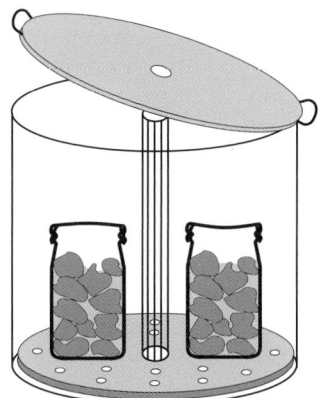

Wer keinen SKT zur Verfügung hat, kann natürlich in jedem anderen – ausreichend hohen – Topf oder dem altehrwürdigen **Einweckapparat** einkochen. Da hierbei jedoch bei 1,0 bar und entsprechend bei "nur" 98°C eingekocht wird, überleben die Dauerstadien mancher Bakterien. Deshalb muss die Sterilisation nach einer Ruhephase von 24 Stunden wiederholt werden.

Für Fleisch in Marmeladengläsern gelten z. B. folgende Zeiten:

1. Sterilisation: 60 min. >Pause < 2. Sterilisation: 30 min.

Zusätzlich ist zu bedenken, dass im Einweckapparat die Größe der Gläser eine wichtige Rolle bei der Länge der Garzeit spielt. Ich muss Sie deshalb auf die Angaben der Hersteller verweisen.

Wenn Sie im Urlaub Ihre Konserven verwenden, brauchen Sie den Glasinhalt nur noch zu erwärmen und evtl. mit Kräutern nachzuwürzen. In fünf Minuten steht ein fertiges Gericht auf dem Tisch. **Aber nun zu meinen Rezeptvorschlägen >>>>>**

HACKFLEISCHBÄLLCHEN
(Köttbollar)

Zutaten für 4 Personen:

800 g Hackfleisch, gemischt

2 altbackenes Brötchen oder altes Weißbrot

2 Zwiebeln, 2 Eier, Salz, Pfeffer, Bratfett

Brot in kaltem Wasser einweichen, ausdrücken. Zwiebeln fein hacken. Alle Zutaten gut durchkneten. Mit angefeuchteten Händen kleine Kugeln formen, von allen Seiten gut anbraten (halbgar!).
Hackfleischbällchen in die vorbereiteten Gläser geben.
Bratenfond mit Wasser ablöschen, mit Salz und Pfeffer würzen und bis 2 cm unter den Rand zufüllen; sterilisieren.
Man kann Knoblauchscheiben, Pfeffer- oder Pimentkörner, Wacholderbeeren und auch rohe Zwiebelringe mit in die Gläser geben – oder letztere erst vor dem Servieren des Gerichtes anbraten und mit dem Glasinhalt vermischen.
Ganz nach Geschmack kocht man die Bällchen in der Soße zugedeckt auf und würzt mit Instant-Bratenfond nach – oder man verkocht die Sauce in der Pfanne und brät die Bällchen nochmals knusprig.

KÖNIGSBERGER KLOPSE
Großmutters Sparrezept

Zutaten für 4 Personen:

600 g Hackfleisch, gemischt

1 altbackenes Brötchen, 2 Eier, 1 Zwiebel, Senf, Sardellenpaste,

Salz, Pfeffer, 2 EL Margarine, 2 EL Mehl, Zitronensaft, Kapern

Aus dem eingeweichten und ausgedrückten Brötchen, Ei, feinen Zwiebelwürfeln, Senf, Sardellenpaste und Gewürzen eine Masse kneten, kleine Kugeln formen und diese in schwach siedendem Salzwasser in 10 min. angaren.
Herausnehmen und in die vorbereiteten Gläschen füllen.
In der erhitzten Margarine das Mehl schwitzen und mit so viel Kochwasser auffüllen, dass eine sämige Sauce entsteht.
Mit Ei abziehen und mit Salz, Zitronensaft und Kapern abschmecken.
Sauce bis 2 cm unter den Glasrand einfüllen, sterilisieren.

GULASCH gemischt	KAPERNFLEISCH vom Schwein
Zutaten für 4 Personen:	**Zutaten für 4 Personen:**
500 g Gulasch (Rind + Schwein)	500 g Schweinebraten
3 EL Schweineschmalz	2 EL Öl
3 Zwiebeln	Salz, Pfeffer
1/8 L saure Sahne	Rosenpaprika
1/8 L Wasser	Basilikum
1 EL Tomatenmark	2 Röhrchen Kapern
Wacholderbeeren, Lorbeerblätter	Fleischbrühe (Instant)
Piment, Rosenpaprika, Salz	

Konserven-Rezept *Konserven-Rezept*

GULASCH

Die Fleischwürfel im Schmalz kräftig anbraten (halbgar), Fleisch herausnehmen und in Gläschen füllen.

Jetzt die Zwiebeln im Schmalz glasig dünsten, Tomatenmark und saure Sahne unterrühren, mit Wasser ablösen. Sauce gleichmäßig auf die Gläschen verteilen.

Gewürze zufügen und mit Wasser bis 2 cm unter dem Rand auffüllen; sterilisieren.

Mein Tipp:
Vor dem Servieren nachwürzen, mit Rotwein abschmecken, evtl. mit Speisestärke andicken.

KAPERNFLEISCH

Das Schweinefleisch in Würfel schneiden und in heißem Öl braun braten, mit Salz, Pfeffer, Paprika und Basilikum würzen. 1/4 L Wasser zugießen und ca. 1/2 Std. schmoren (halbgar).

Fleisch in die Gläschen füllen und die Kapern gleichmäßig dazugeben.

Bratenfond mit Fleischbrühe ablösen und über das Fleisch geben bis 2 cm unter den Rand, sterilisieren.

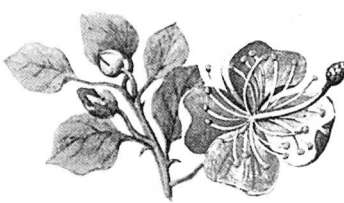

Kapernstrauch *Capparis spinosa*

Mein Tipp:
Sauce vor dem Servieren mit etwas Speisestärke andicken, mit Rosenpaprika bestreuen.

---

* Zubereitung: 1 Stunde.   * Zubereitung: 3/4 Stunde.

ROULADEN
vom Rind

Zutaten für 4 Personen:

4 Rouladen à 150 g, 1 EL Bratfett, Rinderbrühe (Instant)

Für die Füllung:

4 Scheiben gek. Schinken, 2 TL Senf *Konserven-Rezept*

1 Zwiebel, 2 Fleischtomaten, 2 Scheiben Weißbrot

1 Knoblauchzehe, Pfeffer, Salz, Petersilie

Die gut abgetrockneten Rouladen auf einer Seite mit Senf bestreichen und mit Schinken belegen.

Zwiebelwürfel in Fett glasig dünsten, Weißbrotwürfel goldbraun rösten, Knoblauchzehe darüber drücken, Tomatenwürfel zugeben, kurz dünsten, zu glatter Farce verarbeiten, mit Salz und Pfeffer abschmecken.

Rouladen mit der Farce bestreichen, einrollen, mit Garn zusammenbinden und in heißem Bratfett ringsum anbraten, in die Gläschen stecken (evtl. größere Gurkengläser).

Bratenfond mit heißer Rinderbrühe auflösen und über die Rouladen gießen, sterilisieren.

Pistazie *Pistacia vera*

Griechische Variante

Die Roulade bleibt gleich,

die Füllung jedoch stellt man her aus 150 g zerkrümeltem Schafskäse, 50 g gehackten (ungesalzenen) Pistazienkernen, 8 gehackten (schwarzen) Oliven, 50 g Rosinen und 2 Knoblauchzehen (in Scheiben geschnitten).

Mein Tipp:
Zum Anrichten verquirlen Sie saure Sahne mit dem Bratenfond und lassen alles zusammen 5 min. ziehen.
Eventuell nachwürzen mit Salz und Pfeffer.

---

* Zubereitung: Jeweils 3/4 Stunde.

SCHMORBRATEN
vom Rind

Zutaten für 4 Personen:

1 kg Rindfleisch

1 Bund Suppengrün

1 Zwiebel

1 Tomate

Konserven-Rezept

Salz, Pfeffer

55 g Butterschmalz

1/2 L Fleischbrühe, 1/4 L Rotwein

2 EL Crème fraîche

Rindfleisch waschen und trockentupfen, mit Salz und Pfeffer einreiben. Suppengrün putzen, waschen und kleinwürfeln. Zwiebel schälen und kleinwürfeln, Tomate waschen und würfeln.

Butterschmalz erhitzen, Rindfleisch darln anbraten, Gemüse zufügen und anbraten, Fleischbrühe und Rotwein aufgießen und 1 1/2 Std. schmoren lassen (SKT 30 min.).

Fleisch in Scheiben schneiden, warm stellen; Bratensaft durch Sieb gießen, mit Crème fraîche verrühren, aufkochen lassen.

Fleischscheiben in passende Gläser schichten, Bratensaft zugeben, evtl. mit Wasser bis 2 cm unter den Rand auffüllen; sterilisieren.

* Zubereitung: 2 Stunden.

CEVAPCICI
Balkanrezept

Zutaten für 4 Personen:

500 g gem. Hackfleisch

2 Zwiebeln

Mehl

1/8 L Öl

Konserven-Rezept

Salz, Pfeffer

1 TL Rosenpaprika

2 Knoblauchzehen

Knoblauch und Zwiebel schälen und ganz fein hacken. Das Hackfleisch mit Knoblauch, Zwiebel, Pfeffer, Salz, Paprika und 1/2 EL Mehl vermengen, 10 min. kneten und dann mit nassen Fingern daumengroße Röllchen formen; in Mehl wälzen und 1 Std. trocknen lassen. Röllchen in heißem Öl

 scharf anbraten, in Gläser füllen.

Bratenfond mit Wasser ablöschen und bis 2 cm unter den Rand zufüllen; sterilisieren.

Cevapcicisauce vor dem Servieren in der Pfanne verkochen lassen und Fleisch nochmals knusprig braten.

> **Mein Tipp:**
> Zu Cevapcici reicht man frisches Weißbrot und ein Tellerchen gehackte rohe Zwiebeln.

* Zubereitung: 1 1/2 Stunde.

RINDERHERZ
geschmort

Zutaten für 4 Personen:

500 g Herz

2 Zwiebeln, 1 Paprika

Konserven-Rezept

1 EL Trockenpilze, 2 TL Mehl

Margarine, Salz, Zitronensaft

1/4 L saure Sahne, 1/4 L Fleischbrühe

Pilze einweichen, Zwiebeln schälen und würfeln, Paprika putzen und in Streifen schneiden.

Das gesäuberte Herz in Würfel schneiden, in heißer Margarine anbraten.

Salz, Zwiebeln, Pilze und Paprikastreifen zugeben, nach und nach saure Sahne darübergießen und nach Zugabe der heißen Brühe zugedeckt 1/2 Stunde schmoren lassen.

Mit Zitronensaft und nach Belieben auch mit Rotwein oder Tomatenmark abschmecken.

In Gläser einfüllen, evtl. weitere Brühe zugeben bis 2 cm unter den Rand; sterilisieren.

Mein Tipp:
Zum Anrichten verquirlen Sie kalt angerührtes Mehl mit dem Bratensaft und lassen alles kurz aufkochen
Eventuell nachwürzen mit Salz und Pfeffer.

---

* Zubereitung: 1 Stunde.

LAMMRAGOUT
in Kräutersauce

Zutaten für 4 Personen:

600 g Lammschulter (ohne Knochen)

1 Zwiebel, 1 Knoblauchzehe

4 Zweige Rosmarin

1 unbeh. Zitrone

Konserven-Rezept

1 EL Butterschmalz, 1 EL Mehl

1/4 L Fleischbrühe

1 EL Rosenpaprika, Salz, Pfeffer

Fleisch würfeln, Zwiebel und Knoblauch abziehen und fein hacken, Zitrone waschen und abtrocknen, Schale zu 1/4 abreiben, Saft auspressen.

Fett erhitzen, Fleisch kräftig anbraten; Rosmarin, Zwiebel, Knoblauch und Zitronenschale zugeben, 1 min. schmoren.

Mehl und Paprika darüberstreuen, Brühe zugießen und alles glattrühren.

Mit Salz und Zitronensaft würzen und weitere 20 min. halb garen, mit Salz und Pfeffer abschmecken.

In Gläser füllen, evtl. weitere Brühe bis 2 cm unter den Glasrand zugießen; sterilisieren.

Mein Tipp:
Vor dem Servieren feingehackte Petersilie und Minze mit 2 EL süße Sahne (oder Kondensmilch) unterrühren.

* Zubereitung: 1/2 Stunde.

FRIKASSEE
vom Huhn

Zutaten für 4 Personen:

1 küchenfertiges Huhn

1 Bd. Suppengrün

Im WOMO:

4 EL Sahne

Konserven-Rezept

Salz, Pfeffer, Zitronensaft

1 kleine Dose Spargelabschnitte

1 EL Butter, 1 EL Mehl

Huhn waschen, in kochendes Salzwasser geben. Suppengrün putzen, waschen, in Stükke schneiden, zum Huhn geben, ca. 2 Std. garen.

Huhn aus der Brühe nehmen, Fleisch von den Knochen lösen und in kleine Würfel schneiden, Brühe durch Sieb geben.

Hühnerfleisch in Gläschen füllen, mit Brühe bis 2 cm unter den Rand aufgießen; sterilisieren.

Vor dem Servieren aus Hühnerbrühe, Mehl und Butter eine Mehlschwitze bereiten, Hühnerfleisch und Spargelstücke zugeben, aufkochen.

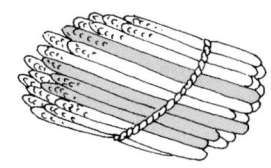

Mit Sahne, Zitronensaft, Salz und Pfeffer abschmecken.

* Zubereitung: 2 1/2 Stunde.

»Jetzt rastet sie vollends aus!?" werden Sie sagen!

Auch ich hätte mir kaum vorstellen können, im wohlverdienten Urlaub freudig, ja begeistert völlig überflüssige Tätigkeiten zu beginnen – bis wir vor einigen Jahren in Nord-Norwegen in eine gigantische Pilzschwemme gerieten. Das Angebot war so überwältigend, dass wir vom WOMO aus die Pilzfelder sehen und in Sekunden komplette Mahlzeiten ernten konnten.

Wenige Kilometer weiter im Norden stapften wir durch einen Dschungel aus Heidelbeer- und Preiselbeerbüschen, für die sich außer uns kein Mensch interessierte.

Ich gestehe: Dort bin ich mit den Worten "Das kann man doch nicht verkommen lassen!" regelrecht ausgeflippt.

Als ich dann noch mit meinen eingekochten Mitbringseln "direkt aus der norwegischen Taiga" mächtigen Eindruck schinden konnte, habe ich beschlossen, weiteren "Verrückten" auch dazu ein paar Tipps zu geben.

Die wichtigsten Vorbereitungen sind:

* **Gelierzucker 2+1 von zu Hause mitnehmen**
  (ist viel praktischer als Zucker + separates Geliermittel,
  für 1 kg Obst braucht man 1/2 kg Gelierzucker).
* **Mehrere Päckchen klaren Tortenguss mitnehmen**
  (eignet sich prima für typische Orangenmarmelade).
* **Leere Marmeladengläschen sammeln**
  (wer selbst Eingekochtes dabei hat, beliefert sich selbst,
  ansonsten eignen sich auch Bockwurst- und Gurkengläser).

Wie bestimme ich das Gewicht von 1 kg Beeren?

Man hängt einen Kleiderbügel mit zwei Haken frei auf, befestigt an jedem Haken einen leeren Plastikbeutel.
In den einen Plastikbeutel steckt man z. B. 1 kg Mehl (oder eine andere bekannte Kilogramm-Menge), in den anderen Beutel füllt man so lange Beeren, bis der Kleiderbügel waagerecht hängt.
Haben Sie die Menge einmal bestimmt, füllen Sie die Beeren in Ihren Messbecher und zeichnen das jeweilige "Beerenmaß" dort an.

HEIDELBEERMARMELADE
aus der Taiga

Zutaten:

1 kg Heidelbeeren

0,5 kg Gelierzucker 2 plus 1

1 TL krist. Zitronensäure

Heidelbeeren waschen, abtropfen lassen, mit Gelierzucker vermischen.

2-4 min. gut aufkochen lassen.

Gelierprobe machen (1 EL Saft auf kalten Teller geben: Er sollte beim Abkühlen fest werden).

Nur falls dies nicht der Fall ist: 1 TL kristallisierte Zitronensäure zugeben; nochmals kurz aufkochen.

Marmelade heiß in gutgereinigte und ausgespülte Gläser einfüllen (bis knapp unter den Rand).

Glasrand abwischen, mit Schraubdeckel verschließen und auf den Kopf gestellt auskühlen lassen.

Mein Tipp:
Wer's herber mag: Heidelbeeren mit Preiselbeeren vermischen.

PREISELBEERKOMPOTT
"Øvre Pasvik"

Zutaten:

1 kg Preiselbeeren

0,5 kg Zucker

Preiselbeeren waschen (nur reife Früchte verwenden).

Beeren mit etwas Wasser in einem Topf erhitzen, dabei Deckel schließen.

Sobald der Saft austritt, Deckel abnehmen und die Masse ca. 20 min. unter ständigem Kochen eindicken.

Jetzt den Zucker zugeben und so lange rühren, bis er sich gelöst hat.

Anschließend nochmals 10 min. eindicken und dann die heiße Masse fast randhoch in die vorbereiteten Gläser füllen.

Glasrand abwischen, Gläser sofort verschließen und auf dem Kopf stehend abkühlen lassen.

Mein Tipp:
Im Øvre Pasvik Nationalpark (an der norwegisch/russischen Grenze) sollten Sie bei der Preiselbeersuche ständig laut singen – sonst ernten Sie Bären statt Beeren!

ORANGENMARMELADE
"Big Ben"

Zutaten:

1 kg ungespritzte Orangen

1 kg Zucker, 3 Päckchen Tortenguss

Orangen heiß waschen, abtrocknen, die farbige Schale hauchdünn abschälen.

Dann die Orangen schälen, die Fruchtspalten herauslösen und von allen weißen und pelzigen Häuten befreien.

Orangenschale feinstreifig zerschneiden, Orangenspalten in kleine Stücke zerschneiden, mit dem Zucker vermischen.

Den Tortenguss unterrühren, alles zum Kochen bringen und 1 min. kochen lassen, dann heiß in gereinigte und ausgespülte Gläser einfüllen.

Glasrand abwischen, mit Schraubdeckel verschließen und auf den Kopf gestellt auskühlen lassen.

EINGEKOCHTE PILZE

Zutaten:

Gesammelte Pilze, die man gut kennt

(Röhrenpilze, die keine roten Röhren haben, sind nie giftig!)

Butter zum Dünsten, Salz

Pilze putzen (nicht waschen).

In Stücke schneiden und in Butter unter stetem Rühren im eigenen Saft dünsten, etwas salzen.

Pilze mit Saft noch warm in die vorbereiteten Gläser füllen, Rand säubern, Gläser verschließen und wie beschrieben im SKT 15 min. sterilisieren.

Pilze sollte man zur Sicherheit nach 24 Std. ein zweites Mal 15 min. sterilisieren.

KALTE KÜCHE

BASIS-INFOS & TRICKS

Wer stellt sich schon bei 30 Grad im Schatten an den Herd!?

Deshalb sind im südlichen Sommerurlaub außer Salaten z. B. kalte Snacks, raffinierte Brotbeläge, toll dekorierte Brötchen, leichte Anti-Pasti oder gut gekühlte Melonenspalten "der Renner".

ANTI-PASTI aus gebratenem Gemüse muss mindestens 2 Stunden bei Zimmertemperatur ziehen.

AUBERGINENPÜREE & AVOCADOMUS (Guacamole) sind **der** alternative Brotaufstrich.

BRATENRESTE: In Stücke schneiden, mit Zwiebelringen, geschnittenen Essiggürkchen und Schnittlauch vermengen, mit Vinaigrette anmachen, passt zu frischem Brot.

BROT VOM VORTAG: Beidseitig leicht anfeuchten und in der Bratpfanne kurz rösten.

EIER: Statt sie alt werden zu lassen – Soleier sind ein beliebter Snack: Hart kochen, abschrecken, abkühlen, Schale überall anschlagen, 2-3 Tage in Salzwasser einlegen, kühl stellen (für 10 Eier: 1 L Wasser mit 3 EL Salz). Angeknackste Eier kann man gut kochen, wenn man sie fest in Alufolie einwickelt (Enden zusammendrehen). Alte Eier erkennt man daran, dass sie im Wasser schwimmen.

HÜLSENFRÜCHTE nie roh essen. Erst nach 8 Minuten Garzeit sind grüne Erbsen und vor allem grüne Bohnen (auch Tiefkühlkost) gut verträglich.

KÄSE trocknet nicht aus, wenn man ihn in Alufolie einwickelt.

MELONEN: Die Honigmelone ist reif, wenn man beim Schütteln innen die Samen rasseln hört. Die reife Frucht duftet, darf aber nicht weich sein. Klingt die Wassermelone beim Anschnipsen mit dem Finger hell ("ping"), ist sie noch unreif; reif macht sie dunkler "pong".

QUARK lässt sich verschieden "anmachen": Kümmel, Paprika, Schnittlauch, Bohnenkraut, Thymian, Petersilie, Basilikum, Minze, Dill und Knoblauch eignen sich besonders.

ZWIEBEL schälen ohne Tränen: Vorher in den Kühlschrank legen oder unter Wasser schälen – oder statt durch die Nase durch den Mund atmen.

ANTI-PASTO	ANTI-PASTO
von gebratenem Gemüse	**mit Fisch**

Zutaten für 4 Personen:	**Zutaten für 4 Personen:**
je 1 rote, grüne, gelbe Paprika	1 Dose Thunfisch
2 kleine Zucchini	1 Dose Sardinen
1 Aubergine	8 Sardellenfilets
8 EL Olivenöl, 3 EL Essig	1 gelbe Paprika
3 Knoblauchzehen	1 Zitrone
Salz, Pfeffer	1 Zwiebel
(2 Rosmarinzweige, Petersilie)	1 Bund Petersilie, Pfeffer

Paprika waschen, putzen, in Streifen schneiden, Zucchini und Aubergine in Scheiben schneiden.

Gemüse portionsweise in heißem Öl bissfest braten, dabei auf beiden Seiten bräunen.

Knoblauch abziehen, in dünne Scheiben schneiden, Rosmarinblätter hacken, beides mit der letzten Gemüseportion braten. Bratgut in eine flache Schüssel legen.

Mit Essig den Bratensatz lösen und über dem Bratgut verteilen.

Mit Salz und Pfeffer würzen, ziehen lassen.

Mit gehackter Petersilie bestreut servieren.

Sardinen und Thunfisch auf einer Platte anrichten.

Paprika waschen und in kleine Würfel schneiden. Die Filets hacken, mit den Paprikawürfeln vermischen und ebenfalls auf der Platte arrangieren.

Mit Petersilie, Zwiebelringen und Zitronenvierteln garnieren und mit Pfeffer würzen.

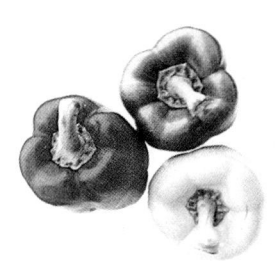

* **Zubereitung: 1 Stunde.** * **Zubereitung: 1/4 Stunde.**

* **Dazu gehört frisches Stangenweißbrot.**

FRÜCHTE-COCKTAIL
festlich

Früchte für 4 Personen:	Soße für 4 Personen:
2 Bananen	100 g Mayonnaise
1 säuerlicher Apfel	2 EL Weinbrand
1 Birne	1 EL Tomatenketchup
1 Pampelmuse	100 g süße Sahne
150 g blaue Weintrauben	Salz
1 Zitrone	weißer Pfeffer
1/2 Kopfsalat	1 kl. Dose Mandarinen

Früchte vorbereiten:

Früchte schälen und in kleine Stücke schneiden, mit Zitronensaft beträufeln.

Salat waschen, abtropfen lassen, Salat mit Früchten anrichten.

Soße bereiten:

Mayonnaise, Weinbrand und Ketchup verrühren, steif geschlagene Sahne unterziehen, mit Salz und Pfeffer abschmecken.

Cocktail-Soße über die angerichteten Früchte gießen, mit Mandarinenspalten garnieren.

* Zubereitung: 1/2 Stunde.

# WEINBLÄTTER	# ZAZIKI
gefüllt	griechische Spezialität
Zutaten für 4 Personen:	**Zutaten für 4 Personen:**
35 schöne Weinblätter	500 g Speisequark Magerstufe
100 g Langkornreis	(oder Joghurt)
50 g Korinthen,(50 g Pinienkerne)	1 mittlere Salatgurke
1 kleine Zwiebel, 6 EL Olivenöl	3-4 Zehen Knoblauch
1/4 L Wasser, 2 EL Zitronensaft	1 EL Essig
Salz, Pfeffer	3 EL Olivenöl
1 Msp. Instant-Brühe	Salz, Pfeffer, (Dill).

Zwiebel abziehen, hacken, in 1 EL Öl glasig braten, Reis einige Sekunden mitbraten. 0,2 L Wasser, Salz, Pfeffer zufügen, aufkochen, zugedeckt bei schwacher Hitze in 20 min. körnig weich garen.

In einer Pfanne 1 EL Öl erhitzen, Pinienkerne darin goldbraun rösten, mit den Korinthen unter den Reis mischen.

Weinblätter gut abspülen, je mit 1 TL Reisfüllung belegen, seitlich umschlagen und aufrollen.

4 EL Öl und restliches Wasser mit Brühe und Zitronensaft aufkochen, gefüllte Weinblätter darin bei schwacher Hitze 20 min. ziehen und danach abkühlen lassen.

Kalt mit Zitronenschnitzen servieren.

Die gewaschene Gurke grob raspeln, das Ergebnis in einem Sieb gut ausdrücken. Gurkenwasser trinken oder wegschütten.

Knoblauchzehen schälen, fein reiben oder durch Presse drücken.

Gurkenmasse, Quark, Knoblauch, Essig und Öl gut vermengen, nach Geschmack salzen und pfeffern, evtl. mit Dill bestreuen.

Mein Tipp:
Zaziki kann im Kühlschrank 2-3 Tage aufbewahrt werden.

* Zubereitung: 1 Stunde. | *** Zubereitung: 1/4 Stunde.**

GAZPACHO
spanische Spezialität

Zutaten für 4 Personen:

1 große Dose gehäutete Tomaten

(oder 1/4 l Tomatensaft und 250 g enthäutete Tomaten),

1/2 l kalte Instantbrühe, 3 EL Öl

Saft von 3 Zitronen, 2 Knoblauchzehen, 2 Zwiebeln

1 hartgekochtes Ei

1 Salatgurke, 1 rote, 2 grüne Paprikaschoten

Salz, Pfeffer, Weißbrot.

Die Säfte mit der Brühe und dem Öl verschlagen, feingehackte Zwiebel und Knoblauch zugeben, kalt stellen (oder Eiswürfel zugeben).

Das Gemüse putzen, würfeln und in Schälchen füllen.

Die kalte Suppe wird mit gehacktem Ei bestreut und kommt in die Tischmitte, drumherum die Gemüseschälchen.

Jeder bedient sich selbst mit Suppe und Zutaten.

Statt frischem Stangenweißbrot – alte Weißbrotscheiben würfeln und in Fett rösten.

Zitrone *Citrus limon*

* **Zubereitung: 1 Stunde.**

IMAM BAYILDI	ZUCCHINI
(Der Imam fiel in Ohnmacht)	(kalt)

Zutaten für 4 Personen:	**Zutaten für 4 Personen:**
4 lange Auberginen	4 mittelgroße Zucchini
5-6 Tomaten	4 Tomaten
3 Zwiebeln	1 Zwiebel
10-15 Knoblauchzehen	1-3 Knoblauchzehen
Salz	2 EL Öl
Öl	1 Tasse Wasser
Weißbrot	Salz, Pfeffer

Dampftopf-Rezept

IMAM BAYILDI

Man schält die Auberginen zu einem längsgestreiften Zebra (abwechselnd 2 cm schälen, 2 cm Schale belassen) und salzt sie kräftig.

Jede Knoblauchzehe viertelt man längs und spickt damit die geschälten Auberginenstreifen.

Die fein gewürfelten Zwiebeln brät man im Öl an, legt die Auberginen und die kleingeschnittenen Tomaten darauf und dünstet zugedeckt alles weich.

Bei dicken Auberginen empfiehlt sich der Dampftopf, Garzeit dann 10-12 Minuten.

Abkühlen lassen, mit Weißbrot servieren.

ZUCCHINI

Zucchini waschen, in dünne Scheiben schneiden, im offenen Dampftopf mit Zwiebelwürfeln und dem geriebenen Knoblauch anbraten.

In den ungelochten Einsatz umfüllen, würzen, Tomatenviertel auflegen. 1 Tasse Wasser in den Dampftopf schütten, Einsatz einstellen, Topf schließen, Garzeit 4 Minuten.

Nach dem Garen Topf öffnen, Tomatenhäute entfernen, Tomaten mit den Zucchini vermengen, abkühlen lassen.

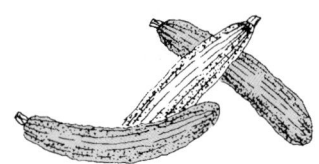

* Zubereitung: 1/2 Stunde. · *** Zubereitung: 1/2 Stunde.**

HERINGSHACK

Zutaten für 4 Personen:

4 Matjesfilets

50 g Räucherspeckscheiben

2 kleine Zwiebeln

150 g (Senf-)Gurken

1 Bund Dill

100 g saure Sahne

Pfeffer

Matjesfilets erst in feine Streifen, dann in kleine Würfel schneiden, Speck ebenso.

Zwiebeln abziehen, Gurken abtropfen lassen, Dill waschen und trockentupfen. Alle diese Zutaten fein hacken.

Zutaten mit Matjes, Speck und saurer Sahne vermischen und mit Pfeffer abschmecken.

Hering *Clupea harengus*

* **Als Brotbelag oder zu Pellkartoffeln.**
* **Zubereitung: 1/2 Stunde.**

# AUBERGINENPÜREE	# AVOCADOMUS
	Guacamole

Zutaten für 4 Personen:	**Zutaten für 4 Personen:**
2 Auberginen	2 Avocados
1 Zitrone	4 Tomaten
3 Knoblauchzehen	2 EL Zitronensaft
1 Zwiebel	(Cayenne-)Pfeffer
2 Tomaten	Salz
6 EL Olivenöl	(1 Bund Schnittlauch)
Pfeffer, Salz	(1 Handvoll Petersilie)

Auberginen dünn schälen und würfeln. Knoblauch schälen und mit Salz zerdrücken.

Öl in einer Pfanne erhitzen, Zwiebel darin glasig braten. Dann Auberginen, Knoblauch und Zitronensaft zugeben, zugedeckt bei mittlerer Hitze 15 min. garen.

Derweil Tomaten abziehen und würfeln und mit den Auberginen weitere 10 min. garen.

Alles mit Kartoffelstampfer o. ä. so fein wie möglich zerdrükken.

Püree mit Salz und Pfeffer abschmecken und abkühlen lassen.

Avocados schälen, Fruchtfleisch sofort mit Zitronensaft beträufeln und zerdrücken.

Tomaten abziehen und fein hacken (Kräuter waschen, trockentupfen und ebenfalls hacken).

Avocadomus mit Tomaten (und Kräutern) vermischen und mit Salz und (Cayenne-)Pfeffer scharf abschmecken.

> **Mein Tipp:**
> Wer's scharf mag, dünstet eine gehackte grüne Pfefferschote mit.

Avocado-Birne
Persea americana

* Zubereitung: 3/4 Stunde. *** Zubereitung: 1/4 Stunde.**

TOMATEN
mit Mozzarella

Zutaten für 4 Personen:

400 g Tomaten
400 g Mozzarella
1 Bund Basilikum
Salz
Pfeffer
3 EL Olivenöl
5 EL Essig

Tomaten waschen, abtrocknen und in feine Scheiben schneiden.

Abgetropften Mozzarella in ebenso dikke Scheiben schneiden.

Beide Zutaten abwechselnd schuppenförmig auf Teller anrichten.

Basilikum waschen, trockentupfen, grob hacken, darüberstreuen, mit Salz und Pfeffer würzen.

Essig mit Öl verrühren und darübergeben.

* **Zubereitung: 1/4 Stunde.**

Tomate *Lycopersicon esculentum*

# Obatzter	# Eier
Bayerisch für "Angemachter"	gefüllt

Zutaten für 4 Personen:	**Zutaten für 4 Personen:**
250 g reifer, weicher Camembert	8 hartgekochte Eier
50 g Doppelrahmfrischkäse, Butter oder Margarine	8 Anchovis-Filets (oder Thunfisch)
	50 g Feta-Käse
(1 Eigelb)	1 EL Kapern (oder 1 Essiggurke)
1 - 2 Zwiebeln	6 EL Olivenöl
Rosenpaprika	Saft von 1/2 Zitrone
Salz	(Estragon-)Essig
Pfeffer	1 Msp. Senf(pulver)
Kümmel	Petersilie, Salz

Camembert und Frischkäse mit einer Gabel zerdrücken und miteinander vermischen.

Zwiebel fein hacken und mit Eigelb, Paprika, Pfeffer und Salz unter die Käsemasse mischen.

Mit weiterem Pfeffer und Salz kräftig abschmecken.

Kümmel zum Nachwürzen bereitstellen.

Obatzter schmeckt auf frischem Bauernbrot sowie mit Kräckern und Salzstangen.

> **Mein Tippp:**
> Richtige Bayern nehmen statt Camembert reifen Romadur- da geht die Post ab!

Die Eier pellen und längs halbieren.

Eigelb in Rührschüssel geben und mit feingehackten Anchovis und zerbröckeltem Feta zu einer Paste verrühren.

Gehackte Kapern, Olivenöl, Zitronensaft und Essig zugeben, mit Senf(pulver) und Salz abschmecken.

Masse in die Eihälften füllen, mit Petersilie garnieren.

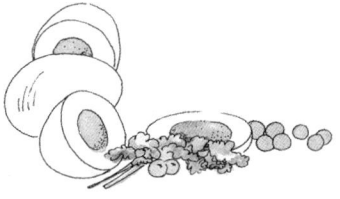

* Dazu gehört ein frisches Bier.
* Zubereitung: 1/4 Stunde.

* **Schmeckt mit Toast oder Stangenweißbrot.**
* **Zubereitung: 1/2 Stunde.**

TOMATEN
mit zwei Füllungen

Zutaten für 4 Personen:

8 Tomaten	

1 Dose Thunfisch in Öl	125 g roher Schinken
1 kl. Zwiebel	2 hartgekochte Eier
3 EL Mayonnaise	1 kl. Zwiebel
1 EL Zitronensaft	4 EL Öl
Salz, Pfeffer	2 EL Essig
Zucker, Senf	Salz, Pfeffer

Thunfisch-Variante:

Tomaten köpfen, aushöhlen, innen salzen und pfeffern.

Thunfisch mit Gabel zerquetschen, Zwiebel fein hacken, Mayonnaise mit den übrigen Zutaten mischen und zum Fisch geben. Füllung abschmecken und in die Tomaten füllen.

Schinken-Variante:

Tomaten köpfen, aushöhlen, innen salzen und pfeffern.

Eier schälen und würfeln, Schinken in feine Streifen schneiden, Zwiebel schälen und fein hacken. Schinken mit Eiern und Zwiebel mischen, Öl und Essig darübergeben, mit Salz und Pfeffer abschmecken. In die Tomaten einfüllen, evtl. auf Salatblättern anrichten

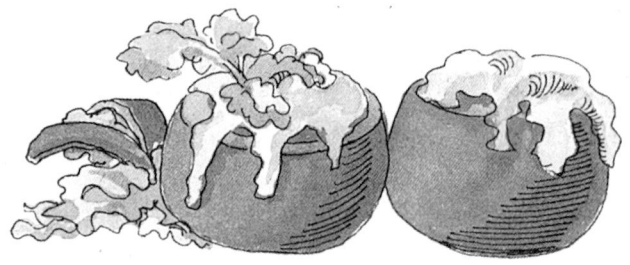

* **Schmeckt zu allen Brotsorten.**
* **Zubereitung: 20 min.**

HONIGMELONE mit Schinken	RUSSISCHE EIER klassisch
Zutaten für 4 Personen:	**Zutaten für 4 Personen:**
1 Honigmelone	6 Eier
1 Glas Weinbrand	125 g Fleischwurst (oder Lyoner)
200 g roher Schinken	4 Gewürzgurken
(in dünnen Scheiben)	1 Apfel
1/2 Kopfsalat	4 EL Mayonnaise
1 EL Zitronensaft	1 TL Senf
Variante: Statt Schinken Krabben.	(Sardellenstreifen, Tomaten)

Melone halbieren und entkernen. Melonenfleisch würfeln, mit Weinbrand übergießen und zugedeckt 30 min. im Kühlschrank ziehen lassen.

Salat putzen, waschen, abtropfen lassen, auf Tellern anrichten, Zitronensaft darüberträufeln.

Melonenstücke darauflegen, Schinken in Streifen schneiden und darauf garnieren.

Eier 10 min. in Salzwasser kochen, abschrecken, pellen.

Wurst, Gurken und entkernten Apfel in Streifen schneiden, mit 1 EL Mayonnaise und Senf vermischen und auf eine Platte geben.

Die Eier längs durchschneiden, auf die Zutaten legen und mit der restlichen Mayonnaise überziehen.

Evtl. mit Sardellenstreifen und Tomatenachteln sowie Gurkenscheiben garnieren.

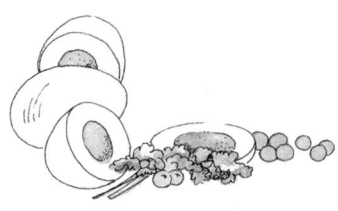

* **Dazu isst man Baguette.**
* **Zubereitung: 20 min.**

* **Dazu isst man Toast oder Brötchen.**
* **Zubereitung: 1/2 Stunde.**

SCHAFSKÄSE	PILZE
mariniert	mariniert mit Zucchini
Zutaten für 4 Personen:	**Zutaten für 4 Personen:**
200 g Schafskäse (Feta)	100 g frische Champignons
3 Knoblauchzehen	2 kleine Zucchini
2 Zweige Thymian	3 EL Essig, Salz, Pfeffer
1 kleine scharfe Paprikaschote	5 EL Olivenöl
1/2 unbehandelte Zitrone	(einige Basilikumblättchen)
1 TL Pfeffer	(etwas Parmesankäse)
1/4 L Olivenöl	(2 EL gesalzene Pistazienkerne)

Schafskäse würfeln, Knoblauch abziehen und grob hakken, beides in ein leeres Marmeladenglas o.ä. geben.

Thymian hacken, Paprikaschote halbieren und Kerne entfernen, Zitrone waschen, abtrocknen 10 cm Schale abschneiden, Saft auspressen, Pfeffer zugeben. Alle diese Zutaten zum Käse geben.

Olivenöl zugeben, bis alles bedeckt ist. Im Kühlschrank 4 Tage marinieren; hält sich mit Öl bedeckt auch länger.

Zucchini waschen und in dünne Scheiben hobeln, kreisförmig auf Tellern anrichten.

Pilze putzen (nicht waschen), in hauchdünne Scheiben schneiden, innerhalb der Zucchini anordnen.

Mit Salz und Pfeffer würzen.

Essig und Öl verrühren und über das Gemüse träufeln.

Mit Basilikumblättchen und grob gehackten Pistazienkernen garnieren.

Darüber Parmesan streuen.

* Passt zu Brot, Pellkartoffeln, Tomaten, Weintrauben, ...
* Zubereitung: 20 min.

* **Passt zu allen Brotsorten.**
* **Zubereitung: 1/2 Stunde.**

TATAR	**LACHS-TATAR**
klassisch	**Nordland-Variante**
Zutaten für 4 Personen:	**Zutaten für 4 Personen:**
400 g frisches Tatar	400 g roher Lachs
(aus Rinderfilet)	(ohne Gräten)
2 Zwiebeln	1 Zwiebel
2 Gewürzgurken	(Dill)
(2 Bund Petersilie)	2 EL Olivenöl
Salz, Pfeffer, Rosenpaprika	Pfeffer, Salz
4 Eigelb	1 große Zitrone

Tatar mit Gabel durchkneten und in 4 Portionen teilen, auf Tellern anrichten.

Zwiebeln, Gurken, Petersilie separat fein hacken und um den Tatar herum anrichten, ebenso die Gewürze.

Je ein Eigelb (möglichst in der Schale ins Hack setzen..

> **Mein Tipp:**
> Versuchen Sie's mal zusätzlich mit Cognac oder Crème fraîche.

Zwiebel schälen und fein würfeln, Dill fein hacken.

Lachsfleisch in dünne Scheiben, dann in Streifen, schließlich in kleine Würfel schneiden.

Lachstatar mit Öl, Zwiebel und Dill mischen, mit Salz und Pfeffer abschmecken und auf Tellern anrichten. Jeder erhält 1/4 Zitrone zum Marinieren.

Lachs *Salmo salar*

* Passt zu allen Brotsorten.
* Zubereitung: 1/4 Stunde.

* Passt zu allen Brotsorten – oder zu Kartoffelpuffern.
* Zubereitung: 1/4 Stunde.

WEITERE REZEPTIDEEN

_____

_____

_____

_____

_____

_____

_____

_____

_____

_____

_____

_____

_____

_____

_____

_____

_____

_____

_____

_____

_____

_____

_____

SALATE

Salate (und Grillgerichte) sind die Sommerhits. Sie sind schnell zubereitet, schmecken frisch, sind gesund – und im südlichen Europa ist das Sommerangebot überwältigend (und preiswert). Nicht's wie ran ans Werk!

Jeder Salat ist so gut wie sein "Dressing" – auch SALAT-SAUCE genannt – doch diese soll ihn veredeln und nicht "erschlagen". Im Zweifelsfall ist die klassische "Vinaigrette" immer vorzuziehen.

Blattsalate brauchen weniger Sauce, Rohkost schmeckt saftiger mit etwas mehr.

Frische KRÄUTER mischt man mit den Salatzutaten, getrocknete Kräuter lässt man 1/2 Stunde mit dem Dressing ziehen, bevor man den Salat zugibt. Zarte Blattsalate darf man ohnehin erst unmittelbar vor dem Servieren anmischen.

Oder noch besser: Die MARINADE zum Selbstanmischen separat servieren. Dann kann man die Salatreste auch noch eine Weile aufheben!

Kräftige Salate (mit Fleisch, Fisch oder Kartoffeln) sollten hingegen 1/2 Stunde in der Sauce ziehen.

NUDELN eignen sich nur frisch für den Salat, Reste sollte man lieber aufbraten. An Nudelsalat gehört nur wenig Dressing, sonst wird er matschig.

Für Kenner ist Salat ohne KNOBLAUCH unvorstellbar. Zartere Gemüter können die Salatschüssel mit einer geschälten Knoblauchzehe abreiben.

Die meisten GEMÜSE kann man als Salat roh essen (Kohlrabi, Zucchini, Fenchel, Sellerie, Champignons, Spinat, usw.). Ausnahmen sind manche Wildpilze (z.B. Hallimasch), Rhabarber und Hülsenfrüchte (speziell Bohnen), die erst nach ca. 8 Minuten Garzeit genießbar sind.

Diese ROHKOST lässt sich besonders gut mit Nüssen, Sonnenblumenkernen, Sesam oder Kürbiskernen verfeinern.

WELKER Blattsalat wird in einer Schüssel mit kaltem Wasser wieder frisch, wenn man einige Scheiben rohe Kartoffeln zugibt.

CREMIG wird die Marinade, wenn man das Öl tropfenweise mit dem Schneebesen unterschlägt.

Blattsalate hält man so FRISCH: Erst in Küchenpapier einwickeln, dann in Plastiktüte stecken, dann in den Kühlschrank.

CHAMPIGNONS für den Salat nie im Wasser waschen, sondern nur mit dem Messer abputzen; sie lassen sich übrigens schnell mit dem Eierschneider zerteilen.

VINAIGRETTE klassische Salatsauce	**VINAIGRETTE** gehaltvolle Variante
Zutaten für 4 Personen:	**Zutaten für 4 Personen:**
4 EL Essig	2 EL (Dijon-) Senf
12 EL Öl	4 EL (feinen Weißwein-)Essig
Salz	(3 EL herben Weißwein)
(Senf)	1/2 Bund Petersilie
(oder Knoblauch)	1/2 Bd. Schnittlauch
(oder gehackte Zwiebel)	(oder Schalotten oder 1/2 Zwiebel)
(oder gehackte, frische Kräuter)	1 TL Pfeffer, 1 Prise Zucker
	8 EL Öl
	1-2 hartgekochte Eier
	(1 EL Kapern, gehackt)
	(1 EL feingeschnittene Petersilie)

Essig und Öl mischen sich schlecht. Die Zutaten in Klammern verbessern diese "Bindung". Den Senf vermischt man mit der Essig-Salz-Mischung, bevor man das Öl zugibt.

Salz, Pfeffer, Essig und Senf glattrühren und dann mit dem Öl aufschlagen.

Zwiebel, Gewürzgurke und Ei fein hacken, die Kräuter waschen und fein schneiden.

Alles bis auf das Ei miteinander mischen und mit Zucker abschmecken.

Jetzt das Ei unterheben und nicht mehr rühren.

> **Omas Sprichwort:**
> Vier Personen braucht's, um eine gute Salatsauce zuzubereiten:
> Einen Verschwender für das Öl,
> Einen Geizhals für den Essig,
> einen Weisen für das Salz,
> einen Narren, der ewig mischt.

> **Mein Tipp:**
> Diese Vinaigrette passt zu allen Blattsalaten.

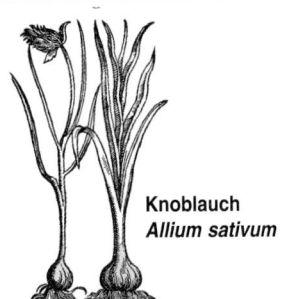

Knoblauch
Allium sativum

* **Zubereitung: 5 Minuten.**

* **Zubereitung: 1/4 Stunde.**

FENCHEL-APFELSINEN-SALAT

Zutaten für 4 Personen:

500 g Fenchelknollen, 3 mittelgroße Apfelsinen

Zutaten für die Sauce:

1 EL Essig, 5 EL Wasser, 2 EL Gin

Zucker, Salz, Pfeffer, Knoblauchsalz

Fenchel waschen, in Scheiben schneiden, mit Salatsauce beträufeln, ziehen lassen.

Apfelsinen schälen, in dünne Scheiben schneiden, mit Fenchel abwechselnd in Salatschüssel schichten, Sauce darübergeben.

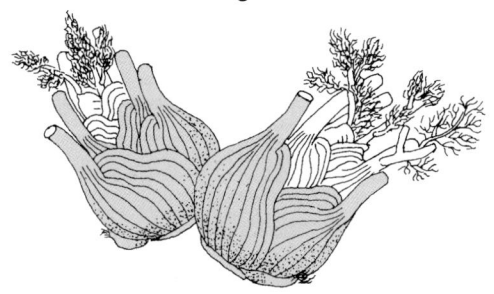

FENCHELSALAT "SPEZIAL"

Zutaten für 4 Personen:

1/2 Fenchelknolle, 300 g Feldsalat, 10 Radieschen

Zutaten für die Sauce:

2 EL Rotweinessig, Salatwürze, 1 Knoblauchzehe

3 EL Öl, Schnittlauch zum Bestreuen

Fenchel waschen, halbieren, in feine Scheiben schneiden, in 1 EL ÖL marinieren. Radieschen in Scheiben schneiden.

Feldsalat putzen, gründlich waschen, gut abgetropft in eine Schüssel geben, Fenchel und Radieschen zugeben.

Essig, Würze, gepressten Knoblauch und Öl miteinander verrühren, vorsichtig unter den Salat mischen.

CHICORÉE-SALAT

Zutaten für 2-3 Personen:

2 Chicorée

1 mittelgroßer Apfel

1 mittelgroße Apfelsine

Zutaten für die Sauce:

1 EL Zitronensaft

2 EL Sahne

3-4 EL Haferflocken

1 TL Zucker, Salz

Beim Chicorée welke Blätter entfernen, halbieren, Strunk keilförmig herausschneiden, waschen, abtropfen lassen, 6 Blätter zum Anrichten beiseite legen.

Apfel waschen, vierteln, entkernen; Apfelsine schälen, in Spalten aufteilen.

Chicorée, Apfel und Apfelsine kleinschneiden.

Zitronensaft, Sahne und Zucker verrühren, mit Salz abschmecken, mit Salat vermischen, Haferflocken vorsichtig unterrühren, auf Chicoréeblättern anrichten.

> **Mein Tipp:**
> Gehackte Haselnusskerne geben der Sauce den letzten Pfiff.

* **Zubereitung: 20 Minuten.**

SPINAT-SALAT

Zutaten für 4 Personen:

300 g Spinat

3 hartgekochte Eier

(1 Zitrone)

Zutaten für die Sauce:

2 EL Kräuteressig

Salz, Zucker, Pfeffer

1 EL Öl

Eigelb (der hartgekochten Eier)

Spinat waschen, putzen, zerpflücken.

Eier schälen und halbieren, Eiweiß kleinhacken, Eigelb durch Sieb streichen.

Aus Essig, Eigelb und Öl eine Marinade bereiten, mit Salz, Zucker und Pfeffer abschmecken, mit Eiweiß und Spinat vermischen.

Beim Anrichten mit Zitronenscheiben garnieren.

* **Zubereitung: 1/2 Stunde.**

SAUERKRAUT-SALAT
einfach & schnell

Zutaten für 4 Personen:

400 g Sauerkraut (1 Dose)

1 EL Öl

1 kleine Zwiebel

(evtl.zusätzlich 1 Apfel + 1 Karotte)

Sauerkraut mit der Gabel auflockern, evtl. kleinschneiden.

Zwiebel kleinschneiden (Apfel und Karotte grob raspeln).

Öl zugeben, alles miteinander vermischen.

SAUERKRAUT-ANANAS-SALAT
fruchtig und erfrischend

Zutaten für 4 Personen:

400 g Sauerkraut (1 Dose)

1/2 Dose Ananasstücke (ohne Saft)

2 EL Öl, 2 EL Essig

1 kleine Zwiebel

Salz, Zucker

Sauerkraut mit der Gabel auflockern, evtl. kleinschneiden,
mit Ananasstücken mischen.

Kleingeschnittene Zwiebel mit Essig, Salz und Zucker
vermischen, Öl zugeben.

Alles miteinander vermengen.

# OBST-KÄSE-SALAT	# ZUCCHINI-SALAT
	Kassis Rezept

Zutaten für 4 Personen:	**Zutaten für 4 Personen:**
2 reife Birnen	500 g Zucchini (3 mittelgroße)
2 kleine Bananen	4 EL Olivenöl
200 g Emmentaler Käse	2 EL Zitronensaft
3 EL Mayonnaise	2 EL gehackter Dill
3 EL Joghurt	Salz
2 EL Weinbrand	Zucker
1 TL Kräuteressig	Aromat
1 TL Senf, Salz, Pfeffer	

Für die Marinade Mayonnaise, Joghurt, Weinbrand, Essig und Senf gut vermischen, mit Salz und Pfeffer abschmecken.

Früchte schälen, in Stücke schneiden, Käse würfeln.

Alles vorsichtig unter die Marinade heben.

Zucchini putzen, waschen, in Scheiben schneiden.

Olivenöl erhitzen, Zucchinischeiben portionsweise darin kurz anbraten, jedoch nicht bräunen lassen.

Zucchinischeiben abkühlen lassen, mit Zitronensaft und Dill vermengen, mit Salz, Zucker und Aromat abschmecken.

> **Mein Tipp:**
> Kalorien spart, wer die Zucchinischeiben nach dem Braten mit Küchenpapier abtupft.

> **Mein Tipp:**
> Im Kühlschrank 1 Stunde ziehen lassen.

* **Zubereitung: 20 Minuten.**

* **Zubereitung: 1/2 Stunde.**

MEERES-SALAT
Rezept aus Kalabrien

Zutaten für 4 Personen:

500 g Tintenfisch
100 g gekochte Garnelen
2 Zitronen
1 Bund Petersilie
1 TL Oregano, 1 scharfe Paprikaschote, 2 Knoblauchzehen
5 EL Olivenöl
Pfeffer, Salz

Tintenfisch in Salzwasser mit etwas Zitronensaft 1/2 Stunde weichköcheln, abtropfen lassen, in Ringe schneiden und mit den Garnelen mischen.

Paprikaschote und Knoblauch hacken, mit 3 EL Zitronensaft und dem Olivenöl vermischen, mit Salz, Pfeffer und Oregano würzen.

Meeresfrüchte mit Marinade begießen und ca. 2 Stunden im Kühlschrank ziehen lassen. Vor dem Servieren gehackte Petersilie unterrühren und mit Salz, Pfeffer und Zitronensaft abschmecken.

Mein Tipp:
Wer keinen Tintenfisch mag, kann ihn z. B. durch gekochte Forellenfiletstücke oder gebratene Seehecht- oder Kabeljaustücke ersetzen.

* Eine besonders exquisite Vorspeise.
* Zubereitung: 3/4 Stunde.

APFELSINEN-SALAT
mit Oliven

Zutaten für 4 Personen:

3-4 große Apfelsinen

100 g schwarze Oliven

1 Zwiebel

1 EL Olivenöl

1 EL Minze

1 TL Oregano

Salz, Pfeffer

Apfelsinen schälen, vom Häuten und Kernen befreien und grob zerschneiden.

Die entkernten Oliven halbieren und mit den Apfelsinen vermischen.

Zwiebel abziehen, in Scheiben schneiden, in Ringe teilen und unter den Salat heben.

Mit Öl, Zitronensaft und den Gewürzen abschmecken.

Mein Tipp:
Eine ungewöhnlich Beilage zu Fleischgerichten.

* Zubereitung: 1/4 Stunde.

APFELSINEN-SALAT
mit Feigen

Zutaten für 4 Personen:

8 Apfelsinen

6 frische Feigen

2 EL Zucker

1 Gläschen Rum

1 Päckchen Vanillezucker

Apfelsinen schälen, vom Häuten und Kernen befreien, in Scheiben schneiden und fächerförmig anrichten.

Zucker und Vanille-Zucker mischen und über die Apfelsinenscheiben streuen.

Den Rum darüber träufeln und zuletzt die kleingeschnittenen Feigen dazugeben.

Zugedeckt 2-3 Stunden im Kühlschrank ziehen lassen.

Mein Tipp:
Kleinen Leckermäulern träufelt man statt Rum konzentriertes Zuckerwasser darüber.

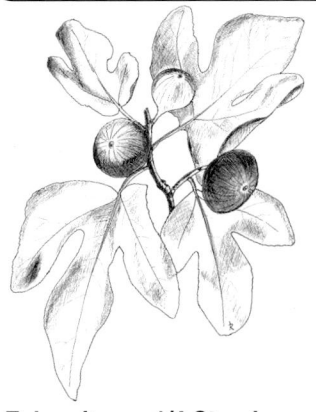

* Zubereitung: 1/4 Stunde.

CHAMPIGNON-SALAT
rohe Variante

Zutaten für 4 Personen:

500 g frische, kleine Champignons

2 EL Mayonnaise

1/8 l süße Sahne, 2 EL Essig (mild)

Pfeffer (weiß), Petersilie, Dill

.

Champignons putzen, Mayonnaise, Sahne, Pfeffer und Essig miteinander verrühren. Pilze in die Marinade geben, gut durchmischen. Petersilie und Dill fein hakken und darüberstreuen.

CHAMPIGNON-SALAT
gedünstete Variante

Zutaten für 4 Personen:

500 g frische Champignons (oder andere Pilze)

1 Tasse Wasser, 1/2 Zitrone (in Stücken)

1 Knoblauchzehe, 1 Lorbeerblatt, 5 Pfefferkörner

1 EL Essig, 1 EL Öl, (1 EL Sojasauce)

Rosmarin, Petersilie, Basilikum (oder getrocknete Kräuter)

Mein Tipp:
Der Champignon entfaltet sein Aroma erst voll nach dem Erhitzen!

Sud aus Wasser, Zitrone, Knoblauchzehe, Lorbeerblatt, Pfefferkörnern und Rosmarin kurz aufkochen. Champignons in dicke Scheiben schneiden, 3 min. in Sud mitkochen, dann herausnehmen. Sud auf die Hälfte einkochen lassen, mit Essig (und Sojasauce) abschmecken, über die Pilze geben. Mit Petersilie und Basilikum überstreuen, sofort servieren.

LÖWENZAHN-SALAT
griechisches Rezept

Zutaten für 4 Personen:

4-8 Löwenzahnpflanzen (nicht wild,

sondern vom Markt)

1 Knoblauchzehe

2 EL Essig

5 EL Olivenöl

2 EL Zitronensaft

Salz

Olivenöl mit Essig und Zitronensaft gut verrühren.

Knoblauch mit Salz verreiben, in die Marinade geben.

Löwenzahnblätter putzen, waschen, kleinschneiden, in die Marinade geben, sofort servieren.

Mein Tipp:
Im Frühjahr kann man bei uns junge Löwenzahnpflanzen sammeln und wie oben zubereiten. Kultivierte, größere Exemplare gibt's in Südeuropa auf dem Gemüsemarkt.

* **Zubereitung: 1/4 Stunde.**

STAUDEN-SELLERIE-

Zutaten für 4 Personen:

500 g Staudensellerie

200 g Fenchel (1 Knolle)

4 EL Öl

2 EL Rotweinessig

1/2 TL (Sellerie-)Salz

Salz, Pfeffer

Aromat

Sellerie putzen, waschen, in 1-cm-Stücke schneiden.

Fenchelknolle putzen, gelbe Stellen abschneiden, waschen, das Grün hacken, die Knolle in feine Streifen schneiden.

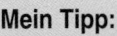

Aus Essig, Salz, Pfeffer und Öl eine Marinade anrühren, Salat untermischen und im Kühlschrank 1/2 Stunde ziehen lassen.

Mein Tipp:
Staudensellerie ist auch ein kalorienarmer "Hungerbekämpfer". Einfach in Salz sTipppen und knabbern.

* **Zubereitung: 1/4 Stunde.**

GRIECHISCHER SALAT (CHORIATIKIA)
einfache Variante

Zutaten für 2 Personen:

2 große Tomaten, 1 kleine Gurke

3-4 grüne Paprika, 1 Zwiebel

10-15 schwarze Oliven, 100g-200g Schafskäse (Feta)

Essig, Olivenöl, Pfeffer, Salz, Oregano (griech.: "Rigani")

Gemüse gut waschen, Tomaten und Paprika in mundgerechte Stücke schneiden. Gurke längs halbieren ind in 1/2 cm dicke Scheiben schneiden, Zwiebel halbieren und in feine Streifen schneiden, Schafskäse würfeln. Salat mit Essig, Öl und Gewürzen verrühren, Oliven und Schafskäse darauf verteilen.

GRIECHISCHER SALAT (CHORIATIKIA)
Festtags-Variante

Zutaten für 2 Personen:

4 kleine Zucchini, 4 große Tomaten, 1 Salatkopf

1 grüne, 1 rote Paprika, 2 Zwiebeln

250 g Schafskäse

5 EL Olivenöl, 1 EL Essig, 2 EL Zitronensaft

Petersilie, Dill (gehackt), Pfeffer, Salz, Zucker

Zucchini waschen, in Scheiben schneiden, in Olivenöl leicht anbraten, herausnehmen. Bratflüssigkeit in eine Schüssel geben, mit Zitronensaft, Essig, Pfeffer, Salz und Zucker verrühren.

Tomaten, Paprikaschoten, Zwiebeln putzen, in Scheiben schneiden, mit der Marinade vermengen. Zucchinischeiben und zerbröckelten Schafskäse zugeben, mit Kräutern vermengen, 1 Std. durchziehen lassen.

Auf den gewaschenen Salatblättern anrichten und servieren.

GURKEN-SALAT	RETTICH-SALAT
Zutaten für 4 Personen:	**Zutaten für 4 Personen:**
1 große Salatgurke	1 großer Rettich
2 EL Öl	4-5 EL süße Sahne
3-4 EL süße Sahne	1 TL Essig
1 TL Dill, 1/2 TL Basilikum	1 EL Öl
1 TL Zucker	1 EL Schnittlauch
1 EL Borretsch	Pfeffer
Salz, Pfeffer	Aromat

GURKEN-SALAT

Gurke waschen, ungeschält fein hobeln.

Kräuter hacken, zusammen mit den anderen Zutaten eine Sauce bereiten und mit den Gurken vermischen.

Evtl. 1 EL Schnittlauch darüberstreuen, sofort servieren.

> **Mein Tipp:**
> Verwendet man eine getrocknete Salatkräutermischung, dann lässt man diese 10 min. in der Sauce ziehen.

* **Zubereitung: 1/4 Stunde.**

RETTICH-SALAT

Rettich dünn schälen und grob raspeln.

Sahne mit Essig, Gewürzen, Schnittlauch und Öl verrühren, mit dem Rettich vermischen.

Mit Pfeffer bestreuen, gleich servieren.

> **Mein Tipp:**
> Keinesfalls Salz zugeben, sonst verliert der Salat die Schärfe.

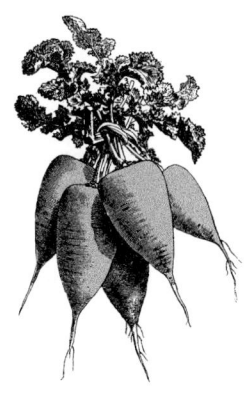

* **Zubereitung: 1/4 Stunde.**

KOHLRABI-SALAT
einfache Variante

Zutaten für 4 Personen:

3-4 junge Kohlrabi
1/2 Tasse süße Sahne (oder Joghurt)
1 EL Essig, 1 EL Öl
1 EL Kräuter (Petersilie, Liebstöckel, Zitronenmelisse, Dill, Schnittlauch)
Salz, Pfeffer, Aromat

Kohlrabi putzen, dünn schälen, in eine Schüssel raspeln.

Die weiteren Zutaten zu einer Sauce verrühren, mit Kohlrabi vermischen, gut gekühlt servieren.

KOHLRABI-PAPRIKA-SALAT
Festtags-Variante

Zutaten für 4 Personen:

4 junge Kohlrabi, 1 rote Paprika, 1 grüne Paprika
150 g gekochter Schinken
200 g saure Sahne
2 EL Essig, 2 EL Öl
Salz, Pfeffer, Zucker, 1 EL Salatkräuter

Kohlrabi putzen, schälen, in feine Streifen schneiden; Paprika waschen, halbieren, putzen, in feine Streifen schneiden. Den Schinken in breite Streifen schneiden, alles in eine Salatschüssel geben.

Für die Sauce die saure Sahne mit 1 Prise Zucker und den restlichen Zutaten verrühren, über den Salat gießen und gut vermischen.

## TOMATEN-SALAT	## CHINAKOHL-SALAT
mit Eiern	
Zutaten für 4 Personen:	**Zutaten für 4 Personen:**
6 Eier (hartgekocht)	1 kg Chinakohl
7-8 Tomaten	4 EL Öl
1 große Zwiebel	3 EL Joghurt, 1 EL Sahne
3 EL Essig, 4 EL Öl	2 EL Essig
2 EL Petersilie	1/2 Knoblauchzehe gepresst
2 EL Schnittlauch	1 EL gehackte Zwiebel, Pfeffer
Pfeffer, Aromat	Schnittlauch

Hartgekochte Eier in Scheiben schneiden, in Reihen auf länglicher Platte anordnen.

Tomaten waschen, in Scheiben schneiden, zwischen den Eiern anordnen.

Zwiebel hacken und mit den gehackten Kräutern darüber verteilen.

Essig und Öl vermischen, Pfeffer und Aromat unterrühren, über die Eier-Tomaten-Scheiben gießen.

Den Kohl halbieren, waschen, fein schneiden. Das Öl mit dem Kohl vermischen, durchziehen lassen.

Sauce aus den restlichen Zutaten bereiten und mit dem Kohl vermengen.

Mit Schnittlauchröllchen bestreuen.

> **Mein Tipp:**
> 1 EL Sojasauce gibt dem Ganzen den letzten Pfiff!

* Zubereitung: 1/4 Stunde. | *** Zubereitung: 1/4 Stunde.**

TOMATEN-SALAT
einfache Variante

Zutaten für 4 Personen:

6 reife Fleischtomaten
1 Zwiebel
1 TL Basilikum, 1 EL Petersilie
3 EL Öl, 2 EL Essig
je 1 Prise Oregano, Zucker und Aromat

Tomaten waschen, in Scheiben schneiden, auf einer Platte anrichten, Basilikum, Petersilie und Zwiebelringe darübergeben.

Essig, Oregano, Zucker, Aromat und Öl vermischen, über die Tomaten gießen, mit Pfeffer bestreuen, durchziehen lassen.

TOMATEN-AUBERGINEN-SALAT
Festtags-Variante

Zutaten für 4 Personen:

2 mittlere Auberginen, 6 mittlere Tomaten
3 EL Öl, 2 Knoblauchzehen, Zitronensaft
Sauce: 3 EL Joghurt, 1 EL Öl, Salz, Pfeffer, (1 TL Minze)

Auberginen waschen, in 5-mm-Scheiben schneiden. Scheiben mit Zitronensaft beträufeln, mit Salz bestreuen, durchziehen lassen, mit Küchenpapier abtupfen.

Knoblauch auspressen, mit Öl vermischen, darin die Auberginenscheiben rasch anbraten; abgetropft auf eine Platte legen.

Die Tomaten in kochendes Wasser tauchen, Haut abziehen, in Scheiben schneiden, zwischen den Auberginenscheiben anordnen.

Sauce bereiten und darübergeben.

# NUDELSALAT asiatisch	# BROTSALAT arabisch
Zutaten für 4 Personen:	**Zutaten für 4 Personen:**
200 g Nudeln (beliebige)	altes Weißbrot (nach Vorrat)
1 Zwiebel	1 Zwiebel
2 Paprikaschoten	4 Tomaten
200 g gekochter Schinken	2 Salatgurken
4 hartgekochte Eier	2 Knoblauchzehen
je 5 EL Essig, Olivenöl, Sojasauce	1 Bund Petersilie
5 EL Zucker, 2 1/2 EL Currypulver	Koriandergrün
	2 EL Olivenöl
Nudeln bissfest kochen.	Pfeffer, Salz
Zwiebeln, Paprika, Schinken würfeln, Eier achteln.	Zitronensaft
Alle Zutaten gut vermischen.	
Separat die weiteren Zutaten miteinander verrühren und über den Salat geben.	Altes Weißbrot in Scheiben schneiden, 2 min. wässern, in Würfel schneiden und leicht anrösten.
	Zwiebel hacken, Tomaten und Gurke würfeln.
	Alle Zutaten vermischen.

Sojapflanze *Glycine max*

* **Gut auch wegen der Resteverwertung.**

* **Zubereitung: 1/4 Stunde.** * **Zubereitung: 1/4 Stunde.**

WEITERE SAUCENVORSCHLÄGE
für Blattsalate und Rohkost

KRÄUTERSAUCE

Zutaten für 4 Personen:

1 Becher Joghurt

1 EL Mayonnaise

1 Schalotte gehackt

Streuwürze

Salatkräuter (je vielfältiger, desto besser): Petersilie, Dill, Liebstökkel, Borretsch, Basilikum, Zitronenmelisse, Thymian, Estragon.

Zutaten untereinander und dann sofort mit Salat mischen.

TEUFELSSAUCE

Zutaten für 4 Personen:

1/2 Tasse Rotweinessig

4 Knoblauchzehen, gehackt

1 Schalotte, kleingeschnitten

2 Chilischoten, feingehackt

1/4 TL Cayennepfeffer

2 EL Tomatenmark

1 Tasse Öl

Zutaten der Reihe nach miteinander verrühren (Öl immer zuletzt!), 1 Std. ziehen lassen.

JOGHURTSAUCE
rot

Zutaten für 4 Personen:

3 TL Tomaten-Ketchup

3 TL Mayonnaise

3 TL Cognac

1 Becher Joghurt

1/8 L süße Sahne

Die ersten vier Zutaten miteinander vermischen, die Sahne steif schlagen und unterheben.

COCKTAILSAUCE

Zutaten für 4 Personen:

1 Eigelb

1 TL scharfer Senf

1/4 TL Salz

1 TL Zitronensaft

2 EL Weißwein

2 EL Tomatenketchup

1/2 Schnapsglas Weinbrand

1 Tasse Öl

Zutaten der Reihe nach miteinander verrühren (Öl immer zuletzt!).

MEINE MARINADE

Zutaten für 4 Personen:

2-3 EL milden Weinessig

1/2 TL Dijon-Senf

1 TL Kapern, fein gehackt

weißer Pfeffer

Estragon, Pimpinelle

50 g mageren Speck

4 EL Öl

Kräuter kleinschneiden, mit den anderen Zutaten und dann mit dem Öl vermischen. Mit dem Salat vermischen. Speck würfeln und knusprig braten, über den angerichteten Salat geben.

MEINE KRÄUTERSAUCE

Zutaten für 4 Personen:

2 kleine Becher Magerjoghurt

1/2 Tasse trockenen Weißwein

1/2 Zitrone

Salz

Schnittlauch, Petersilie, Dill

Zutaten untereinander und dann sofort mit Salat mischen.

SCHNITTLAUCHSAUCE

Zutaten für 4 Personen:

1 großer Becher Joghurt

1 Becher süße Sahne

4 hartgekochte Eier

1 Bund Schnittlauch

Salz

Den Schnittlauch waschen und schneiden, mit den anderen Zutaten vermischen. Dann die Eier hacken und unterheben.

Mein Tipp:
Mit frisch gekochten Pellkartoffeln eine komplette Mahlzeit!

MAYONNAISE
mein Rezept

Zutaten für 4 Personen:

2 Eigelb

1 TL Senf

1 TL Zitronensaft

Pfeffer, Salz

1 Tasse Öl

Alle Zutaten außer Öl gut miteinander verschlagen, bis Eigelb schaumig wird. Dann langsam Öl zugeben und weiterschlagen, nach Belieben mit Joghurt, saurer Sahne oder Quark verfeinern.

SUPPEN

&

EINTÖPFE

Die Grundlage einer guten Suppe ist fast immer eine ebenso gute Brühe!
Diesen goldenen Worten wäre kaum etwas hinzuzufügen – außer vielleicht, dass man die Zutaten für die gute Brühe 2-4 Stunden köcheln muss – und das werde ich Ihnen im Urlaub keinesfalls zumuten!

Für die Rezepte dieses Kapitels verwende ich folglich – falls nötig – ausschließlich **Instant-Brühe**. Außerdem habe ich natürlich Suppen getestet, die mit einer "schneller Brühe" zubereitet werden – oder ganz darauf verzichten können.

Gourmets unter Ihnen sei ein Ausweg verraten: Bereiten Sie Geflügel- und Rinderbrühe vor dem Urlaub auf Vorrat und füllen Sie diese in Eiswürfelbereiter. In der Tiefkühltruhe hält sie 1/4 Jahr und kann tiefgefroren in den Urlaub mitgenommen werden. Um Platzproblemen zu begegnen, kann man die einzelnen Würfel in Alufolie einwickeln.

Führt Ihre Urlaubsreise durch **Frankreich**, dann sollten Sie Ihre Instant-Brühen erst dort kaufen. Selbst die Produkte deutscher Firmen schmecken besser als hierzulande.

Da wir gerade **auf Tour** sind: Eine gute Suppe ist nicht nur eine vollwertige Mahlzeit – sie hat auf Reisen auch drei wichtige Vorteile gegenüber "fester Nahrung": Man überfrisst sich nicht an ihr, der Magen wird nicht überlastet – und durch die geringere Verdauungsarbeit wird der Fahrer nicht zu müde.

Eine einfache Brühe (s.o.) gewinnt enorm, wenn man:

* Nochmals mit Salz und Pfeffer abschmeckt, oder
* ein paar angebratene (oder getrocknete) Pilze zugibt, oder
* mit etwas Sambal Olek würzt, oder
* 1-2 TL Sojasauce zugibt, oder
* mit 1 Msp. Safran würzt, oder
* etwas gemahlenen Zimt unterrührt, oder
* mit geriebener Muskatnuss abschmeckt, oder
* eine abgezogene Knoblauchzehe kurz darin ziehen lässt, oder
* kurz vor dem Servieren 1 TL Tomatenmark unterrührt, oder
* etwas Portwein, Sherry oder **Cognac** zugibt.

Zum Schluss ein Resteverwertungstipp: Die beliebten "Croûtons" lassen sich prima auch aus altem Weißbrot in Butter rösten.

SOLJANKA (Resteverwertung!)	BLUMENKOHLSUPPE

SOLJANKA
(Resteverwertung!)

Zutaten für 4 Personen:

3 Zwiebeln

2 EL Margarine

1 L Fleischbrühe (Instant)

2-4 Essiggurken, 1 Zitrone

250 g Sauerkraut (Dose)

1 EL Tomatenmark

saure Sahne, Dill

Wurst- oder Bratenreste, Schinken

Die Zwiebeln in Scheiben schneiden und in der Margarine goldgelb braten. Mit dem Tomatenmark verrühren und die Fleischbrühe zugeben.

Die Essiggurken in breite Streifen schneiden, zusammen mit dem Sauerkraut und den kleingeschnittenen Fleisch-, Schinken- oder Wurstresten zur Brühe geben und gut durchkochen lassen.

Mit reichlich gehacktem Dill, saurer Sahne und geschälten Zitronenscheiben anrichten.

* Zubereitung: 1/2 Stunde.

BLUMENKOHLSUPPE

Zutaten für 2 Personen:

125 g Blumenkohl

1/2 L Wasser

2 EL Stärke

3 EL Milch

1 Eigelb

Den geputzten Blumenkohl in kleine Röschen teilen, einige Zeit in kaltes Salzwasser legen.

Dann die Röschen in 1/2 L kochendem Salzwasser garen (Kochzeit ca. 20 min.).

2 EL Stärke mit 2 EL kalter Milch anrühren und damit die Suppe binden, mit Suppenwürze (Aromat) abschmecken.

Das Eigelb mit 1 EL kalter Milch verquirlen und die Suppe damit sämig machen.

* Zubereitung: 1/2 Stunde.

TOMATENSUPPE
(schnell & lecker)

Zutaten für 2-3 Personen:

5 große, vollreife Freilandtomaten

2 mittelgroße Zwiebeln

2 EL Butter

1/2 L Wasser, 1 EL Speisestärke (Mehl), 2-3 EL Milch (Sahne)

Salz, Pfeffer, Zucker, Petersilie

Zwiebeln abziehen und würfeln, in der Butter andünsten. Die gewürfelten Tomaten dazugeben und weiterdünsten.

Wasser, Salz und Zucker zufügen, alles garkochen (ca. 15 min.) und durch ein Sieb streichen.

Stärke mit der Milch anrühren, die Suppe damit binden. Mit Pfeffer abschmecken, mit Petersilie bestreuen und sofort servieren.

(Als evtl. Einlage empfehle ich Reis oder Nudeln).

TOMATEN-PAPRIKA-SUPPE
(Festtagsvariante)

Zutaten für 4 Personen:

8 mittelgroße Tomaten, 5 mittelgroße Zwiebeln, 1 grüne Paprika

3 EL Öl, Salz, Pfeffer

1 TL Rosenpaprika, 1/2 TL Oregano, 1 Prise Zucker

1/2 Flasche trockener Rotwein, 3 EL süße Sahne

Zwiebeln schälen und hacken, Tomaten waschen, in kochendem Wasser überbrühen, häuten und vierteln. Paprika putzen, waschen, in Streifen schneiden.

Zwiebeln in heißem Öl glasig dünsten, Tomaten und Paprika zufügen, 5 min. bei starker Hitze andünsten, mit Salz, Pfeffer, Rosenpaprika, Oregano und Zucker würzen.

Rotwein zugießen, im geschlossenen Topf 20 min. köcheln. Suppe abschmecken, evtl. nachwürzen, auf Teller verteilen und mit Sahne beträufelt servieren.

PILZSUPPE (schnell)	PORREESUPPE (Konservengericht)
Zutaten für 2 Personen:	**Zutaten für 4 Personen:**
100 g Champignons (1/2 Dose)	3 Stangen Porree (300 g)
1 Zwiebel	1 EL Butter
30 g durchwachsener Speck	3 gehäufte EL Haferflocken
1 gehäufter EL Mehl	1 L Fleischbrühe (Instant)
1/2 L Fleischbrühe (Instant)	125 ml Sahne
Salz, Pfeffer	Salz
(gehackte Kräuter)	Rosenpaprika

PILZSUPPE (schnell)

Champignons abtropfen lassen, halbieren.

Zwiebel schälen und würfeln. Speck in Würfel schneiden und anbraten, Zwiebeln darin glasig dünsten.

Mehl darüber streuen, mit Pilzwasser und Fleischbrühe auf 1/2 L auffüllen, unter Rühren zum Kochen bringen.

Champignons zugeben, nochmals kurz aufkochen lassen, mit Sahne und gehackten Kräutern verfeinern und servieren.

* **Zubereitung: 10 Minuten.**

PORREESUPPE (Konservengericht)

Porree putzen, das dunkle Grün bis auf etwa 10 cm entfernen, in dünne Scheiben schneiden, gründlich waschen.

Butter zerlassen, Porreescheiben darin andünsten; Haferflocken hinzufügen, unter Rühren mitdünsten lassen.

Fleischbrühe zugießen, alles zum Kochen bringen, 10 min. kochen lassen.

Sahne unterrühren, mit Salz und Rosenpaprika abschmecken.

> **Mein Tipp:**
> Bereits zu Hause größere Menge zubereiten – einen Teil essen, den Rest einkochen.

* **Zubereitung: 1/2 Stunde.**

KNOBLAUCHSUPPE
(Spanisches Rezept)

Zutaten für 4 Personen:

150 g altes Weißbrot (4 Scheiben)

5-6 Knoblauchzehen

4 EL Olivenöl, 1 EL Butter,1 EL Tomatenmark

1 L klare Brühe (Instant)

1/2 TL Rosenpaprika, Salz, Pfeffer, Parmesan

3 EL Öl in einem Topf leicht erhitzen, Knoblauch fein hacken und andünsten; 3 Scheiben Weißbrot zerbröseln und zum Knoblauch geben, leicht anbräunen lassen; Paprikapulver und Tomatenmark unterrühren und mit Brühe aufgießen. Würzen und aufkochen lassen.

1/2 Std. ohne Deckel auf kleiner Flamme köcheln lassen, immer wieder umrühren; am Ende nochmals mit Salz und Pfeffer scharf abschmecken.

In der Zwischenzeit 1 Scheibe Weißbrot würfeln und in Olivenöl-Butter-Mischung mit einer Knoblauchzehe knusprig braten. Das Brot auf Küchenpapier abkühlen lassen und mit Parmesan zur Suppe reichen.

Robertos Variante

Am Ende der Kochzeit die Suppe so lange mit dem Rühr-löffel schlagen, bis sich das Brot ganz aufgelöst hat. Dann unter ständigem Rühren zwei leicht geschlagene Eier zugießen, einen Augenblick lang leicht ziehen lassen (nicht mitkochen).

Die Suppe muss stark gewürzt sein!

Mit gehackter Petersilie bestreuen und sofort servieren.

JOGHURTSUPPE (schnell)	FLÄDLESUPPE (schwäbisch)
Zutaten für 2 Personen:	**Zutaten für 4 Personen:**
6 Frühlingszwiebeln	200 g Mehl
1 EL Butter (oder Margarine)	2 Eier
1/2 L Fleischbrühe (Instant)	etwa 3/8 L Milch
2 Becher Sahnejoghurt	1 L Fleischbrühe (Instant)
2 Eigelb	Salz
Salz, Pfeffer	Muskat
(2 EL gehackter Dill)	Schnittlauch

JOGHURTSUPPE (schnell):

Frühlingszwiebeln putzen, waschen, in dünne Scheiben schneiden.

Butter zerlassen, Zwiebeln darin andünsten.

Fleischbrühe zugießen, Suppe aufkochen lassen, mit Salz und Pfeffer würzen.

Joghurt mit Eigelb verquirlen und unter die Suppe rühren (nicht mehr kochen lassen).

Abschmecken, mit Dill bestreuen, sofort servieren.

Die Suppe sieben Aufgaben erfüllt: Sie nimmt den Hunger, den Durst sie stillt; sie füllt den Magen und reinigt den Zahn, macht schlafen und dass man verdauen kann – und färbt mit Gesundheit die Wangen an.

* **Zubereitung: 20 Minuten.**

FLÄDLESUPPE (schwäbisch):

Aus Mehl, Eiern, Milch und den Gewürzen einen glatten Teig rühren, mit einem Schöpflöffel in die gefettete, heiße Pfanne geben und verteilen; auf beiden Seiten hellbraun backen.

Herausnehmen, abkühlen lassen, zusammenrollen und in dünne Streifen schneiden.

Währenddessen die Brühe erhitzen, die Flädle zugeben und mit Schnittlauchröllchen bestreut servieren.

Weil die Schwaben fünfmal am Tag Suppe essen, bleibt ihnen keine Zeit zum "Veschber"!

* **Zubereitung: 1/2 Stunde.**

CURRY-KRABBEN-SUPPE
(geht schneller, als man denkt)

Zutaten für 2-3 Personen:

100 g Nordseekrabben (1 Schale)

2 Bananen, 1 Zwiebel, 1 Eigelb

1/2 L Fleischbrühe (Instant), 1/8 L süße Sahne

1 EL Zitronensaft, 2 EL Butter, 2 TL Curry

1 EL Speisestärke, Pfeffer, Salz, 4 EL Weinbrand, Dill

Krabben mit Pfeffer würzen, mit Zitronensaft beträufeln, ziehen lassen.

Zwiebel schälen und hacken, Bananen schälen und in Scheiben schneiden.

Zwiebel in Butter glasig dünsten, Bananenscheiben dazugeben, 3 min. andünsten. Mit Curry bestäuben und mit Fleischbrühe auffüllen – aufkochen.

Eigelb, Sahne und Speisestärke miteinander verquirlen, die Suppe damit binden.

Abschmecken, Krabben und Weinbrand hinzugeben, anrichten und mit Dill betreuen.

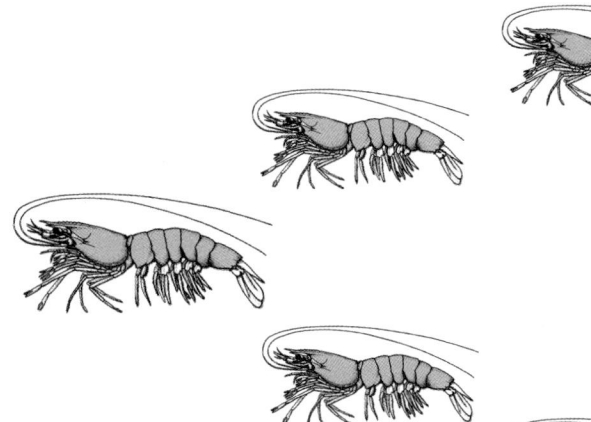

* Zubereitung: 20 Minuten.

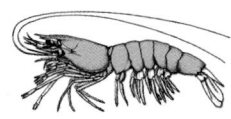

GRÜNE BOHNENSUPPE

Zutaten für 4 Personen:

500 g grüne Bohnen
4 geh. EL Butter (oder Margarine)
1 L Hühnerbrühe (Instant)
4 Eigelb
4 geh. EL gemahlene Mandeln
Pfeffer
4 EL Zitronensaft, 2 Zitronenscheiben

Bohnen waschen, putzen, in mundgerechte Stücke schneiden, in der Brühe 12 min. kochen, mit Pfeffer würzen.

Butter zerlassen, mit Zitronensaft, Eigelb und Mandeln gut verrühren, zur Suppe zugeben, erhitzen, aber nicht mehr kochen.

Mit Zitronenscheiben garniert servieren.

* Zubereitung: 1/2 Stunde.

BROCCOLICREMESUPPE

Zutaten für 4 Personen:

600 g Broccoli
2 Tomaten
1 L Hühnerbrühe (Instant)
10 g Pistazien
1/4 L Schlagsahne
Pfeffer
Tabasco oder Piri Piri

Hühnerbrühe erhitzen, Broccoli waschen, Röschen vom Stiel abschneiden, Stiel grob zerkleinern. Stiele und Röschen in die kochende Brühe geben.

Nach 4 min. ca. 16 Röschen herausnehmen, Rest weitere 8-10 min. kochen.

Währenddessen die Tomaten enthäuten, vierteln, Pistazien grob hacken.

Suppe durch ein Sieb streichen, harte Reste mit Gabel zerdrücken. Sahne unterrühren, mit Salz, Pfeffer, Tabasco würzen, nochmals kurz erhitzen. Suppe auf Teller verteilen, Röschen und Tomatenviertel hinzugeben, mit Pistazien garnieren.

* Zubereitung: 1/2 Stunde.

WEINSUPPE
(Rezept aus Südtirol)

Zutaten für 2-3 Personen:

1/2 L Fleischbrühe (Instant)

5 Eigelb, 1/4 L Sahne, 1/4 L trockener Weißwein

1 Msp. Zimt, 1 Msp. Rosenpaprika

Pfeffer, Salz

2 EL Butter, 2 Scheiben trockenes Weißbrot

Eigelb, Sahne, Wein und etwas Zimt in die Brühe einrühren und bei milder Hitze zu einer Creme schlagen.

Weißbrot würfeln und in Butter goldgelb braten.

Suppe mit den gerösteten Weißbrotwürfeln, Zimt und Rosenpaprika bestreut servieren.

MIESMUSCHELSUPPE
(Minestra di cozze)

Zutaten für 4 Personen:

2 kg Miesmuscheln

1 Zwiebel, 1 Stange Lauch, 1 kleine Sellerieknolle

2 geh. EL Butter, 1 Tasse Sahne

Pfeffer, Salz, Kerbel (oder Schnittlauch)

Muscheln waschen, bürsten, offene wegwerfen. In wenig kochendem Wasser sprudelnd kochen, bis sich alle Muscheln geöffnet haben. 1/2 L Wasser zugeben und aufkochen lassen. Dann die Muscheln herausnehmen, aus den Schalen zupfen und warmstellen.

Zwiebel, Lauch (nur das helle Ende) und geschälten Sellerie fein schneiden und in der zerlassenen Butter 5 min. dünsten. Muschelwasser zugeben, alles zusammen noch 25 min. zugedeckt kochen lassen, durch Sieb streichen und nochmals aufkochen. Eigelb mit Sahne verquirlen und mit der Butter zusammen die Brühe legieren.

Muscheln zur Brühe zugeben und mit Kerbel bestreut servieren.

FISCHSUPPE
(Griechisches Rezept)

Zutaten für 4 Personen:

500 g Fischfilet

2 Zwiebeln, 2 Knoblauchzehen

1 L Fleischbrühe (Instant)

2. geh. EL Mehl

1/8 L Mllch

1 Möhre, 1 Porreestange

5 EL Tomatenmark

1 Glas trockener Weißwein

Salz, Pfeffer

In der Fleischbrühe das klein-geschnittene Gemüse und den Knoblauch ansetzen und 20 min. kochen lassen. Die fertige Brühe durch ein Sieb passieren, mit dem Schneebesen das Tomatenmark einschlagen.

In der Milch das Mehl verrühren und zur Gemüsebrühe geben; alles noch 10 min. kochen lassen.

Dann die Fischfiletstücke zugeben und 6-8 min. garziehen lassen.

Zuletzt mit Weißwein verfeinern, mit Salz und Pfeffer würzen.

* Zubereitung: 3/4 Stunden.

TOMATEN-FISCHSUPPE
(Italienisches Rezept)

Zutaten für 4 Personen:

300 g Heilbuttfilet

300 g Kabeljaufilet

5Tomaten

1/2 L Gemüsebrühe (Instant)

1 Zwiebel

4 Knoblauchzehen

4 EL Olivenöl

Pfeffer, Salz

Schnittlauch

Heilbuttfilets in wenig Öl anbraten und warmstellen.

Gehackte Zwiebeln und Knoblauch in Öl dünsten, enthäutete und gewürfelte Tomaten, gehackte Petersilie und Gemüsebrühe zugeben, 1/4 Std. köcheln lassen und dann durch ein Sieb streichen.

Tomatensuppe aufkochen, würzen, Kabeljaufiletstücke zufügen und einige Minuten ziehen lassen.

Schließlich den angebratenen Heilbutt zugeben und mit Pfeffer bestreut servieren.

* Zubereitung: 3/4 Stunden.

LACHS-SUPPE	ZUCCHINI-SUPPE
Bugøynes	
Zutaten für 4 Personen:	**Zutaten für 4 Personen:**
500 g Lachsfilet grob gewürfelt	300 g Kartoffeln klein gewürfelt
1 Stange Lauch in Scheiben	300 g Zucchini klein gewürfelt
1 Stück Sellerieknolle gewürfelt	2 Zwiebeln klein gewürfelt
2 Karotten in Scheiben	1/2 Becher Schlagsahne
2 Kartoffeln gewürfelt	1/2 Liter Instantbrühe
1 Zwiebel gehackt	Salz, Pfeffer, Muskat, Curry
2 Knoblauchzehen	evtl. Wiener Würstchen
400 g süße Sahne	
Salz, Pfeffer	Kartoffeln, Zucchini und Zwiebeln in Olivenöl leicht andünsten, Brühe zugeben und 10-15 Minuten kochen.
Gemüse in 1 Liter Wasser 1/2 Std. kochen.	
Lachswürfel zugeben und nur 8 min. ziehen lassen.	Sahne einrühren.
Süße Sahne unterrühren, nicht mitkochen.	Nach Belieben pürieren.

Lachs *Salmo salar*

Mein Tipp:
Wer's mag: Gekochte Krabben und Krebsschwänze passen auch noch dazu.

Mein Tipp:
Am Tisch Parmesankäse auf die Suppe streuen.

* Zubereitung: 3/4 Stunde.

* Zubereitung: 1/2 Stunde.

ZWIEBELSUPPE
mit Cabanossi

Zutaten für 4 Personen:

1 kg Zwiebeln (8-10 Stück)
2 EL Butter
350 g Kartoffeln (3 mittelgroße)
1 L Fleischbrühe (Instant)
200 ml Crème fraîche
100 ml trockener Weißwein
1 Cabanossi
Salz, Pfeffer, Majoran

Zwiebeln schälen, in Scheiben schneiden, in Butter glasig dünsten. Brühe dazugießen, Crème fraîche und Wein unterrühren, 40 min. garen.

Derweilen Kartoffeln schälen, waschen, grob raffeln und nach 20 min. in die Suppe geben.

Cabanossi in Scheiben schneiden, nach 30 min. der Suppe zufügen.

Kräftig mit Salz, Pfeffer und Majoran abschmecken.

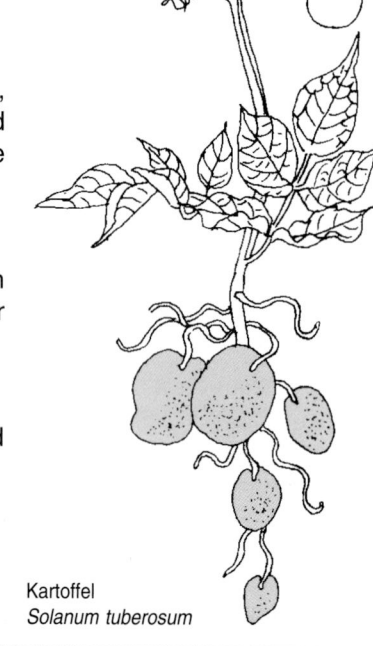

Kartoffel
Solanum tuberosum

* **Zubereitung: 1 Stunde.**

BIERSUPPE (für Kenner)	LAMM-EINTOPF (deftig)
Zutaten für 2 Personen:	**Zutaten für 4 Personen:**
1/2 L helles Exportbier	1,4 kg Lammschulter
1 Zimtstange	500 g Kartoffeln (5 mittelgroße)
1 Nelke	500 g Porree (2 Stangen)
2 Stück Würfelzucker	2 Knoblauchzehen
2 TL Speisestärke	Salz
2 Eier	Pfeffer
Zitronenschale	2 Lorbeerblätter

BIERSUPPE (für Kenner)

Bier, Zimt, Nelke und Zucker in einem Topf aufkochen lassen (den Würfelzucker zuvor an einer unbehandelten Zitrone gelb reiben).

Das Mehl in 2 EL kaltem Wasser anrühren und ins heiße Bier schlagen. Die Biersuppe noch schwach kochen lassen, bis sie sämig ist.

Das Eigelb schaumig schlagen. Die Suppe vom Herd nehmen und das Eigelb langsam mit dem Schneebesen einrühren.

Eiweiß zu sehr steifem Schnee schlagen, mit Kaffeelöffel kleine Klößchen abstechen, in siedendes Wasser einlegen, schwach kochen lassen, bis die Klößchen fest geworden sind.

Beim Anrichten der Suppe die Klößchen in die Suppe geben.

* Zubereitung: 1/2 Stunde.

LAMM-EINTOPF (deftig)

Lammfleisch vom Knochen lösen und in Würfel schneiden. Die Knochen in 1/2 L Wasser 10 min. kochen.

Knoblauch pellen und auspressen. Kartoffeln schälen, waschen, würfeln. Porree putzen, das dunkle Grün bis auf etwa 10 cm entfernen, in Ringe schneiden, gründlich waschen.

Lammfleisch mit Knoblauch ohne Fett in einem Topf leicht bräunen, dabei wenden, mit Salz und Pfeffer würzen. 1/4 L Lammbrühe zugießen, bei schwacher Hitze im geschlossenen Topf 20 min. garen.

Kartoffeln und Lorbeer unterrühren, nach weiteren 10 min. Porree zugeben; nochmals 15 min. im geschlossenen Topf garen.

Abschmecken und heiß servieren.

* Zubereitung: 1 1/2 Stunde.

GRÜNER NUDELTOPF

Zutaten für 4 Personen:

300 g Rinderhack, 100 geräucherter Bauch

4 Tomaten, 1-2 Paprikaschoten

1 Zwiebel, 2 Knoblauchzehen

250 g grüne Nudeln

1 EL Gemüsebrühe (Instant)

Dampftopf-Rezept

1 TL Oregano, Pfeffer, Paprika, wenig Salz

Bauchfleisch würfeln, im offenen SKT in Öl anbraten, Rinderhack dazugeben, ebenfalls anbraten. Darüber kleingeschnittene Zwiebel, Knoblauchscheiben und Paprikastreifen legen, würzen.

Darüber die ungekochten Nudeln schichten, Tomatenscheiben darüber verteilen, würzen.

Zum Schluss Oregano & Instantbrühe darüberstreuen, 1/4 L Wasse zugießen, SKT schließen und anheizen.

Wenn Topf unter Druck steht, Gas zurückstellen und 7 min. garen lassen, dann abkühlen lassen.

Gericht mischen, mit Petersilie (und evtl. Parmesan) abschmecken.

* Zubereitung: 1/2 Stunden.

IRISH STEW
(traditionell)

Zutaten für 4 Personen:

750 g Hammelfleisch

500 g Kartoffeln (5 mittlere)

500 g Weißkohl

1/2 L Fleischbrühe (Instant)

Salz, Pfeffer

1 Zwiebel

Petersilie

Dampftopf-Rezept

Hammelfleisch in dünne Scheiben schneiden; Kartoffeln schälen, grob würfeln; Kohl blättrig schneiden, Zwiebel sehr fein schneiden.

Fleischbrühe im SKT zum Sieden bringen und immer abwechselnd Fleisch, Zwiebeln, Kohl und Kartoffeln hineinschichten, letzte Schicht wieder Kartoffeln.

Nach der Garzeit von 12 min. den SKT abkühlen lassen, mit Salz und den Gewürzen abschmecken, mit viel Petersilie überstreut sehr heiß servieren.

Mein Tipp:
Wer Lammfleisch partout nicht mag, kocht mit Rindfleisch.

* **Zubereitung: 1/2 Stunde.**

KALBFLEISCHTOPF
mit Pflaumen

Zutaten für 4 Personen:

750 g Kalbfleisch

250 g getr. Pflaumen ohne Stein

3 Zwiebeln, Pfeffer

Zitronenschale (ungespritzt)

2 geh. EL Butter

1/4 L Wasser

1/4 L trockener Weißwein

Dampftopf-Rezept

Die mundgerecht geschnittenen Kalbfleischstücke und die gewürfelten Zwiebeln werden im SKT mit Butter hellbraun angedünstet. Die Pflaumen werden mit etwas Wasser vorgeweicht und mit dem Einweichwasser darübergegeben. Dann gibt man 1/4 L Wasser, den Weißwein, die Zitronenschale und die Gewürze zu und gart 10 Minuten unter Druck.

Nach dem Öffnen vollends abschmecken, die Zitronenschale entfernen und servieren.

* **Dazu reicht man gesondert gekochte Teigwaren.**
* **Zubereitung: 1/2 Stunde.**

WEITERE REZEPTIDEEN

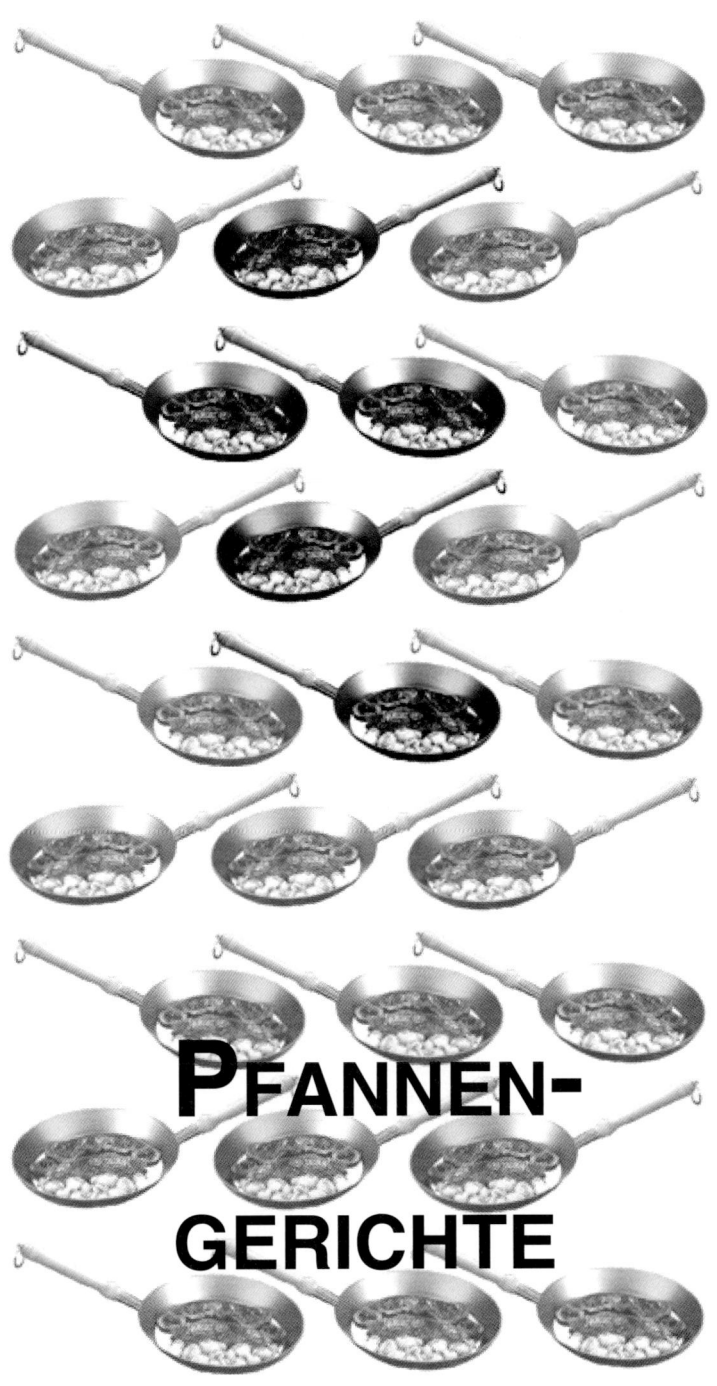

PFANNEN- GERICHTE

„Alles aus einer Pfanne!"

Wer im Urlaub besonders schnell – aber trotzdem lecker und gesund speisen möchte, der wird die folgenden Seiten häufiger aufschlagen. Gibt es doch eine Vielzahl von Gerichten, wohlkomponiert aus Fleisch, Gemüse und "Beilagen", die in der Bratpfanne zu einer genussreichen Einheit verschmolzen sind.

Die Küchenhilfskräfte singen ein Loblied auf die reduzierte Abwaschmenge und der Vitaminfan preist die geringe Garzeit der frischen Gemüse. Die Sorge um die Gasvorräte schwindet, denn auf einer Flamme kocht und brät man besonders sparsam. Dabei habe ich noch nicht einmal alle Pfannengerichte hier versammelt: "Kaiserschmarrn" findet man natürlich unter "Eier- und Käsegerichte" und das "Lachskotelett" bei den "Fischen und Meeresfrüchten".

In diesem Kapitel wird auch der Freiluftkoch seine Lieblingsrezepte finden, denn unser **WOMO-Pfannenknecht** verlegt die schweißtreibende Küchenarbeit ins kühle Freie und macht sie noch bequemer – denn die zum Pfannenknecht gehörende Qualitäts-Eisenpfanne muss nie aufgewaschen werden! Gleichzeitig ist dieses (unbeschichtete) Prachtstück extrem hoch erhitzbar und wird uns bei der Bereitung von Broten und Fladen (Kapitel "Backen in der Bratpfanne") noch besondere Dienste leisten.

Andererseits möchte ich Ihnen den Holzkohlengrill nicht ausreden. Die besten Tipps zum Grillen im Freien finden Sie unter "Grillgerichte".

Einige "Selbstverständlichkeiten" zum Dünsten und Braten:
* Zartes Gemüse, Fisch, Huhn und Kalb in der geschlossenen Pfanne bei etwa 100 °C vitaminschonend garen; Fett verbessert den Geschmack und erschließt fettlösliche Viamine. Nähr- und Wirkstoffe bleiben in der Dünstflüssigkeit, die Sie zu einer guten Sauce verarbeiten sollten.
* Zum Braten muss die Pfanne gut erhitzt sein (ca. 250 °C), nur Öl, Butterfett oder Pflanzenfett (niemals Butter oder Margarine) eignen sich zum schnellen Garen und Bräunen.
* Fleischstücke, die nicht paniert sind, dürfen erst nach dem Braten gesalzen werden.
* Während des Bratens nie ins Fleisch einstechen, sondern Bratenwerder benutzen.
* Ablöschen des Bratfonds gibt stets die beste Sauce.

BLITZGULASCH	**PAPRIKAGULASCH**
Blitzgericht	Blitzgericht

Zutaten für 4 Personen:	**Zutaten für 4 Personen:**
1 Dose Corned Beef	2 Dosen "Balm"-Rindfleisch
4 Scheiben durchw. Speck (200 g)	1 Zwiebel, 1 rote Paprika
1/2 L Fleischbrühe (Instant)	1/4 L Fleischbrühe (Instant)
1 Zwiebel,1 kleine Gewürzgurke	Salz, Pfeffer
4 TL Butter, 4 EL Ketchup	Paprikapulver
1 TL Mehl,1 TL Rosenpaprika	Cayennepfeffer
4 EL Sahne (oder Dosenmilch)	1/8 L Rotwein
Salz, Pfeffer, Zucker	

BLITZGULASCH (linke Spalte):

Speck in Würfel schneiden, Zwiebel in feine Würfelchen schneiden.

Butter in der Pfanne erhitzen, Zwiebel- und Speckwürfel darin anrösten.

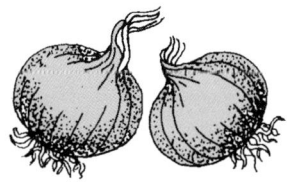

Ketchup und Mehl unterrühren und 2 min. leicht köcheln lassen.

Corned Beef und Gewürzgurke in Würfel schneiden, beides zur Soße geben, mit Salz, Pfeffer und Zucker abschmecken, weitere 5 min. köcheln lassen. Die Sahne mit dem Rosenpaprika verrühren und das Gulasch damit abrunden.

* **Dazu passen Nudeln oder Weißbrot.**
* **Zubereitung: 15 Minuten.**

PAPRIKAGULASCH (rechte Spalte):

Zwiebelringe schneiden und mit etwas Fett aus der Rindfleischdose anbraten.

Paprika in Ringe schneiden und zugeben.

Rindfleisch würfeln, zugeben, mit den Gewürzen abschmecken.

Dann mit der Fleischbrühe auffüllen und mit etwas Rotwein abrunden.

* **Dazu passen Maccaroni oder Weißbrot.**
* **Zubereitung: 15 Minuten.**

BOHNENPFANNE
Blitzgericht

Zutaten für 4 Personen:

1 Dose "Balm"-Rindfleisch

1 große Dose grüne Bohnen

1 Zwiebel, 3 EL Butter

Salz, Pfeffer, Bohnenkraut, Kümmel.

Zwiebel fein würfeln und in der Butter anbraten.

Rindfleisch in Würfel schneiden und mit den Bohnen zugeben. Würzen, nur wärmen, nicht kochen.

Dazu passen Salzkartoffeln oder auch nur Brot.

RAVIOLI-TUNING
Blitzgericht

Zutaten für 4 Personen:

2 Dosen Ravioli, 1 Dose Würstchen

1 kl. Dose Tomaten (oder zwei Tomaten brühen, pellen und würfeln)

2 EL Butter, 2 Zwiebeln, 1 Knoblauchzehe, 1 Paprikaschote

1 Stange Lauch, Milch, Oregano, Pfeffer, Salz, Zucker.

Würstchen in Scheiben schneiden, Zwiebeln würfeln, Lauch und Paprika in Ringe schneiden, alles in Butter anbraten.

Die Ravioli und die Tomaten mit etwas Milch zugeben und erhitzen. Mit den Gewürzen pikant abschmecken.

* Zubereitung jeweils: 1/4 Std.

BAUERNFRÜHSTÜCK	NUDELPFANNE
Heidi's Rezept	

BAUERNFRÜHSTÜCK
Heidi's Rezept

Zutaten für 4 Personen:

1-2 Dosen "Balm"-Rindfleisch

8 mittelgroße Pellkartoffeln

2 Zwiebeln

2 Eier

3 EL Fett

Kümmel, Paprikapulver

Pfeffer, Salz

Die Kartoffeln pellen und in Scheiben schneiden, die Zwiebeln würfeln.

Zwiebeln im Fett anbraten, Kartoffelscheiben braten und zerkleinertes Rindfleisch zugeben.

Am Schluss Eier mit Paprikapulver, Pfeffer und Salz verquirlen, darübergießen und stocken lassen.

* **Pellkartoffeln 10 min. im SKT garen.**
* **Restl. Zubereitung: 1/4 Std.**

NUDELPFANNE

Zutaten für 4 Personen:

1 Dose "Balm"- Rindfleisch

300 g Hörnchennudeln

3 EL Bratfett

Salz

Pfeffer

Nudeln ca. 12 min. "al dente" kochen, Kochwasser abgießen.

Nudeln in der Pfanne anbraten, dann Rindfleisch in Würfeln zugeben, mit Salz und Pfeffer abschmecken.

> Das ist das angenehme auf Reisen,
> dass auch das Gewöhnliche durch Neuheit und Überraschung das Ansehen eines Abenteuers gewinnt.
> Man reist ja nicht, um anzukommen, sondern um zu reisen!
> Goethe

* **Dazu gehört ein großer, bunter Salatteller.**
* **Zubereitung: 25 Minuten.**

BUNTE PAPRIKAPFANNE

Zutaten für 4 Personen:

200 g durchwachsener Speck

2 große Zwiebeln, 5 Tomaten, 1 Gurke, 4 grüne Paprikaschoten

2 EL Öl, 1/4 L Sahne, 1/4 l Wasser, 2 EL Speisestärke,

Salz, Pfeffer, Paprikapulver

Zwiebel und Gurke schälen und in Würfel schneiden, Speck kleinschneiden, Tomaten vierteln, Paprika in schmale Streifen schneiden. Öl in der Pfanne erhitzen, Zwiebel und Speck anbraten. Wasser, Gurke, Tomaten und Paprika dazugeben. Mit Salz, Pfeffer und Paprikapulver abschmecken und zugedeckt 10 Minuten schmoren lassen. Speisestärke in der Sahne anrühren, Gemüse damit binden und unter Rühren aufkochen lassen. Bei Bedarf nachwürzen - es soll (für Erwachsene) scharf schmecken.

Dazu passt sehr gut Reis: Im Dampftopf gibt man zu 1 Tasse Reis eine Tasse Wasser und gart nur 8-10 Minuten!

GURKENPFANNE

Zutaten für 4 Personen:

500 g gemischtes Hackfleisch

1 Zwiebel, 1-2 Gurken, 4 EL Öl

Salz, Pfeffer, Paprika, Bohnenkraut

Zwiebelwürfel im Öl andünsten, Hackfleisch dazugeben und schmoren . Gurken schälen, halbieren, Kerne entfernen, in Streifen schneiden, auf das Hackfleisch geben.

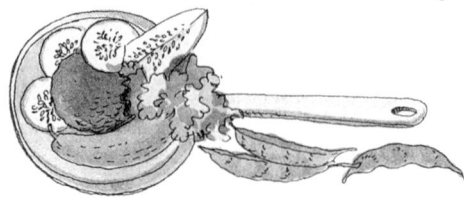

1/4 L heißes Wasser zufügen und zugedeckt garschmoren. Mit den Gewürzen abschmecken und zu Bratkartoffeln reichen.

REISPFANNE	WOMO-RATATOUILLE
Türkisches Rezept	**äußerst variabel**
Zutaten für 4 Personen:	**Zutaten für 4 Personen:**
2 Dosen Gulasch	Dosenfleisch oder Würstchen
2 Tassen Reis	Kartoffeln (oder Reis)
3 Tassen Brühe (Instant)	Auberginen
2 Zwiebeln	Paprika
2 EL Butter	Zucchini
1 kl. Dose gehäutete Tomaten	Gurken
10 Würfel Honigmelone	Tomaten
1 kl. Dose Ananasstücke	
2-3 reife Bananen	
Salz, Pfeffer, Curry	

Die Zwiebeln in Ringe schneiden und mit dem Reis in der heißen Butter kurz anbraten.

Mit der Brühe auffüllen und 30 min. zugedeckt garen.

Bananen in dicke Scheiben schneiden und mit den anderen Zutaten unter den gegarten Reis heben, erhitzen und abschmecken.

Frisches Gemüse (möglichst viele Sorten), in der Reihenfolge der Garzeit z.B. Kartoffeln (oder Reis), Auberginen, Paprika, Zucchini, Gurken, Tomaten säubern, grob würfeln und in der großen Pfanne mit Zwiebeln und etwas Fett dünsten.

Als Fleischanteil empfiehlt sich Rindfleisch aus der Dose ("Balm"), das man ganz am Schluss gewürfelt unterrührt; auch Corned Beef oder Würstchenstücke sind geeignet.

Eil-Variante: Statt Kartoffeln oder Reis nur Brot.

> Ein Bissen im Munde ist besser
> als ein versprochener Braten.

* Zubereitung: 45 Minuten.

* Zubereitung: 20-45 Minuten.

SCHWEINEGESCHNETZELTES
Mutti's Lieblingsgericht

Zutaten für 4 Personen:

600 g Schnitzelfleisch

1 mittlere Zwiebel, 3 EL Butter, 1/4 l Brühe (Instant)

1 kl. Dose Ananasstücke, 1 kl. Dose Mandarinen, 1/8 l Rotwein

1/8 l Sahne (oder Kondensmilch), Salz, Pfeffer, Curry

Fleisch trocken in Streifen, Zwiebeln in kleine Würfelchen schneiden. Fleisch und Zwiebeln im Fett anbraten. Mit Brühe und Rotwein ablöschen, dann zugedeckt 30 min. dünsten. Danach mit den Gewürzen abschmecken und mit 1/8 l Sahne abrunden. Kurz vor dem Servieren Mandarinen und Ananas zugeben und erwärmen.

IZMIR KEFTEDES 1821
von meinem Freund Anastasios Moraitis

Zutaten für 4-6 Personen:

Für die Hackfleischröllchen:

1 kg gemischtes Hackfleisch

2 Eier, 2 EL Milch, 1 große Zwiebel, 2 Knoblauchzehen (zerkleinert,

1 TL Petersilie, 1 TL Oregano, Pfeffer, Salz, Olivenöl.

Alle Zutaten vermischen, daraus kleine Röllchen formen und in heißem Öl knusprig braten.

Für die Knoblauchsoße:

2 Zwiebeln, 4 Zehen Knoblauch, 1 kl. Dose geh. Tomaten, 1/4 L

Wasser, 1 EL Bratensauce (Instant) oder 1 EL Mehl, Salz, Pfeffer,

Oregano.

Zwiebeln in kleine Würfelchen schneiden und im Stieltöpfchen mit wenig Öl glasig dünsten, Knoblauch durch Presse drücken und mit den Gewürzen zugeben, 5-10 min. köcheln lassen. Die Tomaten zugeben und soviel Wasser, dass alles bedeckt ist. Jetzt 10-15 min. kochen. Am Schluss mit Bratensoße oder Mehl andicken und über die Hackfleischröllchen gießen.

BAUERNPFANNE	HACKFLEISCH
	"Fidel Castro"

Zutaten für 4 Personen:	**Zutaten für 4 Personen:**
1 kg Pellkartoffeln	500 g gemischtes Hackfleisch
2-3 EL Wurst- oder Schinkenreste	5 Zwiebel
2 EL Bratfett	1 EL Bratfett
2 Zwiebeln, 2 Tomaten	2 große, reife Bananen
2 Eier	Ketchup
1/8 l Milch	Pfeffer, Salz
Salz, Pfeffer.	Cayennepfeffer.

Die Kartoffeln pellen und in Scheiben schneiden, die Zwiebeln fein würfeln. Das Fett in einer großen Pfanne erhitzen und die Kartoffeln, Zwiebeln und Wurstreste darin braten.

Die Eier mit der Milch, Salz und Pfeffer verrühren. Die Tomaten in Scheiben schneiden und auf die Kartoffeln legen, Eiermilch darübergießen.

Pfannendeckel auflegen und alles stocken lassen.

Das Hackfleisch in einer Pfanne zerkleinert anbraten. Die Zwiebeln würfeln und hinzugeben. Eine Tasse Wasser zufügen und zugedeckt schmoren lassen.

Zum Schluss reichlich Ketchup und die in Scheiben geschnittenen Bananen unterrühren und weichschmoren lassen. Mit den Gewürzen scharf abschmecken.

> **Mein Tipp:**
> Besonders rustikal isst man das Gericht gemeinsam aus der Pfanne.

* **Pellkartoffeln 10 min. im SKT garen.**
* **Restl. Zubereitung: 1/4 Std.**

* **Dazu passt am besten Reis.**
* **Zubereitung: 45 Minuten.**

MEXIKANISCHE PFANNE

Zutaten für 4 Personen:

2 Tassen Reis, Fleisch- oder Schinkenreste

1 Zwiebel, 2 Knoblauchzehen, 2 EL Öl

1 Döschen Mais, 1 Döschen Kidneybohnen

Pfeffer, Salz, Rosenpaprika

Reis und Wasser im Verhältnis 1 : 1 ca. 10 min. im Dampftopf garen (sonst 20 min.).

Bananenscheiben, Zwiebelwürfel und Knoblauchscheiben in
heißem Öl andünsten.

Reis, Maiskörner und Kidneybohnen vorsichtig unterheben,
scharf würzen und unter umwenden weitere 5 min. erhitzen.

HÄHNCHEN-REIS-PFANNE

Zutaten für 4 Personen:

2 Tassen Reis, 4 Hühnerbrustfilets (500 g)

1 Zwiebel, 1 Fleischtomate, 2 grüne Paprikaschoten

1 Knoblauchzehe, 4 EL Öl,

Salz, Pfeffer, 1/2 TL Rosenpaprika

Reis und Wasser im Verhältnis 1 : 1 ca. 10 min. im Dampftopf garen (sonst 20 min.).

Zwiebeln fein würfeln, Paprika in Streifen schneiden, Tomate
brühen, häuten und würfeln, Fleisch in Stücke schneiden.

Fleisch im Öl 5 min. anbraten, Knoblauch dazupressen,
würzen, warmstellen.

Zwiebeln und Paprikastreifen 5 min. anbraten, Reis und
Tomatenwürfel zugeben, würzen.

Fleisch darauflegen und bei aufgelegtem Deckel 10 min.
garköcheln.

CHILI-DOGS

Zutaten für 4 Personen:

300 g Hackfleisch

1 Dose Wiener Würstchen

1 große Dose geh. Tomaten

1 kl. Dose Kidney-Bohnen

2 Zwiebeln, 1 Knoblauchzehe

Chili- oder Paprikapulver

Salz, Pfeffer, Zucker, 2 EL Öl.

Öl in großer Pfanne erhitzen, gewürfelte Zwiebeln und Hackfleisch darin scharf anbraten, mit Salz, Pfeffer, Zucker, geriebenem Knoblauch und (reichlich) Chilipulver würzen, mit den Dosentomaten und ihrem Saft ablöschen, 15 min. zugedeckt leicht köcheln lassen.

Kidney-Bohnen und Wiener Würstchen vom Wasser abgießen, zugeben und erwärmen. Dazu schmecken Weißbrot, Salat und ein großes Bier (zum Löschen).

> Viel zu spät begreifen viele, die versäumten Lebensziele: Freude, Schönheit der Natur, Gesundheit, Reisen und Kultur. Darum Freund, sei zeitig weise, höchste Zeit ist's: Reise, reise!

* Zubereitung: 30 Minuten.

CHILI CON CARNE
mexikanisch

Zutaten für 4 Personen:

500 g Hackfleisch

5 Tomaten

1 Zwiebel

1/8 L Rotwein

2 EL Olivenöl

Chili- oder Paprikapulver

(oder 1 frische rote Chilischote)

2 Döschen Kidney-Bohnen

Salz, Pfeffer

Thymian, Rosmarin

Öl erhitzen, Zwiebel- und Knoblauchwürfel darin andünsten, Hackfleisch zugeben und krümelig braten.
Tomaten in Stücke schneiden und dazugeben, 15 min. schmoren, scharf würzen (evtl. Chili-Schote sehr fein gewürfelt).
Bohnen unterrühren und miterhitzen, evtl. mit etwas Wasser verdünnen.

> **Mein Tipp:**
> Die ideale Beilage ist Reis; schmeckt aber auch sehr gut mit frischem Stangenweißbrot.

* Zubereitung: 30 Minuten.

PAELLA
für die WOMO-Küche vereinfacht

Zutaten für 4 Personen:

2 Hühnerbrustfilets (250 g), 250 g Schweinefleisch

250 g Fischfilet, 1 Schälchen Krabben

2 Tassen Reis, Fleischbrühe (Instant), 6 EL Öl

2 Tomaten, 2 Zwiebeln, 2 Knoblauchzehen, Salz, Pfeffer

Knoblauchzehen und gehackte Zwiebeln im Öl braten und wieder herausnehmen.

Das gewürfelte Fleisch ebenfalls in Öl braten und wieder herausnehmen.

Fischfilet in Öl bräunen und wieder herausnehmen.

Den Reis im Öl glasig werden lassen und unter ständigem Rühren Brühe zugießen (1/2 TL Safran gibt dem Reis nur die typische Farbe). Die abgezogenen und in Würfel geschnittenen Tomaten zugeben.

Ist der Reis halbgar (10 min.), alle anderen Zutaten zufügen, kräftig mit Salz und Pfeffer würzen und auf kleiner Flamme zugedeckt fertig garen. Wenn nötig, noch etwas Fleischbrühe zugießen, damit die Paella nicht zu trocken wird.

Mein Tipp:
Paella ist die spanische Art der Resteverwertung, d. h. eigentlich ist jede Zutat erlaubt.
Lassen Sie sich beim Bummel durch die Fischhalle und über den Gemüsemarkt inspirieren!

* Zubereitung: 1 Stunde.

SCHINKENNUDELN
einfach

Zutaten für 4 Personen:

300 g Nudeln

200 g Schinken (roh oder gekocht)

1 Zwiebel

5-6 Eier

1/2 Tasse Milch

Pfeffer, Salz

Edelsüßpaprika

Nudeln in Salzwasser "al dente" garen (ca. 12 min.), abgießen.

Schinkenwürfel und kleingeschnittene Zwiebel anbraten.

Eier, Milch und Gewürze verrühren.

Nudeln zum Schinken in die Pfanne geben und mit der Eiermilch übergießen.

Stocken lassen und einigemal wenden.

> Niedrige und spießbürgerliche Geister bleiben im Lande und sitzen da fest –
> höhere aber reisen.
> Johann Gottfried Herder

* Zubereitung: 30 Minuten.

NUDELKUCHEN
einfach

Zutaten für 4 Personen:

200 g Nudeln

4 Eier

100 g geriebener Käse

3 EL Butter

1 Bund Petersilie

Salz

Pfeffer

Nudeln in Salzwasser "al dente" garen (ca. 12 min.), abgießen.

Eier mit Salz, Pfeffer, gehackter Petersilie und geriebenem Käse verrühren, grob zerteilte Nudeln dazugeben.

Butter in der Pfanne erhitzen, die Zutaten einfüllen und als dicken Pfannkuchen ausbacken.

* Zubereitung: 30 Minuten.

LEBERKÄSE-ZUCCHINI-PFANNE
Blitzgericht

Zutaten für 4 Personen:

4 mittlere Zucchini, 400 g Leberkäse (zur Not Fleischwurst)

2 Zwiebeln, 2 Knoblauchzehen

Salz, Pfeffer, Curry, Olivenöl.

Zucchini und Leberkäse in feine Streifen schneiden, Zwiebeln und Knoblauch in feine Ringe schneiden.

Olivenöl in einer Pfanne erhitzen, die Zwiebeln und Knoblauch darin anbraten. Zucchini und Leberkäse dazugeben, weiterbraten und kräftig würzen.

Dazu passt Ketchup und ein Baguette.

ZUCCHINI IN SAHNESAUCE

Zutaten für 4 Personen:

4 mittlere Zucchini

1/8 L Sahne (süß oder sauer)

1 Ei, Muskat, 3 EL geriebener Käse, Kräuter, Salz, Pfeffer

Zucchini waschen und ungeschält in fingerdicke Scheiben schneiden, salzen und in die gut gefettete Pfanne geben.

Eine Mischung aus Sahne, Salz, Pfeffer, Ei, Muskat , Käse und gehackten Kräutern darübergießen.

Pfanne mit Deckel gut verschließen und bei kleinster Flamme 20-25 min. garen.

Passt prima zu Lammkoteletts oder gebratenem Fisch.

LETSCHO	GEMÜSEPFANNE
einfach	mit Schafskäse
Zutaten für 4 Personen:	**Zutaten für 4 Personen:**
400 g Fleischwurst	100 g Schafskäse
(oder Würstchen aus der Dose)	2-3 Kartoffeln
5 Tomaten	1 Zwiebel, 3 Möhren
5 grüne Paprikaschoten	1 Sellerieknolle
1 Zwiebel	1/8 L Gemüsebrühe (Instant)
2 EL Öl	1/2 Zitrone
Pfeffer, Salz	1 EL Öl, Pfeffer, Salz, Petersilie

LETSCHO

Tomaten, Paprika und Wurst kleinschneiden.

Zwiebeln würfeln, in Öl anbraten, dann Tomaten und Paprika zugeben und zugedeckt schmoren lassen.

Zum Schluss Wurststücke zugeben und würzen.

GEMÜSEPFANNE

Zwiebel, Möhren, Kartoffeln und Sellerie waschen, schälen und in Würfel schneiden.

Zwiebelwürfel im Öl weichdünsten, Gemüse zufügen, pfeffern und mit Brühe aufgießen, 30 min. köcheln lassen.

Zitronenschale abreiben und mit dem Saft hineinrühren, mit Salz abschmecken.

Mein Tipp:
Besonders gut passt dazu körniger Reis.

Schafskäsewürfel über der Mischung verteilen und mit gehackter Petersilie bestreuen.

---

* Zubereitung: 15 Minuten.

* Zubereitung: 1 Stunde.

HACKFLEISCHPFANNE MIT LAUCH
schnell & einfach

Zutaten für 4 Personen:

500 g Rinderhack

2 große Zwiebeln, 1 Stange Lauch, 1 Döschen Tomatenmark

2 EL Öl, 1/4 L Brühe (Instant), 1/4 L saure Sahne

1 TL Senf, Rosenpaprika

Zwiebeln hacken, in Öl anbraten, Rinderhack zugeben, krümelig braten. Lauch in Ringe schneiden, mitschmoren lassen. Brühe, Tomatenmark und Senf unterrühren, 15 min. weiterdünsten.

Saure Sahne unterziehen, mit Paprika abschmecken.

Dazu passen gleichgut Nudeln, Reis oder Stangenweißbrot.

GEFÜLLTE FLEISCHBÄLLCHEN
Bifteki me feta

Zutaten für 4-6 Personen:

800 g gemischtes Hackfleisch

2 alte Brötchen, 2 Zwiebeln, 2 Eier

250 g Schafskäse (Feta), 4 EL Mehl, 1 EL Zitronensaft

1 EL Petersilie, 1 EL Minze, Salz, Pfeffer, Olivenöl

Brötchen in Wasser einweichen, Zwiebeln fein hacken.

Brötchen ausdrücken und mit Zwiebelwürfeln, Hackfleisch, Zitronensaft und Eiern zu einer geschmeidigen Masse kneten.

Mit Petersilie, Minze, Salz und Pfeffer würzen.

Mit einem Esslöffel kleine Portionen abteilen, mit bemehlten Händen flachdrücken, ein Stück Feta drauflegen und mit der Fleischmasse umhüllen; die Bällchen leicht in Mehl wälzen.

In reichlich Olivenöl (oder Butter) von allen Seiten schön braun braten.

Kalt als Vorspeise oder warm mit Brot oder Reis.

AUBERGINENSCHEIBEN
mit Zwiebeln

Zutaten für 4 Personen:

2-3 Auberginen

2-3 Zwiebeln

2 Knoblauchzehen

1 Lorbeerblatt

3 EL Petersilie

6 EL Olivenöl

Salz, Pfeffer

Auberginen waschen, in Scheiben schneiden, mit Salz bestreut 1 Std. ziehen lassen. Die ausgetretene Flüssigkeit abtupfen.

Olivenöl in der Pfanne stark erhitzen, Auberginenscheiben von beiden Seiten braun braten, herausnehmen, warm stellen.

Zwiebelscheiben in dem restlichen Öl mit den gehackten Knoblauchzehen und dem Lorbeerblatt anbraten.

Bratfett abgießen, Auberginenscheiben wieder zugeben, mit den Zwiebelringen und der gehackten Petersilie vermengen, nochmals kurz erhitzen.

> **Mein Tipp:**
> Die Auberginenscheiben eignen sich kalt auch als Zutat zu gemischten Salaten.

* Zubereitung: 1 1/2 Stunden.

FISCHGULASCH
schnell

Zutaten für 4 Personen:

800 g Fischfilet

2 große Tomaten

(oder 1 Döschen Tomaten)

1 Bund Lauchzwiebeln

100 g Spinat

3 EL Öl

2 EL Crème fraîche

Salz, Pfeffer

Dill

> **Mein Tipp:**
> Nehmen Sie das günstigste Fischangebot – es schmeckt immer!

Lauchzwiebeln putzen und mit dem Grün in feine Ringe schneiden.

Tomaten würfeln, Spinat waschen, zerschneiden.

Fisch in Gulaschstücke schneiden und pfeffern.

Zwiebeln im heißen Öl glasig braten. Tomaten, Spinat und Fischwürfel auf die Zwiebeln legen, salzen und in der offenen Pfanne erhitzen, bis die Tomaten schmoren.

Zugedeckt noch 8 min. köcheln. Mit gehackten Kräutern bestreut servieren.

* Zubereitung: 1/2 Stunde.

PUTENPFANNE
Hartmuts Pfannenhupdich

Zutaten für 2 Personen:

2 große Putenschnitzel

4 Frühlingszwiebeln, 5 große Champignons

2 Karotten, 1 Beutel Chinapfannen-Fix

2 TL Bratfett, Salz, Pfeffer

Putenschnitzel in mundgerechte Stücke schneiden, Gemüse waschen, putzen und klein schneiden. Das Fett in der Pfanne erhitzen, alle Zutaten dazugeben und kurz anbraten. Danach das Ganze mit 3/8 l Wasser ablöschen, einen Beutel Chinapfannen-Fix einrühren, aufkochen und 5 min. köcheln lassen. Nach Belieben noch mit Salz und Pfeffer nachwürzen.

* Zubereitung: 20 Minuten.

REISFLEISCHPFANNE

Zutaten für 2 Personen:

300 g mageres Schweinefleisch

80 g Butter, 3 große Zwiebeln, 250 g Reis

1 TL Rosenpaprika, Salz, 3/4 l Brühe (Instant)

2 grüne Paprikaschoten, 4 enthäutete Tomaten

250 g frische Pilze oder eine Dose, 250 g Käse (Gouda)

Das Schweinefleisch in 2 cm große Würfel schneiden und in der Butter anbraten. Zwiebeln grob schneiden, zufügen und glasig dämpfen. Ungewaschenen Reis, Salz und Rosenpaprika kurz mitrösten und das Ganze mit der Brühe auffüllen. Paprikaschoten streifig schneiden, Tomaten zerkleinern und zusammen mit den Pilzen zugeben. Die Masse 8 - 10 Minuten bei schwacher Hitze gar kochen. Den Gouda in Würfel schneiden, unterheben, abschmecken und sofort servieren.

* Zubereitung: 40 Minuten.

SPÄTZLESTOPF
scharf

OLIVEN-PFANNE

Zutaten für 4 Personen:

500 g Spätzle

300 g Hackfleisch

2 feingehackte Zwiebeln

Salz, Pfeffer, Paprika

Tomatenmark

400 g Chinakohl oder Chicoree

Zutaten für 4 Personen:

1 große Zwiebel

500 g gekochte Kartoffeln

2 Würstchen (nach Geschmack)

1 kleines Glas grüne Oliven

8 Sardellenfilets, gewässert

4 Eier

Pfeffer

100 g mittelalter Gouda

Butter zum Braten

Spätzle in reichlich Salzwasser kochen, abschrecken und abtropfen lassen.

Hackfleisch mit den Zwiebeln scharf anbraten, mit Salz, Pfeffer und reichlich Paprika würzen, Tomatenmark dazugeben.

Chinakohl in Streifen schneiden und waschen, unter die Hackfleischmasse mengen und mit etwas heißem Wasser auffüllen.

Das Ganze ca. 15 Minuten kochen lassen. Zum Schluss gibt man noch einen Schuss Rotwein dazu, wer möchte kann es noch mit Mehl abbinden.

Nun wird alles mit den Spätzle vermengt und mit frischen Kräutern bestreut.

Butter in einer großen Pfanne erhitzen, Zwiebelringe, in Scheiben geschnittene Kartoffeln und Würstchen, abgetropfte und halbierte Oliven, zerkleinerte Sardellen hineingeben. Ab und zu wenden.

Eier mit Pfeffer verquirlen, gehackte Petersilie unterrühren und über den Pfanneninhalt gießen. Auf kleiner Flamme ca. 8 min. braten.

In Streifen geschnittenen Gouda auflegen und bei geschlossener Pfanne einige Minuten braten, bis der Käse geschmolzen ist.

* Zubereitung: 40 Minuten.

* Zubereitung: 20 Minuten.

ÜBERBACKENE AUBERGINEN À LA CLAUDIA

Zutaten für 2 Personen:

1 Aubergine pro 2 Personen

Knoblauch, Käse des Landes, Salz, Pfeffer

Auberginen waschen, in Scheiben schneiden, mit Salz bestreut 1 Std. ziehen lassen, die ausgetretene Flüssigkeit abtupfen. Auberginenscheiben salzen, pfeffern und mit fein geschnittenem Knoblauch belegen. In einer Pfanne Öl erhitzen und die Auberginenscheiben von beiden Seiten einige Minuten anbraten. Jetzt geriebenen oder zerbröckelten Käse auf die Auberginen geben und bei geschlossener Pfanne überbacken, bis der Käse geschmolzen ist.

* Zubereitung: 20 Minuten.

GEFÜLLTE PAPRIKA

Zutaten für 4 Personen:

400 g Rinderhack

2 mittelgroße Zwiebeln, 2 EL gehackte Minze, 6 EL gekochten Reis

oder 4 Scheiben altes Weißbrot (in Wasser einweichen und wieder

gut ausdrücken)

4 große oder 8 kleine Gemüsepaprika

4 EL Öl, 1/2 l Tomatensaft, etwas gekörnte Brühe

Zwiebeln putzen, in kleine Würfel schneiden. Rinderhack mit Zwiebel, Salz, Pfeffer, Minze und Reis (oder Brot) vermengen. Von den Paprikaschoten die Deckel abschneiden, entkernen, weiße Scheidewand entfernen, waschen und mit der Fülle füllen. In der Pfanne von allen Seiten gut anbraten, Tomatensaft zugießen, gekörnte Brühe einstreuen. Bei schwacher Hitze 30 min. schmoren lassen.

Dazu: Reis

* Zubereitung: 40 Minuten.

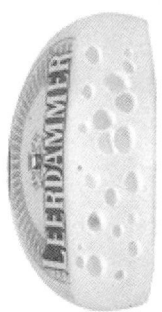
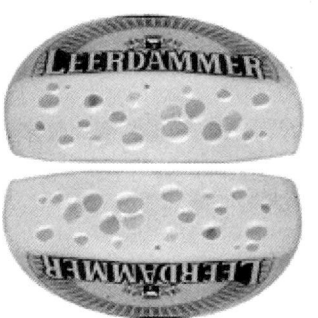

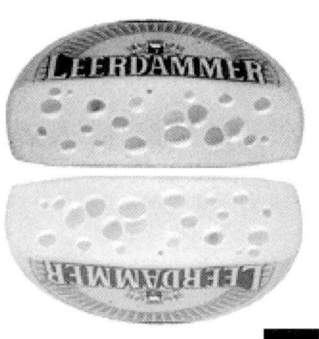
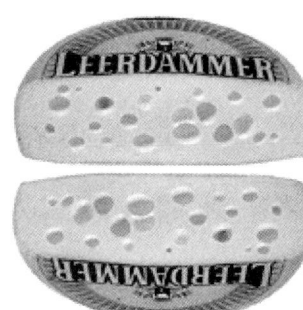

EIER-

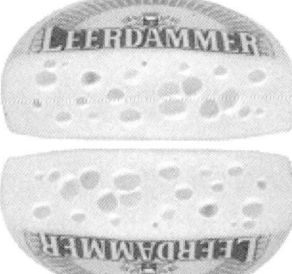

&

KÄSEGERICHTE

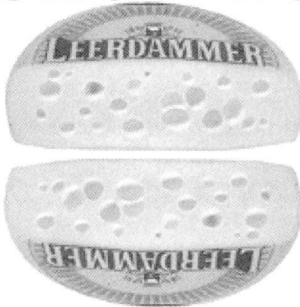
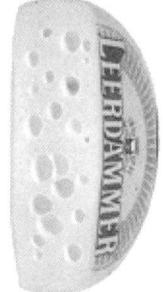

Eier bekomt man überall – aber sind sie auch noch frisch!? ... und wie lange halten sie sich?

In einem Gefäß mit Wasser liegt ein ganz frisches Ei flach am Boden. Richtet es sich etwas auf, so ist es älter (1-3 Wochen), kann aber noch zum Backen und Braten verwendet werden. Schwebende oder gar schwimmende Eier sind völlig verdorben und müssen weggeworfen werden.

Grund: Die Kalkschale ist luftdurchlässig. Je älter das Ei wird, desto mehr verliert es Feuchtigkeit und die Luftblase am stumpfen Ende vergrößert sich (wie der Drucktank eines auftauchenden U-Bootes). Legefrische Eier kann man im WOMO-Kühlschrank folglich max. 2-3 Wochen aufbewahren – falls sie Ihren Fahrstil aushalten.

Frühstücksei (in schwach kochendes Wasser gelegt): 3 min. = Eiklar noch durchsichtig, Dotter flüssig; 4 min. = Eiklar weiß, Dotter flüssig; 5 min: = Eiklar fest, Dotter halb gestockt, 6 min. = ganzes Ei "wachsweich", 8-10 min. = hartes Ei. Damit das Ei nicht platzt, am stumpfen Ende anstechen.

Rühr- und Spiegeleier brät man stets bei schwacher Hitze, sonst kleben und verbrennen sie am Pfannenboden und sind oben noch nicht gestockt. Wer flüssiges Eigelb nicht mag, legt kurze Zeit den Deckel auf (der die Hitze nach unten reflektiert). Salzen und pfeffern erst, wenn die Eier fertig sind!

Reste: Eigelb und Eiklar halten sich im Kühlschrank (zugedeckt) 2-3 Tage, hartgekochte Eier jedoch bis zu 3 Monaten.

Übrigens: Frisch gelegte Eier schmecken gar nicht so gut; sie entfalten erst nach 3-4 Tagen ihr volles Aroma. Eier enthalten viel Eiweiß, Vitamine und Mineralstoffe – aber der Arzt empfiehlt wegen dem Cholesteringehalt maximal 3 Eier/Woche.

Wie lange hält sich Käse?

Auf der Originalverpackung steht es drauf – aber im sonnigen Süden ist der Kühlschrank jedenfalls angeraten.

Angeschnittener Hartkäse hält unter der Käseglocke im Kühlschrank noch 4-6 Tage (frischer bleibt er, wenn man ihn in ein milchgetränktes Küchenpapier wickelt). Offener Quark und Frischkäse hält noch 3 Tage im Kühlschrank, Schafskäse in Salzlake 1-2 Wochen.

Wichtig: Um sein Aroma zu entwickeln, muss der Käse 2 Std. bei Zimmertemperatur stehen.

SPIEGELEIER
mit Käse

Zutaten für 2-4 Personen:

4 große Scheiben Weißbrot

4 Eier

1/4 Bund Petersilie

Salz

schwarzer Pfeffer

2 EL ger. Parmesankäse

3 EL Butter

Die Hälfte der Butter in einer großen Pfanne zerlassen, Weißbrotscheiben darin bei mittlerer Hitze von beiden Seiten goldbraun braten. Herausnehmen und auf Tellern anrichten.

Restliche Butter in die Pfanne geben, Eier darin bei mittlerer Hitze als Spiegeleier braten.

Petersilie waschen, trockentupfen und hacken.

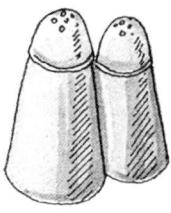

Eier mit Salz und Pfeffer würzen, auf die Brote legen.

Mit Parmesan und Petersilie bestreut servieren.

* Zubereitung: 15 Minuten.

HAM AND EGGS
British

Zutaten für 2-4 Personen:

4 Scheiben roher Schinken

(oder Schinkenspeck)

4 Eier, Butter

Die Schinkenscheiben in heißer Butter zunächst von einer Seite anbraten, dann wenden und die Eier vorsichtig (ohne die Dotter zu verletzen) darüberschlagen.

So lange braten, bis das Eiweiß gestockt ist.

EIERHÄCKERLE

Zutaten für 2-4 Personen:

3-4 Eier

70 g Schinkenspeck

2 Heringsfilets

1 Zwiebel, Salz, Pfeffer

Die hartgekochten Eier (8 min.), den Schinkenspeck und die Heringsfilets in ganz kleine Würfel schneiden. Die Zwiebel darüberreiben; mit Salz und Pfeffer (oder Paprika) abschmecken. Nach Belieben mit fein geschnittenem Apfel oder Gewürzgurke verfeinern.

> **Mein Tipp:**
> Der ultimative Tagesbeginn nach langer Nacht!

SPIEGELEIER
Reinhards Rezept

Zutaten für 2-4 Personen:

4 Eier, 4 große Scheiben Brot

4 geh. EL Schinken(speck)würfel

Pfannenknecht-Rezept

Salz, schwarzer Pfeffer, 1 Knoblauchzehe, 2 EL Butter

Die Butter in einer großen Pfanne zerlassen, Brotscheiben darin bei mittlerer Hitze von beiden Seiten anrösten. Herausnehmen, die Knoblauchzehe darauf verreiben, Speckwürfel darauf verteilen.

Eier in der restlichen Butter bei mittlerer Hitze als Spiegeleier braten. Vorsichtig auf die Speckwürfel legen, mit Pfeffer und Salz würzen, servieren.

KRÄUTERRÜHREIER

Zutaten für 4 Personen:

4 Eier, 1 Handvoll gemischte Kräuter

1 EL süße Sahne, Salz, Pfeffer, 1 EL Margarine

Kräuter fein hacken, Eier mit Sahne, Salz und Pfeffer verrühren, Kräuter untermischen.

Margarine in einer Pfanne heiß werden lassen, Eier zugießen und bei schwacher Hitze braten, bis sie am Rand fest, in der Mitte aber noch flüssig sind.

In der Pfanne mit dem Braten- wender zusammen- schieben und verrühren.

Auf Tellern anrichten und sofort servieren.

Dazu passen alle Brotsorten.

APFELPFANNKUCHEN

Zutaten für 4 Personen:

4 Eier

200 g Mehl

Saft 1/2 Zitrone

1/4 l Milch

6 Äpfel (oder anderes Obst)

Margarine

1 EL Zucker, 1 Prise Salz

Pfannenknecht-Rezept

Äpfel schälen und in Spalten schneiden, Zitronensaft darüber träufeln.

Eiweiß steif schlagen, 1 EL Zucker zufügen.

Eigelb, Milch, Mehl und Salz zu Teig verarbeiten, Eischnee unterheben.

In der Pfanne Margarine auslassen, Pfannkuchenteig hineingeben und mit Apfelspalten belegen.

Schön braun braten.

> **Mein Tipp:**
> Dazu reiche ich Apfelmus, Zimt und Zucker oder Vanillesauce.

* Zubereitung: 30 Minuten.

QUARKPFANNKUCHEN
mit Rosinen

Zutaten für 4 Personen:

150 g Quark

3 Eier

150 g Mehl

50 g Rosinen oder Korinthen

Milch

Margarine

Zucker, 1 Prise Salz

Pfannenknecht-Rezept

Quark und Eier gut verrühren. So viel Mehl und Milch zugeben, dass ein dickflüssiger Teig entsteht. Salz und Rosinen untermengen.

In der Pfanne Margarine auslassen, Pfannkuchenteig hineingeben.

Schön braun braten.

Mit Zucker bestreuen und zusammenrollen.

> **Mein Tipp:**
> Dazu reiche ich Kompott.
> **Herzhafte Variante:**
> Statt Zucker und Rosinen: Schinken- und Paprikawürfel.

* Zubereitung: 30 Minuten.

SÜSSE HEFEPLINSEN

Zutaten für 4 Personen:

3/4 L Milch, 1 Stück Hefe, Salz

1 EL Zucker, 2-3 Eier

400 g Mehl

Die Hefe in der lauwarmen Milch zerbröckeln, mit Salz, Zucker, Eiern und Mehl verquirlen. Den Teig 1-2 Stunden warmgestellt gehen lassen.

Nochmals gut durchrühren und kellenweise in einer mit Butter ausgeriebenen Pfanne von beiden Seiten goldbraun backen.

Mein Tipp:
Mit Rosinen wird der Plinsenteig zu einem Hochgenuss – vor allem, wenn man sie lange genug in Rum oder Cognac eingelegt hat.

OMELETT
mit Rum und Mandeln

Zutaten für 1 Person:

3 Eier, 1 Prise Salz, 2 EL Mehl, Konfitüre, 1 EL Puderzucker

3 EL gehackte Mandeln, Butter, (Konfitüre)

Eier trennen, die Eiweiß mit dem Salz recht steif schlagen.

Die Eigelb mit dem Puderzucker, Mehl und Rum schaumig rühren, die gehackten Mandeln zugeben und den Eischnee unterziehen.

Sofort in der erhitzten Butter goldgelb backen. Mit Konfitüre nach Wahl füllen.

Mein Tipp:
Ein echtes Omelett wird immer ohne Mehl zubereitet – sonst ist es ein "gewöhnlicher" Eierkuchen!

PANCAKES „YEAH YEAH"

Zutaten für 5-6 Pfannkuchen:

1 Tasse Mehl

2 EL Backpulver

2 EL Zucker

3/4 - 1 Tasse Milch

1 Prise Salz

1 Ei

2 EL Pflanzenfett (weich, nicht flüssig)

Das Ei schaumig schlagen, die übrigen Zutaten dazugeben und gut miteinander verrühren.

Nach Belieben können Bananenscheiben oder Johannisbeeren hinzugefügt werden.

Mein Tipp:
Diese Original amerikanischen Pfannkuchen schmecken Kindern besonders gut.

* **Zubereitung: 30 Minuten.**

KÄSEPFANNKUCHEN

Zutaten für 6-7 Pfannkuchen:

3 Eier

1/2 l Milch

1 Prise Salz

250 g Mehl

Butter zum Backen

150 g mittelalter Gouda

Eier, Milch, Salz verquirlen, Mehl darauf geben und mit dem Schneebesen glattrühren, einige Minuten quellen lassen.

Gouda in 2 cm große, dünne Plättchen schneiden.

Butter in der Pfanne erhitzen, Teig hineingießen, Eierkuchen leicht anbraten, mit Käseplättchen belegen, goldbraun backen und kurz auf die mit Käse belegte Seite drehen.

* **Zubereitung: 30 Minuten.**

Gefüllte Käseomeletts

Zutaten für 4 Stück:

Füllung:

25 g Butter, 1 Zwiebel

1 Dose geschälte Tomaten (400 g)

Pfeffer, Salz, 1 Bund Schnittlauch

Omelettmasse:

4 Eigelb, 2 EL Sahne, 70 g alter Gouda

1 Msp. Paprika, 6 Eiweiß, Pfeffer

Butter zum Backen

Zubereitung der Füllung:

Butter schmelzen, feingehackte Zwiebel darin glasig dünsten, Tomaten mit Flüssigkeit zugeben, mit Salz und Pfeffer würzen und Masse einige Minuten einkochen lassen. Schnittlauch fein schneiden, unter die Tomatenmasse mischen, abschmecken und warm stellen.

Zubereitung der Omelettmasse:

Eigelb mit einer Gabel aufschlagen, Sahne, geriebenen Käse und Gewürze zufügen. Eiweiß zu steifem Schnee schlagen, unter die Eigelbmasse ziehen und sofort backen. Butter in der Pfanne heiß, aber nicht braun werden lassen, Schaummasse hineingeben, Deckel auf die Pfanne setzen und das Omelett bei geringer Hitze aufziehen lassen. Die Unterseite soll goldgelb sein. Auf eine Hälfte etwas Tomatenmus geben, die andere Hälfte überklappen.

* Zubereitung: 40 Minuten.

PFANNKUCHEN mit Heidelbeerfüllung	**KAISERSCHMARREN**
Zutaten für 4 Personen:	**Zutaten für 4 Personen:**
500 g Heidelbeeren	5 Eier, 4 EL Zucker
3 Eier, 3/8 l Milch	4 EL zerl. Butter
200 g Mehl, 2 TL Backpulver	1 Prise Salz
1 EL Zucker, 1 Prise Salz	Schale einer ungespritzten Zitrone
1 Prise Zimtpulver	250 g Mehl, 3/8 l Milch
Butter für die Pfanne	100 g (3 EL) Rosinen
3 EL Puderzucker zum Bestreuen	Butter für die Pfanne

Pfannenknecht-Rezept

PFANNKUCHEN

Eier trennen, Eiweiß steif schlagen, Eigelb mit Milch verrühren.

Mehl, Backpulver, Zucker, Salz und Zimt miteinander vermischen, in die Mitte eine Kuhle drücken, Milch-Ei-Mischung hineingeben, Teig rühren. Zum Schluss den steifgeschlagenen Eischnee unterheben.

Butter in Pfanne zerlassen, Pfannenboden mit Teig bedecken, Heidelbeeren darauf verteilen und mit dünnem Teig überziehen, aufbeiden Seiten Seiten goldbraun backen.

Mit Puderzucker bestäuben.

KAISERSCHMARREN

Eier trennen, Eiweiß steif schlagen, Eigelb mit Zucker schaumig rühren.

Die weiteren Zutaten nach und nach zum Eigelb hinzufügen, Teig rühren.

Fett in der Pfanne erhitzen, Teig etwa 1 cm hoch einfüllen, von beiden Seiten goldgelb backen, den Schmarren mit zwei Gabeln in Stücke zerreißen.

Insgesamt so 4 Schmarren herstellen.

Zum Schluss die gesamte Menge nochmals in der Pfanne unter ständigem Wenden erhitzen, mit Puderzucker bestäuben.

Mein Tipp:
Johannisbeermarmelade (oder Preiselbeeren) schmeckt besonders gut als als Beilage.

* Zubereitung: 30 Minuten.

* Zubereitung: 30 Minuten.

CRÊPES

Zutaten für den Teig:

150 g Mehl, 3 Eier, 1/4 l Milch, 2 EL Zucker

1 Prise Salz, 3 EL Butter

Pfannenknecht-Rezept

Zutaten für die Füllung:

3 EL Butter, 4 EL Zucker

50 g gehobelte Mandeln, 1 EL Weinbrand

Saft und abgeriebene Schale einer ungespritzten Orange

Butter zum Backen, Puderzucker zum Garnieren

Mehl in eine Schüssel sieben,

Eier, Milch, Zucker und Salz verquirlen, in das Mehl ein-rühren. Geschmolzene Butter zufügen, Teig kräftig schla-gen, 30 min. ruhen lassen. Butter, Mandeln, Zucker bei geringer Hitze goldbraun werden lassen. Vom Herd nehmen, Orangensaft und -schale und den Weinbrand untermischen, abkühlen lassen.

In einer Pfanne etwas Butter erhitzen, mit einem Schöpflöffel etwa 2 EL Teig hineingeben und hauchdünn verlaufen lassen. Sollte der Teig zu dick sein, tropfenweise noch etwas Wasser unterschlagen. Crêpes bei mittlerer Hitze beidseitig goldbraun backen, herausnehmen, sofort mit Füllung bestreichen und aufrollen. Heiß halten.

Vor dem Anrichten mit Puderzucker bestäuben.

* Zubereitung: 30 Minuten.

GRIESS-SCHMARREN

Zutaten für 4 Personen:

120 g Grieß

1/4 l Milch

1 Prise Salz

4 Eier

2 EL Zucker

2 EL zerlassene Butter

Butter für die Pfanne

Grieß, Milch und Salz kurz aufkochen lassen, bei schwacher Hitze 10 min quellen lassen.

Eier trennen, Eiweiß zu steifem Schnee schlagen, Eigelb mit Zucker schaumig rühren, unter den Grießbrei heben. Steif geschlagenen Eischnee ebenfalls unterheben.

Butter in der Pfanne zerlassen, Grießschmarren backen, mit zwei Gabeln in Stücke reißen, kurz weiterbacken, mit Kompott servieren.

> **Mein Tipp:**
> Besonders gut schmeckt als Beilage Zwetschgenkompott.

SPAGHETTI-OMELETT

Zutate für 4 Personenn:

200 g Spaghetti

1 EL Salz, 6 Eier

Salz und Pfeffer zum Würzen

100 g gekochte Spinatblätter

2 EL geh. Petersilie

30 g Parmesan

100 g gekochter Schinken

125 g Mozarella (1 Käse)

Butter für die Pfanne

Spaghetti in kochendem Salzwasser 10 min. kernig weichkochen, abtropfen lassen.

Eier mit Salz und Pfeffer gründlich verquirlen, mit feingeschnittenem Spinat, Petersilie, Spaghetti und Parmesan vermischen.

Die Hälfte in die gebutterte Pfanne geben, Schinken- und Mozarellastreifen daraufgeben, die restliche Omelettmasse darübergießen.

So lange braten, bis sich eine braune Kruste bildet. Dann Omelett auf einen Teller gleiten lassen, wenden und von der anderen Seite goldbraun braten.

* Zubereitung: 30 Minuten.

* Zubereitung: 30 Minuten.

FRITTATA DI VERDURA
Gemüseomelett

Zutaten für 6 Personen:

2 rote Paprikaschoten, 3 Lauchzwiebeln

1 Bund Basilikum, Salz, Pfeffer

4 EL Olivenöl, 8 Eier

Paprikaschoten waschen, putzen, in ganz feine Streifen schneiden. Lauchzwiebeln waschen und alles in dünne Scheiben schneiden.

Basilikum abspülen, trockentupfen, Blättchen abzupfen.

2 EL Olivenöl erhitzen, Paprika, Zwiebeln, Basilikum 10 min. darin andünsten; abkühlen lassen.

Die Eier verschlagen, mit Salz und Pfeffer würzen, Gemüse unterrühren.

2 EL Olivenöl in der Pfanne erhitzen, Eiermasse hineingeben, bei schwacher Hitze 5 min. goldgelb backen, wenden, nochmals 3-4 min. backen.

Wie eine Torte aufschneiden und lauwarm oder kalt servieren.

FRITTATA DI CIPOLLE
Zwiebelomelett

Zutaten für 4 Personen:

3 Zwiebeln, 6 Eier

4 EL ger. Parmesan, 2 EL Olivenöl

Die Zwiebeln enthäuten und ganz fein hobeln; in Olivenöl andünsten, bis sie leicht gebräunt sind.

Inzwischen die Eier mit dem Käse verschlagen. Das Gemisch über die Zwiebeln geben und nicht mehr umrühren, sondern nur die Pfanne ab und zu rütteln. Goldgelb backen.

Mein Tipp:
Der italienische Gourmet träufelt etwas Aceto balsamico darauf,
Ersatzweise tut's auch ein guter Kräuteressig.

# RÜHREIERKARTOFFELN	# ZUCCHINIPUFFER
(Garzeit 5 Minuten)	mit Zaziki

Zutaten für 4 Personen:	**Zutaten für 4 Personen:**
8 mittelgroße Kartoffeln (1 kg)	500 g Zucchin
4-5 Eier	2 Zwiebeln
1 Zwiebel	1 Tasse Mehl
3 EL Öl	4 Eier
Pfeffer, Salz	Olivenöl
(evtl. gebratene Speckwürfel)	Salz, Pfeffe
	(evtl. 1 Bund Dill)

Dampftopf-Rezept

Kartoffeln schälen und in Scheiben schneiden. Eier würzen und verquirlen. Zwiebeln in Scheiben schneiden.

Öl in den ungelochten Dampftopfeinsatz geben, Kartoffel- und Zwiebelscheiben hineinschichten und mit dem verquirlten Ei übergießen.

1 Tasse Wasser in den Dampftopf schütten, Einsatz hineinstellen, Dampftopf schließen.

Zucchini und Zwiebeln reiben und mit Mehl, Eiern, Salz, Pfeffer (und dem feingeschnittenen Dill) in einer Schüssel zu einer halbflüssigen Masse vermengen.

In der Pfanne Olivenöl erhitzen, mit einem Esslöffel Teigmasse portionsweise in die Pfanne gleiten lassen, beidseitig gut anbraten und heiß servieren.

Kinder mögen sie mit Zucker, Erwachsenen empfehlen wir dazu Zaziki (siehe bei "Kalte Küche") oder Joghurtsauce aus 250 g Joghurt, den man mit 4 geriebenen Knoblauchzehen verrührt.

* **Zubereitung: 30 Minuten.** * **Zubereitung: 30 Minuten.**

VERLORENE EIER
mit Petersiliensauce

Zutaten für 4 Personen:

Petersiliensauce:

1 EL Butter , 1 EL Mehl , 1/4 l Gemüsebrühe
1 EL Senf, Salz, Pfeffer
100 g süße Sahne, 1 großes Sträußchen Petersilie

Butter auslassen, Mehl darin anschwitzen lassen, Gemüsebrühe mit Schneebesen einrühren, mit Senf, Salz und Pfeffer würzen, süße Sahne unterühren, nicht mehr aufkochen lassen. Die Petersilie fein hacken und zuletzt in die Soße einrühren.

Eier:

pro Person 1 - 2 Eier
2 TL Salz, 3 EL Essigessenz

Kasserolle mit Wasser zum Kochen bringen, Salz und Essigessenz dazugeben.

Eier einzeln vorsichtig in eine Tasse schlagen und behutsam in das köchelnde Wasser gleiten lassen.

5 min. bei geschlossenem Deckel ziehen lassen. Eier herausnehmen, auf Tellern anrichten und mit Petersiliensoße übergießen.

Dazu reicht man Salzkartoffeln.

* Zubereitung: 30 Minuten.

SOLEIER	GEFÜLLTE EIER
	Griechisch

Zutaten für 4 Personen:	**Zutaten für 4 Personen:**
8 Eier	8 Eier
Salzwasser	8 Anchovisfilets
Essig	3 EL Schafskäse (Feta)
Öl	6 EL Olivenöl
Senf	1/2 Zitrone
Salz	Essig, Salz, Pfeffer
Pfeffer	(1 Röhrchen Kapern)

Die Eier ca. 10-12 min. hartkochen. Mit einem Messer die Schale ringsherum leicht brüchig klopfen.

Mit der Schale 24 Std. (oder länger) in Salzwasser legen (dieses kann so salzig sein, dass die Eier darin schwimmen).

Die weiteren Zutaten stellt man auf den Tisch, damit sich jeder selbst daraus eine Sauce mixen kann.

Die Eier 10-12 min. hartkochen, pellen, längs halbieren.

Das Eigelb entnehmen und in einer Schüssel mit den feingehackten Anchovis (Sardellen) und dem Feta-Käse zu einer Paste verrühren.

Olivenöl, Zitronensaft und etwas Essig zugeben (evtl. auch gehackte Kapern). Mit Salz und Pfeffer abschmecken.

Die Masse in die Eierhälften füllen, evtl. mit gehackter Petersilie garnieren.

Mein Tipp:
Soleier sind die ideale "Aufbewahrung", bevor Eier alt werden – und beliebt sind sie als kräftiger Snack zu Bier und Brot.

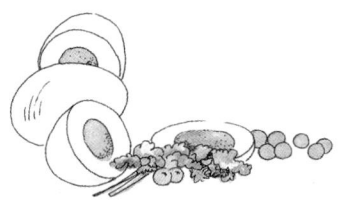

Mein Tipp:
Gefüllte Eier gibt es in vielerlei Varianten, z.B. mit Salami, Schinken, Zwiebel oder frischen Kräutern. Seien Sie erfinderisch!

* Zubereitung: 30 Minuten.

* Zubereitung: 30 Minuten.

HOLLÄNDISCHE EIER
in Käsesauce

Zutaten für 4 Personen:

8 Eier, 1/2 L Milch, 25 g Stärkemehl

100 g geriebener Käse, 3 EL Butter, Paprika, Salz

Milch im Topf auf kleiner Flamme erwärmen. Stärkemehl in etwas Milch anrühren und zugeben. Nun mit Käse, Butter und den Gewürzen verrühren und unter ständigem Rühren kurz aufkochen lassen.

Währenddessen die Eier weich kochen, auf vier Teller verteilen und die Sauce darübergießen. Mit Butterflöckchen und Petersilie bestreut servieren.

POCHIERTE EIER
auf Tomatengemüse

Zutaten für 4 Personen:

5-6 Fleischtomaten, 1 große Zwiebel, 1 Bund Lauchzwiebeln

2 Knoblauchzehen, 2 EL Butter

8 Eier, 5 EL Essig

Die Zwiebel abziehen, fein würfeln, in der Butter andünsten. Knoblauch abziehen, fein hacken, dazugeben. Tomaten enthäuten, entkernen, achteln, dazugeben. Lauchzwiebeln putzen, waschen, in Ringe schneiden, dazugeben, alles gardünsten.

Mit Kräuteressig abschmecken, auf Platte anrichten.

1 L Salzwasser mit 5 EL Essig zum Kochen bringen. 8 Eier einzeln in einer Kelle aufschlagen, vorsichtig in das schwach kochende Wasser geben. Etwa 4 min. garziehen lassen.

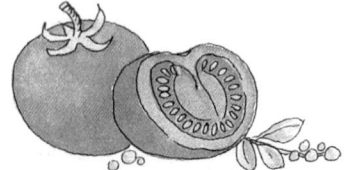

Mit Schaumlöffel herausnehmen und auf dem Tomatengemüse anrichten.

QUARKFLAMMERI
Schwedisch

Zutaten für 4 Personen:

500 g Quark

5 EL Kondensmilch

1/2 L Milch

1 Tütchen Vanillinzucker

5 EL Zucker

1 EL Stärkemehl

Preiselbeerkompott (o. ä.)

Den Quark mit der Kondensmilch schaumig rühren.

Milch mit Vanillinzucker und Zucker zum Kochen bringen, das angerührte Stärkemehl unter Rühren zugeben, erkalten lassen.

Den Quarkschaum mit der Puddingmasse vermischen und gut mit dem Schneebesen schlagen.

In eine Schüssel abwechselnd Flammeri und Kompott einfüllen.

> **Mein Tipp:**
> Sehr gut schmeckt das Flammeri auch mit frischen Heidelbeeren oder Kirschen.

* **Zubereitung: 45 Minuten.**

QUARKPLINSEN

Zutaten für 4 Personen:

250 g Quark

4 Eier

125 g Mehl

1/4 L saure Sahne

3 EL Zucker

4 EL Milch

1 Päckchen Vanillinzucker

1 TL Backpulver

2 EL Butter

1 Prise Salz, Bratfett

Den Zucker mit Salz, Vanillinzucker, Mehl und Backpulver vermengen und mit Quark, Sahne und Milch verrühren. Dann Eigelb und zerlassene Butter zugeben. Am Schluss das steifgeschlagene Eiweiß unterheben.

Daraus in der Pfanne Quarkplinsen wie Eierkuchen backen, zuckern und zusammenrollen.

Dazu passt Apfelmus.

* **Zubereitung: 30 Minuten.**

QUARK-VARIATIONEN
von süß bis herzhaft

Basis:

250 g Quark, 4 EL Milch, Salz, Pfeffer

Zutaten:

Variation 1:

1 TL geh. Kümmel, 1 EL geh. Petersilie, 1 geriebene Zwiebel.

Variation 2:

2 TL Curry, 1 Banane in Scheiben

Variation 3:

2 Tomaten in Würfeln, 1/4 gewürfelte Salatgurke, 1/2 TL Selleriesalz

Variation 4:

2 EL Schnittlauchröllchen, 1 Röhrchen Kapern

Variation 5:

1 EL ger. Meerrettich, 4 gew. Schinkenscheiben, geh. Petersilie

Variation 6:

1 TL Paprika, 1/2 Glas Silberzwiebeln

Variation 7:

div. geh. Kräuter (Dill, Kresse, Schnittlauch, Petersilie, Boretsch, usw.)

Den (Sahne-)Quark mit Milch, Salz und Pfeffer verrühren und daraus mit den Zutaten der gewählten Variation eine pikante Quarkcreme bereiten.

> **Mein Tipp:**
> Bei der Wahl der Zutaten sind Ihrer Fantasie keine Grenzen gesetzt.
> Experimentieren geht über studieren!

QUARKEIERKUCHEN	QUARKPIROGGEN
	Russisch
Zutaten für 4 Personen:	**Zutaten für 4 Personen:**
375 g Quark	250 g Quark
250 g Mehl	300 g Mehl
1/4 L Milch	4 Eier
3 Eier	3 EL Zucker
Salz	2 Eigelb
Zucker, Zimt	5 El Butter
Öl	2 EL Puderzucker

Milch mit Mehl und Quark glattrühren. Die Eier nach und nach unterschlagen, salzen, 10 min. ruhen lassen.

Im heißen Öl ausbacken.

Mit Zucker und Zimt bestreuen und sofort servieren.

Aus Mehl, Eiern und wenig Wasser einen Teig herstellen, ausrollen und in handtellergroße Quadrate schneiden.

Quark, Zucker und Eigelb verrühren und gleichmäßig auf die Quadrate streichen. Zwei gegenüberliegende Ecken zu einem Dreieck zusammenschlagen, Ränder gut zusammendrücken.

Die Piroggen in kochendes Wasser geben und langsam kochen lassen, bis sie oben schwimmen.

Piroggen herausnehmen, abtropfen lassen und heiß mit zerlassener Butter und Puderzucker servieren.

* Zubereitung: 30 Minuten.   * Zubereitung: 45 Minuten.

KÄSEPFANNE

Zutaten für 4 Personen:

200 geriebener Käse, 250 g Weißbrot,

150 g gekochter Schinken, 1/4 L Milch, 1 Zwiebel

Salz, Paprika, Bratfett

Weißbrot in Würfel schneiden, mit Käse und den Gewürzen vermengen und mit der erhitzten Milch übergießen.

Zwiebel in Würfel schneiden und im heißen Fett andünsten. Schinkenwürfel und Weißbrotmasse zugeben und unter häufigem Rühren auf kleiner Flamme goldbraun braten.

CAMEMBERT
mit Cognac-Banane

Zutaten für 4 Personen:

4 Camembert, 1 Ei, 1 Tasse Semmelbrösel

3 EL Butter, 1 Banane, 3 EL Cognac (Weinbrand)

Camembert erst im verquirlten Ei, dann in den Semmelbröseln wenden.

Camembert von beiden Seiten in heißer Butter goldgelb braten (etwa 3 min. jede Seite). Nicht mit Gabel einstechen!

Banane in Scheiben schneiden, ebenfalls in Butter braten, mit Cognac beträufeln.

Camembert mit den Bananenscheiben belegt servieren.

* Zubereitung: 15 Minuten.

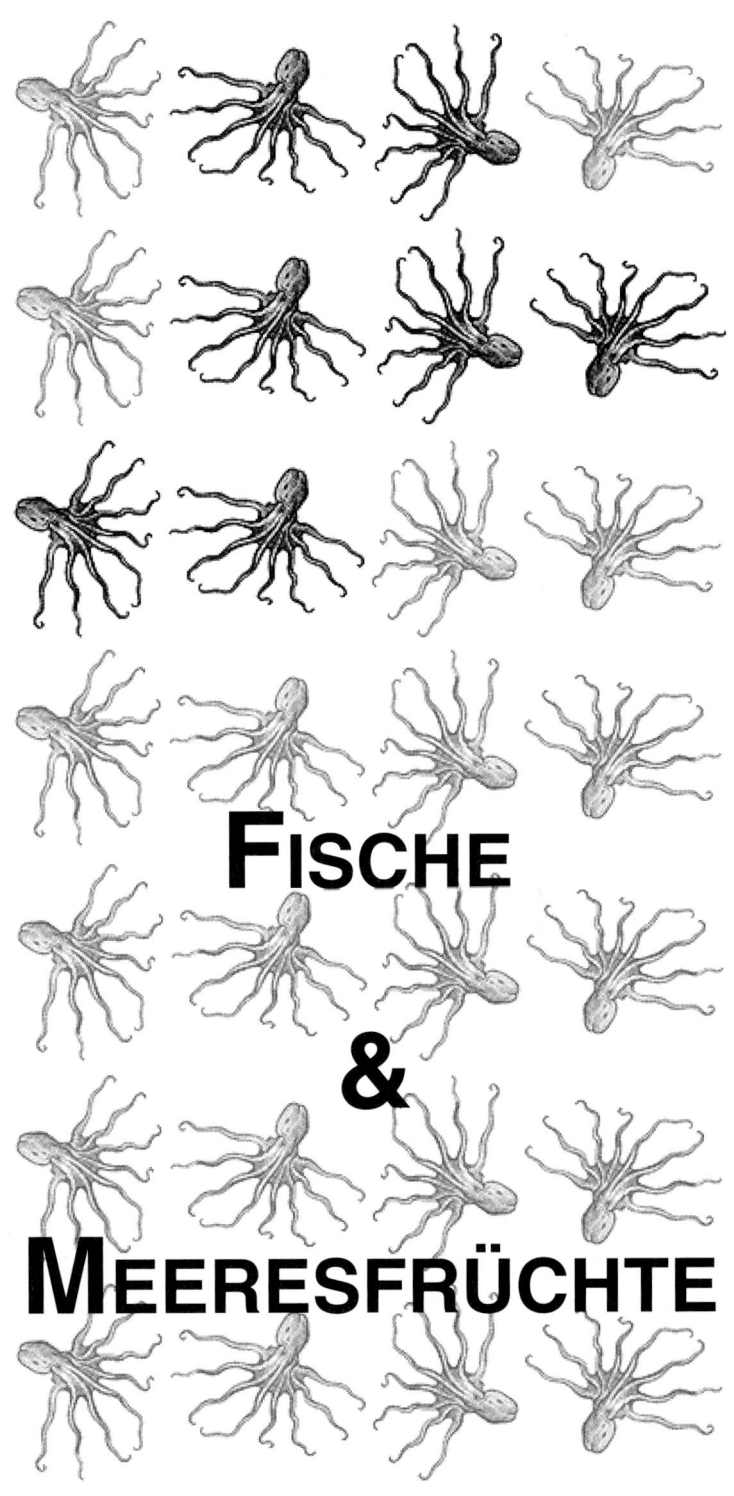

FISCHE

&

MEERESFRÜCHTE

„Fische, Schalen- und Krustentiere sind nicht nur kulinarisch, sondern auch ernährungsphysiologisch besonders wertvoll!" Fischfleisch enthält nur 1-3 g Fett, aber 17-20 g Eiweiß, während das so geliebte Kotelett nur 15 g Eiweiß, aber über 30 g Fett aufweist.

Also ran an die Fischvielfalt, die uns die meisten Urlaubsländer zu bieten haben! Beim Bummel durch die Fischhallen und über die Fischmärke sollte Sie ein Motto begleiten: Nicht nach einem bestimmten Fisch Ausschau halten, sondern stets das frischeste Angebot wählen.

Denn: **Frische** ist oberstes Gebot beim Fischkauf!

Ein frischer Fisch riecht nach nichts bzw. nach Meer, hat elastisches Fleisch, glänzendklare Augen mit schwarzen Pupillen, leuchtendrote Kiemen und festanliegende Schuppen.

Pro Person braucht man etwa 200 g Fischfilet bzw. 300g-400g, wenn man einen ganzen Fisch kauft.

ImSommer muss man Fisch noch am Tag des Einkaufs zubereiten, im Kühlschrank (locker in feuchtes Papier eingeschlagen) hält er sich auch nur einen weiteren Tag.

Wenn es geht, sollte man Fisch vom Händler ausnehmen und zubereiten lassen. Wer dabei aufmerksam zuschaut, kann's bald auch selbst.

Die **Garzeiten** für Fisch sind überraschend kurz: Meist reichen 4-10 Minuten!

Fische wollen schwimmen!? Aber nur, wenn sie noch leben bzw. in trockenem Weißwein im Magen. Im Kochtopf verlieren sie schnell ihre eigene, aromatische Flüssigkeit. Deshalb sind dünsten, dämpfen und braten die besseren Garmethoden für die zarten Kaltblüter. Pochieren nennt man es, wenn der Fisch in einem Kräuter-Gemüse-Sud langsam gar zieht; keinesfalls darf der Sud kochen.

Filets paniert man in Mehl, Eiern und Semmelbröseln – oder man wendet sie einfach in Mehl. Auf einem "Bett" aus gehackten Zwiebeln, Sellerie und Petersilie brät man unpanierten Fisch, ohne dass er am Pfannenboden anklebt. Zu Bratfisch serviert man immer einen Zitronenschnitz.

Wenn sich die **Rückenflosse** leicht herausziehen lässt, ist ein ganz gegarter Fisch sicher fertig.

Den **Fischgeruch** an dern Händen verliert der Koch, wenn er sie vor dem Waschen mit Zitronensaft einreibt.

Muscheln sind angeblich am leckersten in den Monaten mit "R". Aber auch im August schmeckt eine selbst geerntete Muschelmahlzeit – und die beste Hummersaison ist von Mai bis Juli!

SCHOLLENFILETS
mit Béchamelsauce

Zutaten für 4 Personen:

Filets von 4 Schollen

1 Zwiebel, 1 Karotte

3 EL Butter, 3 EL Mehl

3 EL geriebener Käse

2 Eigelb, 1 Scheibe Zitrone

1/2 L Weißwein, 1/2 L Milch

2 EL Olivenöl, Pfeffer, Salz

Das zerkleinerte Gemüse mit Zitronenscheibe, Olivenöl, Pfeffer und Salz sowie je einer Tasse Wasser und Wein kurz aufkochen und einige Minuten dünsten.

Die Filets zugeben und 10 min. auf kleiner Flamme pochieren (keinesfalls kochen!).

Inzwischen die Béchamelsauce bereiten:

Butter in Kasserolle erwärmen, Mehl hinzufügen und bräunen. Milch zugießen und einige Minuten kochen. Vom Herd nehmen, geriebenen Käse und Eigelb unterrühren, abschmekken und über die fertigen Filets verteilen.

> **Mein Tipp:**
> Dazu serviere ich kleine Butterkartöffelchen – (un)geschält und in heißer Butter gegart.

* **Zubereitung: 1/2 Stunde.**

FORELLE
blau

Zutaten für 4 Personen:

4 küchenfertige Forellen

500 g Suppengrün (oder getr.)

1 unbeh. Zitrone

2 EL Fischgewürz

2 EL Salz

8 EL Essig

3 L Wasser

Gewaschene Zitrone in Scheiben schneiden, Suppengrün waschen, putzen und zerkleinern.

Wasser, Salz, Essig, Suppengrün, Zitronenscheiben und Fischgewürz aufkochen und zugedeckt 15 min. köcheln lassen.

Forellen zufügen und bei mittlerer Hitze 15 min. pochieren (Deckel halb schließen).

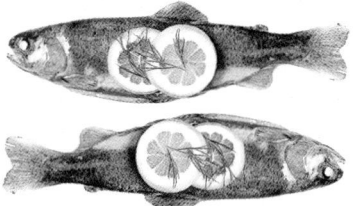

> **Mein Tipp:**
> Dazu passen Salzkartoffeln und Dillsauce – oder auch nur braune Butter.

* **Zubereitung: 40 Minuten.**

GRÜNE HERINGE

Zutaten für 4 Personen:

4 küchenfertige Heringe

2 Karotten, 2 Zwiebeln, 2 Knoblauchzehen, 1 Bund Petersilie

1 EL Butter, 1 unbeh. Zitrone, Salz, Pfeffer

1 Lorbeerblatt, 2 Gewürznelken, (1/8 L Bier)

Karotten, Zwiebeln und Knoblauchzehen vorbereiten und in dünne Scheiben schneiden. Petersilie fein hacken.

Butter im großen Topf zerlassen, Karotten, Zwiebeln und Knoblauch darin schmoren, bis Zwiebeln glasig sind, Gemüse herausnehmen.

Fische innen und außen mit Salz und Pfeffer würzen, nebeneinander in den Topf legen. Gemüse, Zitronenscheiben, Lorbeerblatt und Nelken auf den Heringen verteilen, Bier zugießen, einmal aufkochen lassen.

Topf schließen und bei schwacher Hitze 10 min. pochieren. Mit Petersilie bestreut servieren; dazu passen Salzkartoffeln und Salat.

FISCHGULASCH

Zutaten für 4 Personen:

800 g preiswertes Fischfilet

1 Bund Lauchzwiebeln, 2 Tomaten (oder 1 Dose Tomaten)

2 Karotten, 3 EL Öl, 2 EL Crème fraîche, Pfeffer, Salz

Lauchzwiebeln vorbereiten und in dünne Ringe schneiden, Tomaten brühen, abziehen und würfeln, Karotten in Würfelchen schneiden. Fisch in gulaschgroße Stücke schneiden und mit Pfeffer würzen.

Zwiebeln in heißem Öl glasig braten; Tomaten, Karotten und Fisch auf die Zwiebeln legen, salzen und im offenen Topf leicht schmoren, Crème fraîche darauf verteilen. Im geschlossenen Topf noch 8 min. garen, mit gehackten Kräutern bestreut servieren.

# FISCHTOPF scharf	# FISCH-RISOTTO Risotto di pesce
Zutaten für 4 Personen:	**Zutaten für 4 Personen:**
1 kg Fischfilet	500 g Fischfilet
4-5 Zwiebeln, 1 Zitrone	(1 Schälchen Krabben)
2 Karotten, 1 EL Mehl	250 g Reis
50 g durchw. Speck	1 Stange Lauch, 1/2 Zitrone
1 EL Margarine	1 Zwiebel, 1 Knoblauchzehe
1 TL Curry, 1 Msp. Cayennepfeffer	1/2 L Weißwein
1/4 L Fleischbrühe (Instant), Salz	400 ml Gemüsebrühe (Instant)
Fisch würfeln, säuern, salzen, 10 min. stehenlassen.	2 EL Olivenöl, 2 EL Butter
	1 Bund Petersilie
Speckwürfel in Margarine ausbraten, Zwiebelscheiben und Karottenwürfel unter Rühren darin 10 min. garen.	3 EL Parmesankäse
	Pfeffer, Salz

Fisch würfeln, säuern, salzen, 10 min. stehenlassen.

Speckwürfel in Margarine ausbraten, Zwiebelscheiben und Karottenwürfel unter Rühren darin 10 min. garen.

Curry, Cayennepfeffer und Fleischbrühe zugeben, aufkochen, dann Fischwürfel 10 min. darin garen.

Soße mit Mehl binden.

Gehackte Zwiebel und Knoblauchzehe in Olivenöl andünsten, Lauchstreifen zugeben und mitdünsten, Reis zugeben und dünsten, bis er glasig ist, mit Wein ablöschen.

Gemüsebrühe zugeben und kochen, bis der Reis gar ist.

Fischwürfel und Krabben mit Zitronensaft beträufeln, salzen pfeffern, gehackte Petersilie untermischen, in Butter 3 min. zugedeckt dämpfen.

Parmesan und Butterflöckchen in den Reis einrühren und vorsichtig die Fischstücke unterheben.

Mein Tipp:
Dazu passt gut ebenfalls scharf gewürzter Reis – und ein großes Bier.

* Zubereitung: 40 Minuten.   *** Zubereitung: 40 Minuten.**

GRILLFISCH
allgemeines Rezept

Zutaten für 4 Personen:

4 Fische oder 800 g Fischfilet

1 Zitrone, 2 EL Öl , Pfeffer, Salz

Mehl, Kräuter

Fische säubern und trockentupfen, innen und außen salzen, pfeffern, mit Zitronensaft beträufeln und 30 min. ziehen lassen.

Kräuter in die Bauchhöhle der Fische geben. Fische und Grillrost dick mit Öl bestreichen. Fische von jeder Seite 5-10 Minuten grillen.

Meine Fisch-GrillTipps:
Grillrost erst ganz heiß werden lassen und gut einölen, sonst bleibt die Fischhaut kleben. Viel einfacher geht's mit speziellen Fischkörben oder einem einfachen Doppelgrill!

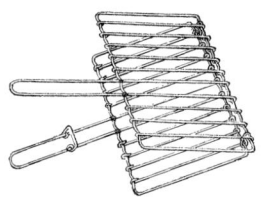

BRATFISCH
allgemeines Rezept

Zutaten für 4 Personen:

4 Fische oder 800 g Fischfilet

1 Zitrone, 2 EL Öl oder Butter, Pfeffer, Salz

Mehl, 1 Ei, Semmelbrösel

Fische säubern und trockentupfen, innen und außen salzen, pfeffern, mit Zitronensaft beträufeln und 30 min. ziehen lassen. Fisch in Mehl und verquirltem Ei wenden und mit Semmelbröseln panieren.

Fische im heißen Öl von jeder Seite 4-8 Minuten braten.

Mein Tipp:
Wesentlich "schlanker" bereitet man den Bratfisch, wenn man ihn nur in Mehl wendet oder ihn damit bestäubt.

BONITO
Gegrillter Thunfisch

Zutaten für 4 Personen:

4 Scheiben Bonito à 200 g

1 Zitrone

Salz

Pfeffer

2 EL Öl

2 EL Weißwein

Der vor allem in Nordspanien angebotene Bonito könnte auch eingefleischte "Fischverweigerer" überzeugen! Er wird wie ein Brotlaib in Scheiben geschnitten und hat keine kleinen Gräten.

Aus dem Zitronensaft, Salz, Pfeffer, Öl und Weißwein schlägt man eine gut gewürzte Marinade, in die man die Bonito-Scheiben etwa 1 Std. einlegt.

Den gut abgetropften Fisch kann man auf dem Grill oder in der Pfanne zubereiten.

Beilagen (außer frischem Stangenweißbrot und einem trockenen Rioja) sind bei diesem Genuss überflüssig.

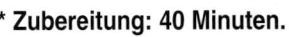

* **Zubereitung: 40 Minuten.**

GEGRILLTER LACHS

Zutaten für 4 Personen:

4 Scheiben Lachs à 200 g

1 Zitrone

Öl

Salz

Lachsscheiben mit Zitronensaft und dann mit Öl bepinseln.

Grill gut vorheizen, Grillstäbe mit Öl einpinseln.

Lachsscheiben von jeder Seite 7-10 min. grillen.

Mit Zitronenvierteln garniert servieren.

Mein Tipp:
Mit Pellkartoffeln, ausgelassener Butter und evtl. einem grünen Salat jederzeit ein Festessen.

* **Zubereitung: 30 Minuten.**

GEGRILLTE SARDINEN

Zutaten für 4 Personen:

16 küchenfertige Sardinen

1 Zitrone, Butter

16 kleine Tomaten, 2 Knoblauchzehen, 1 Bund Petersilie

Sardinen waschen, abtrocknen, eventuell die Köpfe abschneiden.

Auf dem gut eingeölten Rost (noch besser wäre ein Wendegrill) erst die Tomaten grillen, dann die Sardinen (nur 2-3 Minuten von jeder Seite).

Fische mit den gegrillten Tomaten, Knoblauchscheiben und gehackter Petersilie servieren, zuletzt reichlich mit Zitronensaft beträufeln.

GEBACKENE MEERESTIERE
Fritto misto di mare

Zutaten für 4 Personen:

200 g kleine Tintenfische, 600 g Fischfilet

2 Zitronen, 2 Knoblauchzehen

Olivenöl , 1 Tasse Mehl, Salz

Fischfilet säubern und trockentupfen, salzen, pfeffern, mit Zitronensaft beträufeln und 30 min. ziehen lassen.

Das Olivenöl erhitzen und die Knoblauchzehen hineingeben (vor dem Fritieren den Knoblauch wieder herausnehmen).

Die zerkleinerten Fisch- und Tintenfischstücke mit Mehl bestäuben und knusprig im Olivenöl ausbacken. Mit Zitronenschnitzen und Stangenweißbrot servieren.

Mein Tipp:
Die Vielfalt der Meerestiere kann gar nicht groß genug sein. Lassen Sie sich beim Einkaufsbummel auf dem Fischmarkt beraten!

SPECKSCHOLLE
Norddeutsch

Zutaten für 4 Personen:

2 küchenfertige Schollen

75 g durchwachsener Speck

1 Zitrone

Salz

1/2 Bund Petersilie

2 EL Öl

2 EL Mehl

Schollen abspülen, trockentupfen, mit Salz und Zitronensaft würzen, im Kühlschrank ziehen lassen.

Speck in Würfelchen schneiden, in heißem Öl ausbraten.

Schollen im Mehl wenden und auf den Speckwürfeln etwa 4 min. braten. Schollen wenden, mit gehackter Petersilie bestreuen und nochmals 4 min braten.

Auf den Fischen Speck, Petersilie und Bratfett verteilen.

Mein Tipp:
In Norddeutschland gehört dazu Kartoffelsalat. Ich bevorzuge neue Kartoffeln.

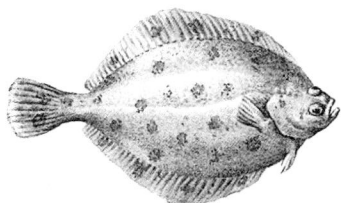

* **Zubereitung: 30 Minuten.**

SEEHECHTFILET
Portugiesisch

Zutaten für 4 Personen:

800 g Seehechtfilet (Merluza)

2 Zwiebeln, 1 Knoblauchzehe

6 EL Olivenöl

1 EL Essig, 1 EL Mehl

1/2 Dose Tomaten (2 Tomaten)

1 kleine Dose Sardellen

einige Oliven

Das Fischfilet waschen, abtrocknen und mit Salz, Pfeffer und Essig einreiben. Zwiebeln und Knoblauch fein hacken. Fischfilets in Mehl wälzen und im heißen Öl etwa 8 min. braten. Auf einer Platte anrichten.

Jetzt Zwiebeln und Knoblauch im Öl andünsten, Tomaten zugeben, mit Salz und Pfeffer würzen und 2 min. kochen.

Die Fischfilets mit der Sauce umgießen und mit Sardellenstreifen und Olivenscheiben garniert servieren.

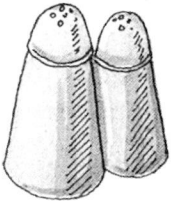

Mein Tipp:
Für echte Portugiesen kommt als Beilage nur frisches Weißbrot und Vinho verde in Frage.

* **Zubereitung: 30 Minuten.**

FORELLE "MÜLLERIN"

Zutaten für 4 Personen:

4 küchenfertige Forellen

2 Zitronen, Salz, 1 EL Semmelbrösel, 1 EL Mehl, 4 EL Butter

2 Bund Petersilie, (Worcestersauce)

Forellen waschen, mit dem Saft einer Zitrone beträufeln, salzen. Semmelbrösel mit Mehl mischen. Forellen darin wenden, in Butter 8-10 min. braten, mit Zitronenscheiben garnieren.

Gehackte Petersilie, Zitronensaft und Worcestersauce kurz in der Butter verrühren und über die Forellen geben.

MANDELFORELLE

Zutaten für 4 Personen:

4 küchenfertige Forellen, 2 EL gehobelte Mandeln

3 Zitronen, Salz, Pfeffer, 1 Bund Petersilie

3 EL Mehl, 1 Ei, 5 EL Semmelbrösel, Butter

Forellen waschen, säuern, salzen, pfeffern und von innen mit gehackter Petersilie ausstreuen. In Mehl, verquirltem Ei und dann in mit Semmelbröseln gemischten Mandel-blättchen wenden, Panade gut andrücken.

Butter in Pfanne erhitzen und die Forellen 8-10 min. darin braten. Mit Petersilie und Zitrone garniert anrichten.

FORELLE	GEGRILLTE FORELLE
mit Mandelsauce	**im Speckmantel**
Zutaten für 4 Personen:	**Zutaten für 4 Personen:**
4 küchenfertige Forellen	4 küchenfertige Forellen
2 Zitronen	16 Scheiben Frühstücksspeck
1 Bund Petersilie (oder Estragon, Dill, Minze, o. ä.)	1 Zitrone
Salz	versch. Kräuter (Petersilie, Kerbel, Estragon, Dill, Minze, o. ä.)
Butter	100 g Butter
100 g Mandeln	Salz, Pfeffer

Für die Sauce die Mandeln grob hacken. 4 EL Butter in einer Pfanne auslassen, Mandeln darin rösten, Saft einer Zitrone und Petersilie zugeben.

Forellen waschen, säuern (Saft einer Zitrone), 15 min. ziehen lassen, salzen. Petersilie in Bauchhöhle legen.

Jede Forelle einzeln in gut gebutterte Alufolie einwickeln, dicht verschließen.

In der Pfanne, dem Pfannenknecht oder auf dem Holzkohlengrill von jeder Seite 5-8 min. braten.

In der geöffneten Folie, mit Mandelsauce übergossen, servieren.

Kräuterbutter aus Butter und Kräutern kneten (etwas mehr hält sich gut im Kühlschrank).

Forellen waschen, trockentupfen, säuern (Saft einer Zitrone), 15 min. ziehen lassen, salzen und pfeffern.

Kräuterbutter und übrige Kräuter in der Bauchhöhle der Fische verteilen.

Um jede Forelle 4 Scheiben Speck wickeln und mit Küchengarn festbinden.

Grill gut vorheizen, Grillstangen einölen und die Fische von jeder Seite etwa 5-8 min. grillen.

> **Mein Tipp:**
> Grillrost erst ganz heiß werden lassen und gut einölen, sonst bleibt die Fischhaut kleben.

> **Mein Tipp:**
> Mit Kräuterbutterbaguette und Salat servieren.

* Zubereitung: 40 Minuten. | *** Zubereitung: 30 Minuten.**

STECKERLFISCHE

Zutaten für 4 Personen:

4-8 küchenfertige Fische (Schleien, Plötzen, Makrelen, Heringe)

Salz, Pfeffer, Paprikapulver, Cayennepfeffer, Knoblauchpulver

verschiedene Kräuter, 4 EL Öl

Öl mit den Kräutern verrühren und mit den Gewürzen abschmecken.

Fische waschen, trockentupfen, innen und außen mit dem gewürzten Kräuteröl einpinseln.

Für jeden Steckerlfisch-Brater einen 1 m langen Stock schneiden, anspitzen und je einen vorbereiteten Fisch durchs Maul bis zum Schwanz aufspießen.

Steckerlfische kann man über dem Holzkohlengrill oder einem bis auf die Glut heruntergebrannten Feuer braten. Die Stöcke steckt man im 45°-Winkel in den Boden und dreht sie ab und zu.

Nach etwa 10 min. sind die Fische außen braun und knusprig und innen gar.

FISCH-KEBAB

Zutaten für 4 Personen:

600 g festes Fischfilet (z. B. Bonito oder Schwertfisch)

16 Lorbeerblätter, 1 Zitrone, 2 kleine Zucchini

einige Oliven, Öl, Salz, Pfeffer

Lorbeerblätter über Nacht einweichen.

Fischfilet in mundgerechte Stücke schneiden, mit Zitronensaft beträufeln, 30 min. ziehen lassen.

Zucchini waschen, in fingerdicke Scheiben schneiden. Abwechselnd Fisch, Lorbeerblätter und Zucchini auf vier Spieße stecken, an die Enden je 2-3 Oliven.

Kebab-Spieße einölen, salzen, pfeffern und auf den gut vorgeheizten und eingeölten Grillrost legen. Insgesamt etwa 15 min. grillen. Mit Zitronenhälften und Weißbrot servieren.

STOCKFISCH
mit Oliven

Zutaten für 4 Personen:

400 g Stockfischfilets

1 Zwiebel, 3 Tomaten

1 Knoblauchzehe

1 Bund Petersilie

100 g Oliven

2 EL Olivenöl, Pfeffer, Salz

1/4 L Weißwein

Stockfisch zwei bis drei Tage in Wasser einlegen, dieses öfter wechseln (im WOMO empfiehlt sich der Dampftopf; das Geschaukel während der Fahrt fördert den Entsalzungsprozess).

Zwiebel, Knoblauch und Petersilie kleinhacken und in Öl andünsten. Die Tomaten brühen, abziehen und 30 min. mitdünsten. Dann die Oliven und den Fisch zugeben und bei starker Hitze 5 min. auf jeder Seite garen.

Mit Wein ablöschen, salzen und etwas Butter zugeben.

STOCKFISCH
in Tomatensoße

Zutaten für 4 Personen:

500 g Stockfischfilets

1 Zwiebel

1 EL Olivenöl

1 Tube Tomatenmark

1/4 L Weißwein

1 Bund Petersilie

Salz, Pfeffer

Stockfisch zwei bis drei Tage in Wasser einlegen, dieses öfter wechseln; dann den Fisch in Stücke schneiden.

Die feingehackte Zwiebel im Öl andünsten, Tomatenmark, Wein und etwas Pfeffer zugeben, 10 min. köcheln lassen.

Fisch zugeben und 30 min. schmoren, mit Salz und Pfeffer abschmecken. Mit gehackter Petersilie bestreuen.

Dazu passen Pellkartoffeln.

> **Mein Tipp:**
> Stockfisch (Bacalhau, Baccalà, Bacalao) bekommt man im gesamten Mittelmeerraum. Man sollte ihn nicht nur im Restaurant, sondern unbedingt einmal selbst zubereitet genießen.

* Zubereitung: 1 Stunde (3 Tage).

* Zubereitung: 1 Stunde (3 Tage).

GESCHMORTER TINTENFISCH
Griechisch

Zutaten für 4 Personen:

800 g küchenfertiger Tintenfisch

5 EL Olivenöl, 1 Knoblauchzehe, 1/8 L Weißwein (Retsina)

3 Tomaten, 2 EL Petersilie, 1 EL Zitronensaft

Pfeffer, Salz

Tintenfisch in mundgerechte Stücke zerschneiden.

Öl in einer Pfanne erhitzen, feingehackten Knoblauch zugeben und die Tintenfischstücke darin anbraten; mit Wein ablöschen.

Die Tomaten brühen, abziehen, zerschneiden und zugeben; zugedeckt etwa 30 min. bei schwacher Hitze schmoren.

Mit Salz, Pfeffer und Zitronensaft abschmecken und mit Petersilie bestreut servieren.

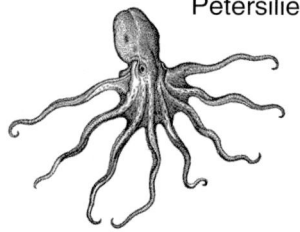

GARNELEN-SPIESSE
gegrillt

Zutaten für 4 Personen:

24 ausgehülste Garnelen

6 EL Olivenöl, 3 Knoblauchzehen, 1 TL Zitronensaft

1 TL Oregano, Pfeffer, Salz

Knoblauch abziehen und auspressen, mit Öl, Salz, Pfeffer, (Cayennepfeffer), Zitronensaft und Oregano verquirlen; Garnelen darin 3-4 Std. marinieren.

Garnelen auf vier Spieße stecken und auf dem heißen Grill etwa 6 min. grillen.

Dazu schmeckt eine Zwiebelsauce aus 3 EL Butter, Pfeffer, Cayennepfeffer und weichgedünsteten Zwiebelwürfeln.

MIESMUSCHELN
in Weinsud

Zutaten für 4 Personen:

1,5 kg Miesmuscheln

1/4 L Weißwein

1 Lauchzwiebel

2 Knoblauchzehen

1 Bund Petersilie

6 EL Olivenöl

Pfeffer, Salz

Muscheln sorgfältig bürsten und putzen (geöffnete Muscheln wegwerfen), saubere Muscheln 30 min. wässern.

Lauchzwiebel in Ringe schneiden, Petersilie hacken, beides in heißem Öl 5 min. dünsten, zerkleinerte Knoblauchzehe, Muscheln und Wein zugeben. Mit Salz und Pfeffer würzen und bei mittlerer Hitze weitere 5 min. zugedeckt ziehen lassen (bis sich die Muscheln geöffnet haben). Mehrmals den Topf rütteln.

Man isst die Muscheln, indem man sie mit einer leeren "Muschelzange" abzupft.

Dazu reicht man Weißbrot.

> **Mein Tipp:**
> Muscheln selber ernten macht großen Spaß!
> Man findet sie bei Ebbe an den Küsten Norwegens, Nord-Spaniens, Portugals ...

* Zubereitung: 1 Stunde.

MIESMUSCHELN
mit Reis und Tomaten

Zutaten für 4 Personen:

700 g Miesmuscheln

1 Dose Tomaten

300 g Reis

1 Knoblauchzehe

2 EL Öl

Pfeffer

Salz

Muscheln bürsten, putzen, 30 min. wässern. In großem Topf mit 1 Tasse kochendem Wasser garen (bis sich alle Muscheln geöffnet haben).

Muschelfleisch herauslösen, Muschelsaft dabei auffangen.

Knoblauchzehe im Öl anbraten, herausnehmen. Muschelsaft und Tomaten in den Topf geben, aufkochen.

Den Reis separat halb gar kochen und dann zur Tomatensoße geben. Unter Rühren fertig garen. Zuletzt das Muschelfleisch zugeben.

* Zubereitung: 1 Stunde.

THUNFISCHSALAT
mit Tomate

Zutaten für 4 Personen:

2 Dosen Thunfisch im eigenen Saft

2 Fleischtomaten (groß)

2 Zwiebeln

1 Knoblauchzehe

Olivenöl

Essig, Pfeffer Salz

12 schwarze Oliven, entsteint

Den Thunfisch mit einer Gabel zerdrücken.

Die Tomaten grob und den Knoblauch fein würfeln, Zwiebeln in Ringe und Oliven in Stücke schneiden; mit dem Thunfisch vermengen.

Marinade aus den restlichen Zutaten herstellen und zugeben.

Mein Tipp:
Dazu reicht man
Stangenweißbrot
oder Knoblauchtoast.

* **Zubereitung: 20 min.**

THUNFISCHSALAT
mit Bananen

Zutaten für 4 Personen:

2 Dosen Thunfisch im eigenen Saft

2 Bananen

2 Knoblauchzehen

2 EL Zitronensaft

4 EL Mayonnaise

3 EL Tomatenketchup

2 EL Balsamico, Salz, Pfeffer

Thunfisch abtropfen lassen und mit der Gabel zerdrücken.

Knoblauch fein hacken, zum Thunfisch geben.

Bananen schälen und in Scheiben um den Thunfisch anrichten.

Restliche Zutaten vermischen und zugeben, mit Salz und Pfeffer würzen.

Mein Tipp:
Dazu reicht man
Brot nach eigener Wahl.

* **Zubereitung: 20 min..**

FLEISCH

&

GEFLÜGEL

Im Durchschnitt verzehrt jeder von uns in etwa sein Körpergewicht an Fleisch und Fleischprodukten jährlich – das ist eindeutig zu viel des Guten. Aber man müsste ja wirklich ein "eingefleischter" Vegetarier sein, wenn man nicht hin und wieder Heißhunger auf ein saftiges Steak oder ein zartes Schnitzel hätte!

Recht so; lassen Sie sich den Appetit auf Fleisch nicht vermiesen! Denn Fleisch versorgt uns mit hochwertigem Eiweiß, Vitaminen und viel Eisen – aber auch mit oft gut verstecktem Fett (vor allem in den Wurstwaren).

Deshalb gilt die Devise: Zwei bis dreimal wöchentlich eine Fleischportion – und zwar von bester Qualität. Dabei ist nicht so sehr das Schlachttier von Bedeutung, sondern die Auswahl des richtigen Stückes.

Hierbei hat Schweinefleisch (zu Unrecht) einen schlechten Ruf. Denn Schweineschnitzel hat weniger Fett als mageres Roastbeef oder Lammkeule und Schweinefilet hält locker mit dem besten Kalbfleisch mit. Noch kalorienärmer speist man nur noch bei Pute und Wild...

Im Kühlschrank hält Ihr Fleischeinkauf 3-4 Tage (bei 0-4°C). Hackfleisch jedoch sollte man stets am gleichen Tag zubereiten (gegarte Reste halten dann einen weiteren Tag).

Kalb- und Rindfleisch muss gut abgehangen sein, damit es beim Braten mürbe wird und seine ganze Geschmacksfülle entfaltet. Beim Kalb reicht eine Woche, Rindfleisch ist erst nach 2-3 Wochen reif für die Pfanne.

Diese (Pfanne) sollte möglichst eine schwere Gusseisenpfanne oder wenigstens eine dickwandige Alupfanne sein. Für den Steakmeister gilt:

* Blau, raw, bleu: Pro Seite 1 min. scharf anbraten, je 1 min. weiterbraten.

* Rot, rare, saignant: Pro Seite 1 min. scharf anbraten, je 2-3 min. weiterbraten.

* Rosa, medium, à point: Pro Seite 1 min. scharf anbraten, je 4-5 min. weiterbr.

* Durch, welldone, bien cuit: Pro Seite 1 min. scharf anbraten, je 8 min. weiterbr.

Zähes Fleisch (Sie merken es beim Schneiden) wird zarter, wenn man es mit Essig & Öl einreibt und darin mind. 2 Std. liegen lässt (mariniert). Weitere Zutaten zur Marinade können sein: Rotwein, Pfeffer, Salz, Knoblauch, Kräuter (Thymian, Oregano,...), Sojasauce, Honig.

Die schlimmste Tortur für ein gutes Stück Fleisch jedoch ist der "Steaker". Es wird zwar weicher, aber auch trocken – und muss wie Hackfleisch sofort zubereitet werden.

RINDER-STEAK
Grundrezept

Zutaten für 1 Person:

Rindersteak nach Wahl (ca. 150 g)

1 Knoblauchzehe, 5 EL Öl, Pfeffer aus der Mühle, Salz

Die Knoblauchzehe schälen, hacken und in 2 EL Öl einrühren, durchziehen lassen.

Steak auf Zimmertemperatur bringen, mit dem Öl einmassieren und 1-2 Std. marinieren.

Restliches Öl in der Pfanne rauchheiß werden lassen, das Steak hineinlegen, 1 min. von jeder Seite anbraten.

Dann die Temperatur herunterregeln und das Steak nach Wunsch fertigbraten (Siehe "Basis-Infos").

Erst das fertige Steak würzen und vor dem Servieren noch 5 min. warmgestellt ruhen lassen.

Folgende Tipps sollten unbedingt beachtet werden:

Steaks müssen gut abgehangen sein. Das Fleisch sieht dann nicht mehr leuchtendrot und frisch aus, sondern "alt" und braunrot.

Steaks dürfen nicht gesteakert und geklopft werden. Damit soll Ihnen lediglich das Fleisch einer zähen, alten Kuh untergejubelt werden.

Steaks müssen vor dem Braten zimmerwarm sein, sonst bleiben sie innen roh bzw. verbrennen außen.

Steaks würzt man erst nach dem Braten. Vor allem das Salz würde sonst den Fleischsaft herausziehen und das Steak austrocknen.

Zum Schluss meine Lieblingsmarinade, in die ich die Steaks 2 Std. einlege:

1 geh. Knoblauchzehe, 2 EL Öl, 1 TL Rotweinessig, 1 EL Tomatenmark, 3 Tropfen Piri Piri (Tabasco), 2 EL gem. Kräuter (Petersilie, Oregano, Thymian, Rosmarin). Beim Braten bestreiche ich die Steaks nochmals damit.

Guten Appetit!

RINDERBRATEN
Grundrezept für den Dampftopf

Zutaten für 4 Personen:

750 g Rindfleisch, gut abgehangen

2 Zwiebeln, 1 Möhre (Sellerie, Lauch), Bratfett

Fleisch von allen Seiten gut im Bratfett anbraten. Zwiebel und Gemüse kleingeschnitten zum Andünsten mit beigeben. Mit Wasser je nach gewünschter Saucenmenge angießen.

Deckel des SKT schließen, Garzeit 25-30 Minuten.

Fleisch nach der Garzeit warmstellen, vor dem Anschneiden ruhen lassen.

Inzwischen Sauce nach Geschmack mit Rotwein und saurem Rahm, gehackten Pilzen, Suppenwürze, Pfeffer und Salz abschmecken.

Sauce über das aufgeschnittene Fleisch geben, mit gehackter Petersilie bestreut servieren.

Mein Tipp:
Zu Rinderbraten mit Sauce esse ich am liebsten Semmelknödel.

RINDERGULASCH
Grundrezept für den Dampftopf

Zutaten für 4 Personen:

600 g Rindfleisch

1 Paprikaschote, 3 Zwiebeln, 4 Tomaten,

Pfeffer, Curry (oder Gulaschgewürz), 1 EL Mehl, Bratfett

Grobgeschnittene Zwiebeln im heißen Fett anbräunen. Fleisch in lange, dünne Streifen schneiden und mit andünsten. Paprika in Streifen, gehäutete Tomaten in Scheiben zugeben, Wasser angießen (1/4-1/2 L gibt Gulasch, 1L gibt Gulaschsuppe!) Unter Rühren Gewürze zugeben.

Deckel des SKT schließen, Garzeit 15 Minuten.

Nach dem Garen mit Mehl (oder saurem Rahm) andicken.

FILETGULASCH vom Rind	KALBSHAXE
Zutaten für 4 Personen:	**Zutaten für 4 Personen:**

Filetgulasch	Kalbshaxe
500 g Rinderfilet	500 g Kalbshaxe
1 Zwiebel	2 Möhren
2 EL Mehl	3 Tomaten
4 EL Rotwein	(Sellerie, Lauch, Zwiebel)
Salz, Pfeffer	1/8 L Fleischbrühe (Instant)
Bratfett	1 Glas Weißwein
(Sojasauce)	1 EL Butter
	1 EL Mehl
	Bratfett

Dampftopf-Rezept

Zwiebeln schälen, würfeln, im Fett hellgelb dünsten.

Das Fleisch in Scheiben und dann in Streifen schneiden, zu den Zwiebeln geben, würzen und anbraten, mit Mehl bestäuben, mit Wasser (oder Fleischbrühe) ablöschen, mit Wein (und evtl. Sojasauce) abschmecken und zugedeckt noch 5 min. fertigdünsten.

Die Haxen vom Metzger in 4 je 2 cm dicke Scheiben schneiden lassen. Auf dem Boden des SKT im heißen Fett anschmoren und dann sofort das kleingeschnittene Gemüse zum Andünsten zufügen.

Fleischbrühe und Wein angießen, SKT schließen.

Garzeit 10-15 Minuten.

Sauce nach Beendigung der Garzeit mit Butter und Mehl binden, nach Geschmack noch etwas Wein zugeben und abschmecken.

> **Mein Tipp:**
> Dazu passen gut Spätzle aus der Tüte.

* **Zubereitung: 30 Minuten.**   * **Zubereitung: 40 Minuten.**

CORDON BLEU
klassisch

4 dicke Kalbsschnitzel

Ketchup, 4 Scheiben Käse, 4 Scheiben gek. Schinken

1-2 Eier, Salz, Pfeffer, Mehl, Semmelbrösel, Bratfett

In die Schnitzel eine tiefe Tasche einschneiden (oder vom Metzger machen lassen). Diese mit Ketchup ausstreichen. Je eine Scheibe Käse und Schinken hineinstecken, mit Hölzchen zustecken.

Die Schnitzel würzen, dann in Mehl, verquirltem Ei und zuletzt in Semmelbröseln wenden, die Panade fest andrücken.

In heißem Bratfett von jeder Seite 5-6 Minuten bräunen. Mit Peterslilie garniert anrichten.

> **Mein Tipp:**
> Es soll ja Leute geben, die dazu Sauce lieben – ich bevorzuge Bratkartoffeln und Salat.
> Übrigens:
> Dünngeklopft und ohne Tasche wäre es ein org. Wiener Schnitzel.

HOLSTEINER SCHNITZEL
klassisch

Zutaten für 4 Personen:

4 Kalbsschnitzel, 4 Eier

Sardellen- oder Anchovisfilets, Salz, Pfeffer, Mehl, Bratfett

Die Schnitzel klopfen, salzen, pfeffern und in Mehl wenden, im Fett auf jeder Seite 4-5 min. braten und auf einer Platte anrichten.

Im Bratfett 4 Spiegeleier braten und auf die Schnitzel legen. Mit Anchovisfilets (und Kapern) garniert servieren.

> **Mein Tipp:**
> Ich empfehle dazu einen einfachen Salat, evtl. Kartoffelsalat.
> Übrigens:
> Wer das Schnitzel mit Rührei belegt und gebratene Schinkenwürfel darüberstreut, der hat ein Prager Schnitzel.

SCHWEINE-STEAK
mit Pilzen

Zutaten für 4 Personen:

4 Steaks à 150 g

250 g Pfifferlinge (Dose)

3 Zwiebeln

1 grüne Paprikaschote

4 Tomaten

3 EL entsteinte Oliven

1/2 TL Basilikum

1/4 L süße Sahne

4 EL Weinbrand

Salz, Pfeffer

4 EL Bratfett

Zwiebeln schälen, in Scheiben schneiden, Paprika waschen, putzen, in Streifen schneiden. Tomaten brühen, häuten, achteln.

Steaks abtupfen, im heißen Fett 3-4 min. pro Seite braten, salzen, pfeffern, warm stellen.

Im Bratenfond Zwiebeln und Paprika 5 min. dünsten, Tomaten, Pilze und Oliven zufügen, mit Salz, Pfeffer und Basilikum würzen und weitere 5 min. dünsten.

Dann Sahne zufügen, kräftig aufkochen, mit Weinbrand abrunden und alles über die Steaks gießen. Dazu Reis.

* Zubereitung: 40 Minuten.

SCHWEINE-LENDE
Medaillons

Zutaten für 4 Personen:

600 g Schweinelende

1 Zwiebel

250 g Champignons

1 EL Zitronensaft

3 EL entsteinte Oliven

2 Glas Weinbrand

1 TL Majoran

1/2 Bund Petersilie

Salz, Pfeffer

3 EL Bratfett

Lende abtupfen, in 1 cm dicke Scheiben schneiden.

Zwiebeln schälen, fein hacken, Champignons putzen, waschen, in Scheiben schneiden, mit Zitronensaft beträufeln.

Lendenscheiben im heißen Fett von jeder Seite 1-2 min. in der Pfanne anbraten, Zwiebel und Champignons zufügen, mit Salz, Pfeffer und Majoran würzen, Weinbrand zugießen.

Pfanne mit Deckel verschließen und bei geringerer Hitze weitere 10 min. garen lassen.

Oliven in Scheiben schneiden, zugeben, mit gehackter Petersilie bestreuen.

Dazu: Stangenweißbrot.

* Zubereitung: 40 Minuten.

MARINIERTE KARBONADEN

Zutaten für 4 Personen:

4 Nackenkarbonaden (Schweinehals)

2 Zwiebeln, Öl, Essig, Grillgewürz.

In einer Schüssel mit dicht schließendem Deckel bedeckt man den Boden mit Öl und einem kleinen Schuss Essig.

Die erste Karbonade legt man in die Schüssel, würzt sie, belegt sie mit Zwiebelringen und träufelt Öl darüber. Das wiederholt man mit den anderen Karbonaden, gibt den Rest der Zwiebelringe und einen Schuss Essig darüber und schließt die Schüssel. Die Schüssel kommt in den Kühlschrank und wird jeden Tag einmal gewendet.

WOMO-Vorteil: Das Fleisch kann eingelegt mehrere Tage im Kühlschrank aufbewahrt werden.

Schmeckt gegrillt oder aus der Pfanne.

GEBRATENE SCHWEINERIPPCHEN
"Spare rips"

Zutaten für 4 Personen:

1 kg Schweinerippchen

2 Zwiebeln, Pfefferkörner, Lorbeerblatt, Salz, Pfeffer, 2 EL Öl, 1/8 L

Kondensmilch (oder saure Sahne), 1 EL Mehl

Rippchen waschen und abtrocknen. Mit Salz und Pfeffer einreiben und im heißen Öl anbraten.

Zwiebelwürfel, Pfefferkörner, Lorbeerblatt und 1/4 L Wasser zugeben und zugedeckt 1 Std. schmoren.

Kondensmilch mit Mehl verquirlen und die Sauce damit binden.

> **Mein Tipp:**
> Ich empfehle dazu einen griechischen Salat und Stangenweißbrot.

FLEISCHTOPF	SZEGEDINER GULASCH
deftig	**Szekelygulyas**
Zutaten für 4 Personen:	**Zutaten für 4 Personen:**
750 g Schweinehals	700 g Schweinefleisch
5 Tomaten, 3 Zwiebeln	500 g Sauerkraut *Dampftopf-Rezept*
4 Karotten	3 Zwiebeln
3 grüne Paprikaschoten	2 EL Butter
2 Knoblauchzehen	2 EL Pakrika edelsüß
Thymian, Basilikum, Lorbeerblatt	1/8 L Weißwein
1/4 L Weißwein	1 TL Kümmel, Salz, Pfeffer
Pfeffer, Salz	1/4 L saure Sahne

Schweinefleisch in Würfel, Zwiebeln in Scheiben, Karotten in Stifte und Paprika in Streifen schneiden.

Fleisch in Öl anbraten, die Knoblauchzehen darüber zerdrücken und mitdünsten.

Die Gewürze zugeben, Wein angießen und 20 min. zugedeckt schmoren.

Dann das Gemüse zugeben und noch weitere 20 min. dünsten.

Die Tomaten brühen, pellen, vierteln und in den letzten 5 min. miterhitzen.

Nochmals abschmecken und mit Weißbrot servieren.

Butter im SKT erhitzen, das in Würfel geschnittene Fleisch darin anbraten, Zwiebelwürfel dazugeben und 2 min. ziehen lassen.

Paprika zugeben, mit Wein ablöschen. Das gut abgetropfte Sauerkraut und die Gewürze zufügen, SKT schließen.

Garzeit 20 Minuten.

Nach dem Garen nochmals abschmecken, evtl. scharfes Paprikapulver zugeben.

Saure Sahne in separatem Topf erwärmen (nicht kochen). Eine Hälfte unter das Gulasch mischen, den Rest vor dem Servieren auf das Gulasch gießen und mit Paprikapulver bestäuben.

* Zubereitung: 1 Stunde.   *** Zubereitung: 40 Minuten.**

SCHWEINEBRATEN
mit Dörrpflaumen

Zutaten für 4 Personen:

---

800 g Schweinebraten, 200 g entsteinte Dörrpflaumen

---

1 Zwiebel, 1 Karotte, 1 Stück Sellerieknolle, Lorbeerblatt,

1/8 L Weißwein, 1/8 L Fleischbrühe (Instant), 2 EL Weinbrand

---

2 EL Butter, Salz, Pfeffer, Majoran

Dörrpflaumen 1 Std. in Weinbrand einlegen.

Fleischstück an mehreren Stellen mit scharfem Messer einstechen und Pflaumen hineinstecken.

Butter im SKT erhitzen, Fleisch anbraten, mit Salz, Pfeffer und Majoran bestreuen, zerschnittene Karotte und Sellerieknolle, fein geschnittene Zwiebel und Lorbeerblatt zufügen, alles leicht anbraten. Mit Weißwein ablöschen.

SKT schließen. Garzeit 35-40 Minuten.

Braten aus dem Topf nehmen, Sauce passieren, Fleischbrühe zugießen, restlichen Einlegeweinbrand zugeben, evtl. mit etwas Mehl eindicken.

Dazu passen gut Salzkartoffeln.

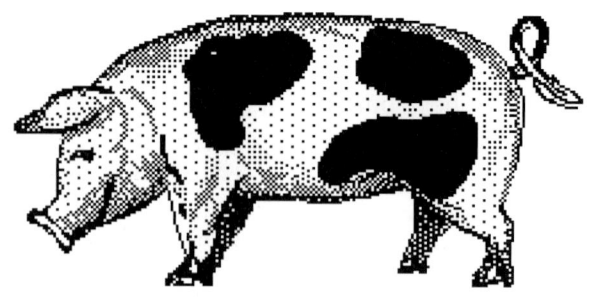

* Zubereitung: 1 1/2 Stunde.

KALBSLEBER
in Weinbrandsoße

Zutaten für 4 Personen:

4 Scheiben Kalbsleber

2 EL Mehl, 60 g Butter

1 Zwiebel

1 Dose geschnittene Champignons

Thymian, (1 EL Sojasoße)

1 Beutel Tomatensoße

1/4 l warmes Wasser

3 EL Sahne

2 Glas Weinbrand

1/2 Bund Petersilie, Salz, Pfeffer

Mehl mit Salz und Pfeffer mischen, Leber abtupfen und im gewürzten Mehl wenden.

In heißer Pfanne Butter erhitzen, Leber von beiden Seiten je ca. 6 min. braten, herausnehmen, heiß halten.

Geschälte, gehackte Zwiebel im Bratenfond glasig werden lassen. Die abgetropften Champignons zufügen, andünsten, mit Sojasoße und Thymian würzen. Das in Wasser eingerührte Soßenpulver angießen, 6 min. sanft köcheln lassen.

Mit Sahne und Weinbrand abschmecken. Leber mit Soße übergießen, mit Petersilie bestreuen.

Dazu: Kartoffelpüree und Salat.

* Zubereitung: 1/2 Stunde.

SAHNE-KOTELETTS

Zutaten für 4 Personen:

4 Koteletts (ca. je 150 g)

Fett zum Braten

Salz, Pfeffer

1/8 l Sahne

8 Pfirsichhälften

Koteletts leicht klopfen, auf beiden Seiten gut anbraten, mit Salz und Pfeffer bestreuen.

Die Sahne über die Koteletts geben, Pfanne mit Deckel verschließen, das Fleisch ca. 15 min. schmoren lassen.

Die Soße abschmecken, die Pfirsichhälften auf das Fleisch legen, alles zusammen nochmals 5 min. schmoren lassen, servieren.

* Zubereitung: 30 Minuten.

LAMMKEULE

Zutaten für 4 Personen:

1 Lammkeule (in Stücke hacken lassen)

Dampftopf-Rezept

3 Knoblauchzehen, 1 Zwiebel

ev. 1 Scheibe Sellerie, ev. 1 kleine Karotte

4 EL Öl, 1 EL Mehl

1/4 l Wasser, Petersilie, Rosmarin

Paniermehl

Marinade bereiten aus:

1 Zitrone, Rosmari , 1 zerdrückte Knoblauchzehe, Pfeffer und Salz

Lammfleisch waschen, trockentupfen, mit Knoblauch spicken und mit der Marinade bestreichen. In Alufolie eingewickelt mehrere Stunden ziehen lassen.

Im SKT Öl erhitzen, Zwiebel, Sellerie und Karotte in Stücke schneiden und andünsten. Keule darauf legen, Marinade dazugeben, anbraten, anschl. 1/4 l Wasser dazugeben.

Den SKT verschließen und 1/2 bis 3/4 Stunde garen. Danach die Keule herausnehmen, die Soße abschmecken und mit Mehl andicken.

Kleingehackte Petersilie, zerdrückte Knoblauchzehe, Paniermehl und Rosmarin werden vermischt und über die Keule gegeben.

Dazu: Bohnen und Pellkartoffeln

* Zubereitung: 1 Stunde. (Im normalen Kochtopf muss die Keule ca. 1 1/2 Stunden garen.)

BIFTEKI
Gefüllte Fleischbällchen

Zutaten für 4 Personen:

2 Brötchen oder altes Weißbrot

2 Zwiebeln

800 g Hackfleisch

1 EL Zitronensaft

2 Eier

2 EL gehackte Petersilie

1 EL gehackte Minze

Salz, Pfeffer

250 g Feta-Käse, gewürfelt

1 EL Weizenmehl

Bratmargarine

Brötchen in kaltem Wasser einweichen, Zwiebel hacken. Brötchen ausdrücken, mit Zwiebelwürfeln, Zitronensaft, Hackfleisch und Eiern gut durchkneten. Petersilie und Minze hinzufügen, mit Salz und Pfeffer würzen.

Mit einem EL kleine Portionen von der Fleischmasse abteilen, mit bemehlten Händen flach drücken, 1 Stück Feta-Käse daraufgeben und mit Fleischteig umhüllen.

Die Bällchen leicht in Weizenmehl wenden, in der Pfanne mit Bratfett von allen Seiten braun braten.

*** Zubereitung: 30 Minuten.**

GULASCH
aus Sojawürfeln

Zutaten für 4 Personen:

150 g Sojawürfel (Reformkost)

Gemüsebrühe (Instant)

1 Zwiebel

1-2 Knoblauchzehen

1 Paprikaschote

Salz, Pfeffer, Rosenpaprika

2 EL Tomatenmark

Bratfett oder Margarine

Sojawürfel in heißer Brühe 30 min. einweichen, mehrmals umrühren.

Zwiebeln und Knoblauch kleinschneiden, Paprika in Streifen schneiden.

Bratfett in der Pfanne auslassen, das Gemüse darin dünsten.

Die eingeweichten Sojawürfel hinzufügen und unter häufigem Wenden anbraten.

Tomatenmark und 1/4 l Wasser hinzufügen, in weiteren 30 min. fertiggaren.

Mit Salz, Pfeffer und Rosenpaprika abschmecken.

Wie gewohnt mit Kartoffeln und Gemüse reichen.

*** Zubereitung: 1 Stunde.**

PUTENGESCHNETZELTES

Zutaten für 4 Personen:

700 g Putenbrust, 1 mittlere Zwiebel, 2 EL Öl, 1 Glas Weißwein

3 EL Rahm, 1 EL Mehl, Curry, Salz, Pfeffer

1 Dose Ananas in Scheiben

Putenbrust in Streifen schneiden, salzen, pfeffern, Zwiebel würfeln. Öl in einer Pfanne erhitzen, Zwiebel glasig dünsten, Putenfleisch goldbraun braten, 5 min. schmoren lassen.

Mit 3/4 Glas Weißwein ablöschen. Im restlichen Wein Mehl anrühren, Soße abbinden, mit Rahm verfeinern und mit Curry abschmecken. In Schüssel anrichten und mit Ananasscheiben belegen.

* Zubereitung: 1/2 Stunde.

PUTENKEULEN

Zutaten für 4 Personen:

Dampftopf-Rezept

2 Putenoberkeulen

2 EL Mehl, Salz, Pfeffer, 5 EL Öl, 4 Zwiebeln, 1 Knoblauchzehe

1 Stück Sellerie, 2 Möhren, 1 Dose Tomatenmark

2 Tassen Weißwein, 1 Lorbeerblatt, 2 TL Oregano

3 Glas Weinbrand, 1 Bund Petersilie

Putenkeulen abspülen, trockentupfen, Knochen heraustrennen, Fleisch in 4 Stücke teilen und leicht in einem Gemisch von Mehl, Salz und Pfeffer wenden. Öl im SKT erhitzen, Putenteile kurz und scharf anbraten, Energiezufuhr reduzieren, Fleisch goldbraun werden lassen, herausnehmen. Zwiebel und Knoblauch schälen und hacken, Sellerie und Möhren waschen, putzen und in kleine Würfel schneiden. Im Bratenfond Zwiebel glasig dünsten, Sellerie und Möhren zufügen, andünsten, Tomatenmark hinzugeben, mit Weißwein auffüllen, würzen. Putenfleisch einlegen, mit Weinbrand übergießen und bei geschlossenem SKT 20 min. garen. Vor dem Servieren abschmecken, mit Petersilie bestreuen.

* Zubereitung: 3/4 Stunde.

PUTENGULASCH
mit Auberginen

Zutaten für 4 Personen:

500 g Putenbrustfilet

3 mittlere Auberginen

4 Tomaten, 1 Zwiebel

6 EL Olivenöl

3 Knoblauchzehen

1 EL Kräutermischung

1 EL Zitronensaft

Fleisch in 3 cm große Stücke schneiden, Auberginen waschen, abtrocknen, würfeln, Tomaten abziehen und in Stücke schneiden, Zwiebeln abziehen und fein hacken, Knoblauch hacken.

2 EL Öl im (Dampf-)Topf erhitzen, Fleisch bei starker Hitze braun braten, herausnehmen.

Restliches Öl im Topf erhitzen, Auberginen bei schwacher Hitze 20 min. braten.

Zwiebel und Knoblauch zugeben und mitbraten.

Tomaten, Kräuter und Fleisch zugeben, aufkochen und zugedeckt bei mittlerer Hitze noch 10 min. schmoren.

Mit den restlichen Zutaten abschmecken und sofort servieren.

Dazu passt Reis oder Weißbrot.

* **Zubereitung: 3/4 Stunde.**

HÄHNCHEN
provenzialisch

Zutaten für 2 Personen:

1 Hähnchen (1 kg)

2 EL Olivenöl

Dampftopf-Rezept

1 Zwiebel, kleingehackt

2 Knoblauchzehen

4 Tomaten

1/8 l Rotwein

1 TL Kräutermischung

1 Prise Fenchelkörner

Salz, Pfeffer

Hähnchen waschen, trockentupfen, in 8 Teile zerlegen.

Olivenöl im SKT erhitzen, Hähnchenteile goldgelb anbraten, Zwiebel dazugeben und 2 min. mitbraten, dann gepresste Knoblauchzehen und geschälte kleingeschnittene Tomaten dazugeben, ebenso Rotwein, Kräutermischung, Fenchelkörner, Salz und Pfeffer.

SKT verschließen, 8 min. schmoren lassen.

Hähnchenbrüste anrichten, Soße etwas andicken und darübergeben.

* **Zubereitung: 20 Minuten.**

HÜHNERBRÜSTE AUF CURRYREIS

Zutaten für 4 Personen:

4 Hühnerbrüste à 250 g

Pfeffer, Salz, 1/4 TL Thymian, 2 EL Mehl, 50 g Margarine

1 Orange, 1 Banane, 1 Scheibe Ananas

3 Glas Weinbrand

8 EL Dosenmilch oder süße Sahne

1 Ecke Schmelzkäse (ca. 60 g)

Hühnerbrüste abspülen und trockentupfen, mit Pfeffer und Thymian würzen und hauchdünn bemehlen. In einer Pfanne mit heißem Fett von jeder Seite 10 min. braten, salzen.

Orange und Banane schälen und in Scheiben schneiden, Ananas in Stücke schneiden, Früchte in den Bratenfond geben. Mit Weinbrand übergießen, 5 min. dünsten lassen.

Curryreis (siehe dort) in flache Schüssel geben, Hühnerbrüste und Früchte darauf anrichten, heiß halten.

Bratenfond mit Sahne aufkochen, Schmelzkäse bei geringer Hitze unter Rühren auflösen. Das Gericht mit der heißen Soße übergießen und gleich servieren.

Dazu: Blattsalat.

* Zubereitung: 3/4 Stunde.

GRILL-

GERICHTE

BASIS-INFOS & TRICKS

Die Zubereitung des Essens über dem offenen Feuer ist für viele der Höhepunkt des Campingurlaubs!

Dabei denken zwar die meisten an den verbreiteten Holzkohlengrill – aber es gibt noch viele andere Möglichkeiten, z. B.:

* Grillen über Holzglut: Wall von Steinen bilden (15 - 20 cm hoch), auf der dem Wind zugewandten Seite Öffnung lassen, dünne Äste in der Mitte aufschichten, laufend Holz nachlegen. Sobald genügend Glut vorhanden ist, kann mit dem Grillen begonnen werden (nach ca. 20 - 30 min.). Vor dem Verlassen des Platzes muss das Feuer wieder gelöscht sein! Bei der Verwendung von Holzspießßchen zum Grillen auf die Holzart achten, nur bekannte Hölzer verwenden!
* Grillen mit dem Gasgrill
* Grillen in Alufolie oder auf Alugrillpfannen
* Braten mit demPfannenknecht, der mit kleinen Zweigen und trockenen Ästen betrieben wird.
* ACHTUNG: Grillen ist nicht immer und überall gestattet, insbesondere in südlichen Ländern während der Sommermonate! Waldbrandgefahr! Im Schärenbereich Schwedens auf den Steinplatten verboten!

GrillTipps:

* Pro Person rechnet man mit einer Fleischscheibe von 200 g.
* Fleisch nie kalt auf den Grill legen.
* Fleisch von jungen Tieren verwenden.
* Anfangs stark erhitzen (Strahlungstemperatur 170 °C, Fleischinnentemperatur 60-80 °C).
* Je dicker die Fleischscheibe, je weiter weg von der Hitzequelle.
* Fleisch vorher in eine Marinade oder Öl einlegen; würzen, aber nicht salzen.
* Fettränder einschneiden.
* Zum Verfeinern: vor dem Grillen Tannenadeln oder Wacholderzweige in die Glut schieben; im letzten Moment Wacholderbeeren, Thymian, Rosmarin, Zitronenschale auf die Glut legen.
* Fleisch wenden, wenn die ersten Blutstropfen auf der Oberseite austreten. Je nach gewünschtem Garzustand grillt man pro Seite 2 - 3 Minuten.
* Die Garprobe macht man, indem man mit einer Gabel auf das Fleischstück drückt: Lässt es sich eindrücken, ist es innen roh. Gibt es nach und glättet sich sofort wieder, ist es innen rosa. Ist es fest und gibt nicht nach, ist es durchgebraten.
* Nach dem Grillen mit Kräutern und ev. Salz nachwürzen.

MARINADEN

Vorschlag 1:

8 EL Sojasoße

8 EL Öl

1 EL Honig

Zutaten miteinander verrühren, Fleisch 2 Stunden marinieren, während des Grillens mehrmals damit bepinseln.

Vorschlag 2:

2 geriebene Zwiebeln

2 EL Öl

3 EL (Rotwein)essig

2 EL Tomatenketchup

etwas Tabasco

Senf

1 zerdrückte Knoblauchzehe

1 Prise Zucker

Salz

Oregano

Zutaten miteinander verrühren, Fleisch mind. 1 Stunde darin durchziehen lassen.

Mein Tipp:
Schweinefleisch eignet sich wegen seines Fettgehaltes ideal zum Grillen, es muss im Gegensatz zu Rindfleisch immer durchgebraten werden. Den herabtropfenden Fleischsaft kann man für Soßen auffangen.

SCHNITZEL

Zutaten für 4 Personen:

4 Schweineschnitzel (je ca. 2 cm dick)

Öl, Salz, Pfeffer

Schweineschnitzel waschen, trockentupfen, Ränder einschneiden, mit den Handballen flach drücken. Die Schnitzel pfeffern und einölen, auf dem heißen Grill von jeder Seite 6 - 8 min. grillen, dann salzen.

KOTELETT

Zutaten für 4 Personen:

4 Schweinekoteletts

Öl

Salz, Pfeffer, Paprika

Koteletts waschen, trocken tupfen, überschüssiges Fett abschneiden und an den Außenkanten ca. 1/2 cm tief einkerben.

Mit Öl einreiben, Pfeffer und Paprika würzen und von jeder Seite 4 -6 min. grillen.

Mein Tipp:
Mit Zitronenscheiben, Petersilie oder Tomatenachteln garnieren.

FILETMEDAILLONS

Zutaten für 4 Personen:

400 g Schweinefilet

Öl, Salz, Pfeffer

Schweinefilet in Scheiben schneiden, mit Öl einmassieren und 2 Stunden ziehen lassen. Auf dem heißen Grill von jeder Seite ca. 3 - 4 min. grillen, dann salzen und pfeffern.

Mein Tipp:
2 cm dicke Apfelscheiben grillen und auf die Medaillons legen, Calvados erwärmen, darübergeben, anzünden und servieren.

GEFÜLLTE SCHWEINESCHNITZEL
- oder Koteletts

Zutaten für 4 Personen:

4 Schweineschnitzel

In die vorbereiteten Fleischstücke von der Fettseite her eine Tasche einschneiden, die Fülle hineingeben und mit einem Spieß verschließen.

Schinken-Käse-Fülle (für 4 Portionen):

150 g Schinken , 150 g Emmentaler Käse, 1 TL Senf

Schinken und Käse würflig schneiden, mit Senf verrühren und in die Fleischstücke einfüllen.

Kräuterfülle:

1 Scheibe Weißbrot, 1 Eigelb , 4 EL Sahne, 1 zerdr. Knoblauchzehe

3 EL Petersilie, je 2 EL Dill, Schnittlauch

je 1 EL Estragon, Basilikum, Kerbel, Senf

Weißbrot würflig schneiden, mit Eigelb und Sahne vermischen, dann die kleingehackten Kräuter dazurühren und in die Fleischstücke einfüllen.

SCHÄLRIPPCHEN

Zutaten für 4 Personen:

pro Person 3 - 5 Rippchen

Rippchen mit Öl einstreichen und von jeder Seite etwa 10 min. grillen.

Dann mit Salz, Peffer und Senf würzen.

SCHINKENSTEAK
auf Hawai-Art

Zutaten für 4 Personen:

4 Scheiben gek. Schinken (1 cm dick)

Saft 1 Zitrone

Salz, Pfeffer, Rosmarin

Öl

4 Ananasscheiben

4 Scheiben Chester-Käse

Schinkenscheiben mit Zitronensaft beträufeln, mit Pfeffer und Rosmarin bestreuen, 1/2 Stunde ziehen lassen.

Anschließend abtupfen und einölen.

Jede Seite 2 - 3 min. grillen, gleichzeitig die Ananasscheiben grillen, anschließend auf die Schinkenscheiben legen, den Käse darüberlegen und weitergrillen, bis der Käse schmilzt.

LAMMKOTELETTS

Zutaten für 4 Personen:

8 - 12 Lammkoteletts

Knoblauch

Pfeffer, Salz, Öl

Die Koteletts entlang der Knochen etwas einschneiden, mit zerdrücktem Knoblauch, Pfeffer und Öl einreiben, etwas ruhen lassen, dann 5 - 6 min. pro Seite grillen, anschließend salzen.

20 g Butter

1 feingehackte Zwiebel

2 Tomaten

2 EL Weißwein

Butter in der Pfannc crhitzen, feingehackte Zwiebel glasig dünsten, 2 Tomaten enthäuten und würfeln, weich dünsten, Weißwein dazu geben, nicht mehr kochen lassen. Koteletts darauf anrichten.

KLEINE SPIESSE

Zutaten für 4 Personen:

Fleisch und Gemüse nach Wahl ca. 1 kg

Zu Spießchengerichten ist fast alles geeignet: schnell-
garendes Fleisch von Rind, Schwein, Hammel, Lamm, Wild,
sowie Schinken, Leber, Niere, Würstchen, Hackfleischbällchen, Scampi oder Fisch.

Abwechselnd dazu: Oliven, Zucchini, Auberginen, Paprika,
Bananenscheiben, Aprikosenhälften, Zwiebeln, Gurke....

Die Fleischstücke werden 2 Stunden in Öl mariniert. Dann
werden sie abwechselnd mit den Gemüsescheiben auf die
Spießchen gesteckt und je nach Zusammenstellung 3 - 10
min. gegrillt.

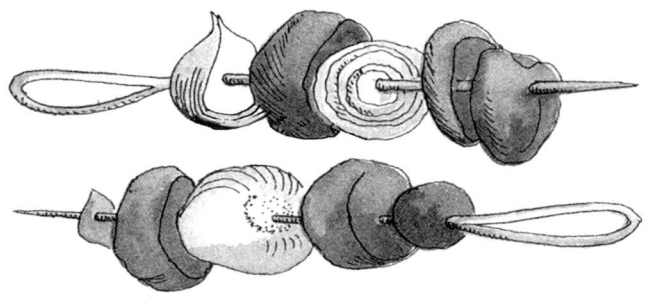

Mein Tipp:
Jeder darf sich seine Spieße nach dem Angebot des WOMO-Kochs
selbst zusammenstellen.

GRILLWÜRSTCHEN

Entweder spießt man die Würstchen auf Spieße auf und hält
sie über die heiße Glut (nicht in die rußende Flamme), oder
man schneidet sie ringsherum ein und grillt sie auf dem Rost
oder in der Pfanne, oder man macht   >>>>>>>

WÜRSTCHEN-SCHASCHLIK

Zutaten für 4 Personen:

4 Bockwürste

100 g durchw. Speck

2 Zwiebeln

1 kl. Salatgurke

1 rote Paprika

1 grüne Paprika

3 EL zerl. Butter

Salz, Pfeffer

Würste in 2 cm dicke Scheiben, Speck in dünne Rechtecke, Zwiebeln in Achtel schneiden.

Gurke schälen, längs halbieren, Kerne herausschälen und Fruchtfleisch in Zentimeterstücke schneiden.

Paprika in 5-DM-Stücke zerschneiden.

Das Ganze abwechselnd auf Spieße stecken, mit zerlassener Butter beträufeln und auf dem Grill (auf Alu-Folie) oder im Pfannenknecht braten.

Zwischendurch wenden und weiter mit Butter beträufeln.

Die fertigen Spieße salzen, pfeffern und mit Reis oder frischem Weißbrot und feuriger Schaschliksauce servieren.

CEVAPCICI
Balkanrezept

Zutaten für 4 Personen:

600 g gem. Hackfleisch

1 Zwiebel

3 Knoblauchzehen

1 EL Mehl

1 EL Paprika edelsüß

2-3 EL Olivenöl

evtl. 3 EL geh. Petersilie

Hackfleisch mit sehr fein gehackter Zwiebel, Knoblauch und Petersilie vermengen, Mehl einarbeiten, Fleischteig würzen.

Fingerlange Röllchen formen, in Mehl wenden und etwas ziehen lassen.

Die Röllchen mit Öl bestreichen und so grillen, dass sie außen knusprig und innen rosa sind.

Als Beilage reicht man gehackte Zwiebeln und Ajvar, eine Sauce aus Paprika, Auberginen, Tomaten und Knoblauch, die es als Konserve auf dem Balkan, aber auch in Deutschland gibt.

SOUVLAKIA
griechisches Rezept

Zutaten für 4 Personen:

750 g Schweine- oder Lammfleisch

Öl, Zitronensaft, Salz, Pfeffer, Oregano

Wer Zeit hat, bereitet eine Marinade aus 6 EL Öl, 3 EL Zitronensaft, Pfeffer und Salz und legt die 2-cm-Fleischwürfelchen 2-3 Stunden ein.

Dann Fleischwürfel trockentupfen und auf kleine Holzspießchen stecken, grillen, dabei wenden und gelegentlich mit der Marinade bestreichen.

Mit Salz und viel Oregano bestreuen und an den Spießchen servieren. Pro Person brauchen Sie ca. 5 Spießchen.

Eilvariante:

Fleischwürfel unmariniert auf Spießchen stecken und während dem Grillen mit Zitronensaft-Öl-Marinade bestreichen.

HACKSTEAKS

Zutaten für 4 Personen:

600 g gemischtes Hackfleisch

Salz, Pfeffer

1-2 Zwiebeln

1 Knoblauchzehe

2 Eier

3 EL Brösel oder eingeweichtes und ausgedrücktes Weißbrot

Zwiebel fein hacken, alles miteinander vermischen, durchkneten, ev. mit Kräutern zusätzlich würzen.

Mit bemehlten Händen 4 - 8 Steaks oder Frikadellen formen, mit Öl beträufeln und auf dem heißen, geölten Rost 8 - 10 min. braten.

BECHAMELSAUCE

40 g Butter

40 g gewürfelter Schinken

1 geschälte gewürfelte Zwiebel

1/4 l Fleischbrühe

1/4 l Milch

Salz, Pfeffer

1 Bund Schnittlauch

Butter in einem Topf schmelzen lassen, Schinken- und Zwiebelwürfel hellgelb darin dünsten, dann Mehl zurühren, Fleischbrühe und Milch langsam unter Rühren zugeben, 10 min. köcheln lassen. Durch ein Sieb passieren, mit Salz und Pfeffer abschmecken, Schnittlauch waschen und kleinschneiden, unter die Soße rühren.

Mein Tipp:
Das Beste am Grillen sind die Grillsoßen, es gibt unzählig viele Möglichkeiten, man kann sie je nach angebotenen frischen Kräutern abwandeln, hier nur einzelne Vorschläge!

AIOLI

5 - 6 Knoblauchzehen

5 EL Paniermehl (durchsieben, mit warmem Wasser befeuchten)

2 Eigelb

1/4 L Olivenöl

Saft 1 Zitrone

Salz, Pfeffer

Knoblauchzehen schälen, fein hacken, angefeuchtetes Paniermehl und Eigelb unterrühren, nach und nach Olivenöl in feinem Strahl dazugeben, ständig mit dem Schneebesen schlagen.

Mit Zitronensaft, Salz und Pfeffer abschmecken.

AMERIKANISCHE SAUCE

1/2 Tasse Tomatenketchup

2 EL (brauner) Zucker

2 TL Senf

1/4 TL Cayennepfeffer

1 TL Oregano

Alle Zutaten miteinander zu einer Soße verrühren.

GRÜNE SAUCE

125 g frische Kräuter (Borretsch, Pimpernelle, Schnittlauch, Petersilie, Sauerampfer, Kresse, junger Spinat, Zitronenmelisse, Dill,
Liebstöckel, Estragon - je nach Wahl und Saison)

1 hartgekochtes Ei, 2 EL Mayonnaise

1/2 l saure Sahne, 1 TL Senf

Zitronensaft, Salz, Pfeffer

Kräuter fein hacken, geschältes Ei fein hacken, mit den
übrigen Zutaten mischen, durchziehen lassen, und noch
einmal abschmecken.

UNGARISCHE SAUCE

1/2 Tasse Olivenöl

3 EL Paprika edelsüß

3 EL Honig

Saft 1 Zitrone

Pfeffer, Salz

Öl mit Paprika gut verrühren, mit Honig, Zitronensaft, Pfeffer
und Salz abschmecken.

SCHAFSKÄSE
gegrillt

Zutaten für 4 Personen:

pro Person 1 Scheibe Schafskäse

(je ca. 150 g)

Alufolie

Olivenöl

Rosenpaprika

Schafskäse mit Öl beträufeln, mit Paprika bestreuen und in Alufolie einwickeln, dicht verschließen.

Auf dem Grill 10 min. garen.

GRILLFISCH

Nein, wir haben die Rezepte zum Grillen von Fisch nicht vergessen!

Blättern Sie dazu bitte im Kapitel 7: "Fische und Meeresfrüchte".

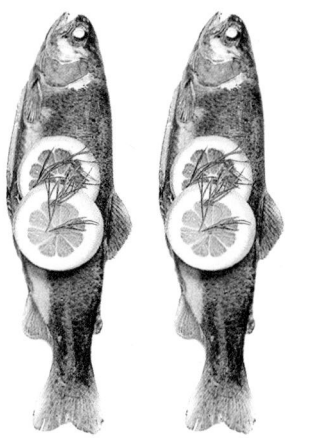

GEGRILLTE BIRNEN

Zutaten für 4 Personen:

4 Birnen

etwas zerlassenen Butter

8 TL Preiselbeeren

Zucker

Birnen schälen, halbieren, vom Gehäuse befreien.

In die Höhlung etwas zerlassene Butter geben und mit Zucker auffüllen.

Alufolie auf den Grill legen, den Rand hochschlagen, Birnen darauf grillen.

Nach etwa 10 min. die Preiselbeeren in die Höhlung geben und weitere 10 min. grillen, sofort servieren.

* Zubereitung: 25 Minuten.

APFELSINEN-BANANEN-SPIESSCHEN

Zutaten für 4 Personen:

3 Apfelsinen

3 Bananen

20 g Butter

3 EL Honig

Saft von 1/2 Zitrone

Apfelsinen schälen, weiße Haut entfernen, in mundgerechte Stücke schneiden. Bananen in 2 cm dicke Scheiben schneiden, Fruchtstücke abwechselnd auf Holzspieße stecken, bei nicht allzugroßer Hitze grillen. Hin und wieder mit flüssiger Butter bepinseln. Honig und Zitronensaft verrühren und die Spießchen kurz vor Ende der Grillzeit mit dieser Mischung glasieren.

* Zubereitung: 1/4 Stunde.

IN DER SCHALE GEGRILLTE BANANEN

Zutaten für 4 Personen:

4 Bananen

4 TL Zucker

4 TL Zitronensaft

1 EL Kognak oder Rum

Bananen in der Schale auf den Grillrost legen, ganz schwarz werden lassen.

Einen Streifen längs aus der Schale herausschneiden, dahinein Zucker und Zitronensaft und Rum oder Kognak träufeln.

Auf dem Tisch mit einem Streichholz anzünden.

* Zubereitung: 10 Minuten.

KARTOFFELN
gegrillt

Zutaten für 4 Personen:

4 große Kartoffeln

Kartoffeln waschen, in geölte Alufolie einwickeln und in der Glut 1 Stunde garen. Dann die Folie aufreißen, die Kartoffel mit Salz bestreuen. Man kann Butterflöckchen über die heiße Kartoffel streuen oder Quark bzw. Zaziki dazu reichen.

AUBERGINEN
gegrillt

Zutaten für 4 Personen:

2 große Auberginen

Die Auberginen werden ungeschält in dicke Scheiben geschnitten und gesalzen.

Nach 15 min. wird der Saft mit einem Küchentuch abgetupft und die Scheiben auf dem gefetteten Rost von beiden Seiten gegrillt.

Man kann sie auch gut in der Pfanne ausbacken, sie nehmen dabei aber viel Fett auf.

Mein Tipp:
Gemüse soll nicht zu viel Wasser enthalten, deshalb nie vollreifes Gemüse verwenden. Es darf nicht über der heißen Glut gegrillt werden, sondern nur am Rand des Rostes, ideal ist es, wenn man es in Alufolie einwickelt.

GEFÜLLTE AUBERGINEN

Zutaten für 4 Personen:

2 feste Auberginen

500 g Hackfleisch

1 Zwiebel, 1 Tomate, 1 Ei

Semmelmehl, 1 Knoblauchzehe

2 EL Weißwein

Salz, Pfeffer, Öl, Parmesan

Die Auberginen der Länge nach halbieren, mit Salz bestreuen, 15 min. ziehen lassen, abtupfen und mit einem Löffel aushöhlen.

Das Fruchtfleisch fein hacken, mit dem Hackfleisch, der feingeschnittenen Zwiebel, der gewürfelten Tomate, dem Ei, Semmelmehl und der zerdrückten Knoblauchzehe vermengen, würzen, mit Wein abschmecken und in die Auberginenhälften füllen.

Die so vorbereiteten Hälften in gefettete Alufolie wickeln und 30 min. grillen. Dann die Folie oben aufreißen, mit Parmesan bestreuen und kurz nachgrillen.

TOMATEN
gegrillt

Tomaten kreuzweise einschneiden, salzen, pfeffern und so vorbereitet in gefettete Alufolie einwickeln und langsam am Grillrand garen.

Man kann die Tomaten auch füllen. Dazu schneidet man das Käppchen ab und höhlt sie mit einem Teelöffel aus. Dann füllt man sie nach Belieben mit Reibekäse, Rührei und Käse, Schinkenwürfeln, Bratenresten, Kräutern, Pilzen, Krabben, Wurststückchen.....

PAPRIKA
gegrillt

Die Paprikaschoten entkernen, in breite Streifen schneiden und langsam am Rostrand garen.

MAISKOLBEN
gegrillt

4 frische Maiskolben
Öl, Salz, Pfeffer, Butter

Maiskolben von Blättern und Samenhaaren befreien und je nach Größe 5-12 min. in kochendem Salzwasser vorgaren.

Gut abtropfen lassen, dünn mit Öl bepinseln, auf dem heißen Rost rundherum grillen, bis die Körner goldbraun werden, dann salzen.

Je nach Belieben Pfeffer und Butter auf die Kolben geben und die Körner abnagen.

* Zubereitung: 1/4 Stunde.

PAPRIKAREIS	PAPRIKARÖLLCHEN
Zutaten für 2 Personen:	**Zutaten für 4 Personen:**
2 grüne Paprika	1 Brötchen
150 g gegarten Reis	1/4 l Wasser
1 Zwiebel	1 kleine Zwiebel
2 Tomaten	4 rote Paprikaschoten
1 kleingeschnittene Paprikaschote	350 g gemischtes Hackfleisch
Salz	1/2 TL Salz, Pfeffer, Paprika
Bratmargarine	8 Scheiben durchwachsenen Speck

Feingeschnittene Zwiebel in Fett hellgelb rösten, die gewürfelten Paprikaschote und Tomaten sowie den Reis dazugeben und alles miteinander vermengen.

Paprikaschoten putzen, aushöhlen und mit der Masse füllen, am Rostrand grillen.

Brötchen in Wasser einweichen, ausdrücken, zusammen mit keingehackter Zwiebel mit dem Hackfleisch gut mischen, salzen und pfeffern.

Die Paprikaschoten längs durchschneiden, putzen.

Aus dem Hackfleisch Röllchen formen, in die Paprikahälften legen, mit Speckscheibe umwickeln und mit Holzstochern feststecken.

Auf Alufolie am Rostrand bei mäßiger Hitze 15 - 20 min. garen, häufig wenden.

* Zubereitung: 45 Minuten.

ZUCCHINI
gegrillt

Zutaten für 4 Personen:

4 Zucchini

1 EL Öl

Salz, Pfeffer, Basilikum, Thymian, Oregano

Parmesan

Zucchini gut waschen, nicht schälen, in fingerdicke Scheiben schneiden. Unter Zugabe von Öl, Salz, Pfeffer und den Kräutern auf den Rost oder auf die Folie geben, Parmesan darüberstreuen, 8-10 min. grillen.

ZUCCHINI
gefüllt und gegrillt

Zutaten für 4 Personen:

4 Zucchini, 1 Brötchen, 1 Zwiebel, 1 Ei

400 g gemischtes Hackfleisch

Salz, Pfeffer

1/2 TL Paprikapulver, 1-2 EL Öl

Zucchini waschen, längs halbieren, mit Teelöffel Inneres herauskratzen, kleinschneiden. Alles zusammen mit Hackfleisch vermengen, Ei, Salz, Pfeffer und Paprika dazugeben und gut kneten.

Zucchini mit Fleischteig füllen, jeweils eine Frucht wieder zusammenfügen, in Alufolie einwickeln, Ränder gut verschließen, 10-15 min. gut grillen, häufig wenden.

* Zubereitung: 1/2 Stunde.

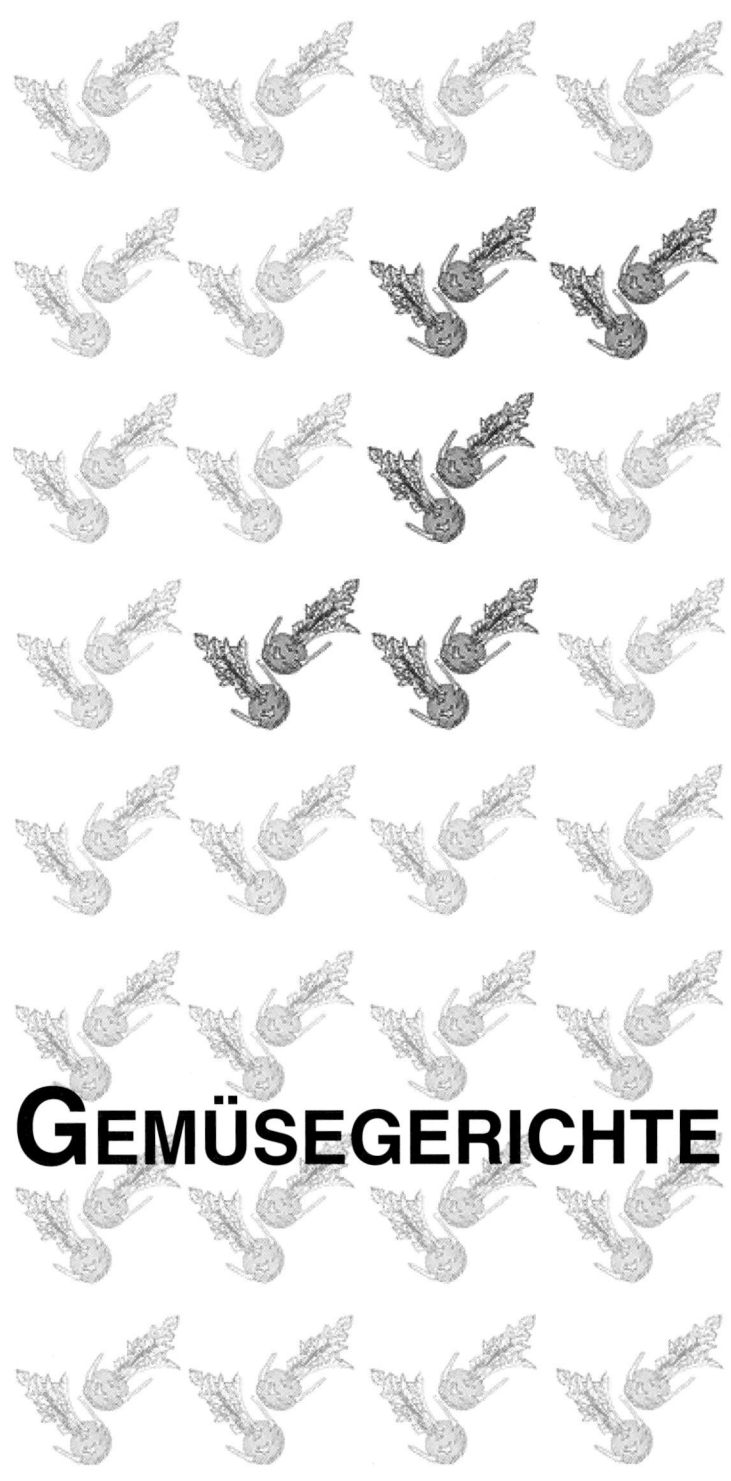

GEMÜSEGERICHTE

„Man pflegt den meisten aus Pflanzen bereiteten Gerichten den Namen »Gemüse« zu geben; ich denke, weil man sie meist in brei- oder musartigem Zustand aufträgt!"
Gottseidank sind jene Zeiten vorbei, die ich gerade aus einem alten Kochbuch zitiert habe, denn in der neuen Küche werden die Gemüse kurz und knackig gekocht und ihr feines Aroma wird nicht mehr mit dicken Mehlsoßen verkleistert.

Allerdings erfordert ein feines Gemüsegericht auch beste Zutaten! Man kann kaum erwarten, dass eine fade Dezember-Treibhaus-Aubergine Grundlage für ein aromatisches Moussaka sein kann. Entdecken Sie also wieder die richtige Saison für Ihr Gemüse, denn in vielen Urlaubsländern können Sie sich direkt vom Feld bedienen lassen.

Mehr Vitamine und Mineralstoffe wie von erntefrischem Freilandgemüse können Sie Ihrem Körper überhaupt nicht zuführen.

Allerdings sollten Sie Ihre Einkäufe nicht zu lange im WOMO spazierenfahren, denn Licht, Sauerstoff und Wärme bauen viele Vitamine ab. Gemüse gehört nach dem Einkauf in den Kühlschrank – mit Ausnahme von Zwiebeln und Knoblauch.

* Bei Salat und Kohl die äußeren Blätter entfernen, auf denen sich Schadstoffe abgelagert haben können (z. B. Blei am Straßenrand).

* Gemüse gründlich, aber so kurz wie möglich waschen und nicht im Wasser liegen lassen; erst nach dem Waschen putzen und zerkleinern.

* Anschließend möglichst sofort zubereiten und servieren. Wenn nicht möglich: Bereits zerschnittenes Gemüse mit etwas Essig oder Zitronensaft mischen und wieder in den Kühlschrank legen.

* Je kürzer die Garzeit, desto geringer die Wertstoffverluste. Bei starker Hitze nur ankochen, dann mit schwacher Hitze fertiggaren. Den Topfdeckel auflegen und während der Garzeit geschlossen halten.

* In möglichst wenig Wasser garen, anschließend die Garflüssigkeit (mit etwas Butter) für die Sauce verwenden.

* Reste von Zuchtpilzgerichten darf man aufwärmen, bei Wildpilzen ist davon abzuraten (Zerfallsstoffe nicht erforscht!).

BLUMENKOHL	BROCCOLI
paniert	mit Schinkensauce

Zutaten für 4 Personen:	Zutaten für 4 Personen:
1 Blumenkohl	400 g Broccoli
2 Eier	Salz, Pfeffer
Paniermehl oder Semmelbrösel	2 hartgekochte Eier
Bratfett oder Margarine	100 g roher Schinken
Salz	2 TL Öl
Pfeffer	2 EL Zitronensaft
	1 TL Senf
	gehackte Kräuter
	2 TL Butter

Dampftopf-Rezept

Blumenkohl am Stück im (geschlossenen) Dampftopf 3 Minuten unter Druck dünsten (der Blumenkohl muss noch fest sein).

Die Eier schlagen, salzen und pfeffern.

Blumenkohl in Röschen zerteilen, nacheinander in Ei und Paniermehl wälzen.

In einer Pfanne Bratfett auslassen und die Röschen bei mittlerer Hitze unter stetigem Wenden braun braten.

Broccoli 10 min. in Salzwasser garen, anschließend abtropfen lassen.

Eier und Schinken fein würfeln, die restlichen Zutaten mit geschmolzener Butter verrühren und unter die Eier- und Schinkenwürfel mischen.

Die Schinkensauce auf den gekochten Broccoli geben.

Mein Tipp:
Panierter Blumenkohl ist ein schnelles Hauptgericht, das auch ohne weitere Zutaten schmeckt und sättigt.

* **Zubereitung: 1/2 Stunde.**

* **Zubereitung: 1/2 Stunde.**

ZWIEBELGEMÜSE

Zutaten für 4 Personen:

750 g kleine Zwiebeln, 250 g Paprikaschoten

1 Prise Zucker, Salz, Bratmargarine

Zwiebeln schälen und in Würfel schneiden, Paprikaschoten in Streifen schneiden, beides in Margarine dünsten, ev. etwas heißes Wasser dazugießen, würzen, 1/2 Stunde garen.

Zubereitung: 3/4 Stunde.

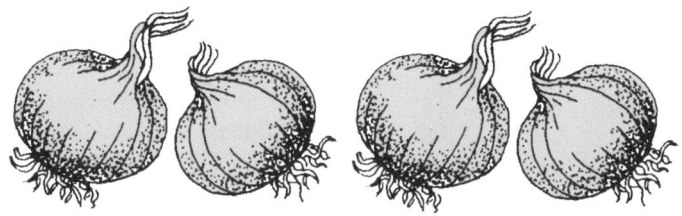

ZUCCHINI-TOMATEN-GEMÜSE

Zutaten für 4 Personen:

500 g Zucchini, 250 g Tomaten, 3 Knoblauchzehen

3 EL Olivenöl, Salz, Pfeffer, Zucker

Oregano, Basilikum

Knoblauchzehen abziehen und kleinschneiden, Zucchini waschen, in Scheiben schneiden, Tomaten überbrühen, abziehen und vierteln.

Olivenöl erhitzen, Knoblauch andünsten, Zucchini zugeben und ca. 5 min. mitdünsten lassen, Tomaten hinzufügen, mit Salz, Pfeffer und Zucker bei schwacher Hitze weitere 5 min. dünsten, mit gehacktem Oregano und Basilikumblättchen bestreuen.

> **Mein Tipp:**
> Etwas Crème fraîche zum Schluss unterrühren.

* Zubereitung: 1/2 Stunde.

BLUMENKOHL
mit Holländischer Sauce

Zutaten für 4 Personen

1 kleiner Blumenkohl

1/4 l Wasser

1 EL Bratmargarine

1 EL Weizenmehl

1/8 l Milch

Salz

Petersilie, gehackt

Blumenkohl putzen, in Röschen teilen, in Salzwasser legen, nach 10 min. abtropfen lassen.

Wasser zum Kochen bringen, Salz hinzufügen, Blumenkohl ca. 20 min. kochen lassen, herausnehmen.

Für die Soße Margarine erhitzen, Mehl dazugeben, 1/8 L Blumenkohlwasser und die Milch mit einem Schneebesen langsam unterrühren, ziehen lassen, abschmecken und über den Blumenkohl gießen, mit Petersilie bestreuen.

* Zubereitung: 1/2 Stunde.

BLUMENKOHL
mit Käse-Kräuter-Sauce

Zutaten für 4 Personen: *Dampftopf-Rezept*

1 Blumenkohl

1/4 l Wasser, 2 EL Milch, Salz

Sauce:

1 EL Butter, 1/2 Zwiebel, 1 EL Mehl

1/8 l Milch, 1/8 l Blumenkohlsud

Salz, Pfeffer, geriebene Muskatnuss

50 g geriebener Käse

1 EL gehackte Petersilie

Den geputzen Blumenkohl 10 min. in kaltes Salzwasser legen, abtropfen lassen.

In den SKT Wasser, Milch und Salz füllen, den Blumenkohl auf den gelochten Einsatz legen, den Topf schließen und den Blumenkohl 4 - 5 min. unter Druck garen.

Den Topf sofort unter kaltes Wasser stellen und abkühlen, dann öffnen.

Sauce bereiten: Butter auslassen, Zwiebel und Mehl in den Topf geben, dünsten, mit Sud ablöschen, Milch hinzufügen, unter Rühren zu einer sämigen Sauce kochen. Die Sauce würzen, Kräuter und Käse unterziehen, den Blumenkohl anrichten und die Sauce darübergießen, mit Petersilie bestreuen.

Dazu passen: Kartoffeln, Bratkartoffeln, Kartoffeln in Folie gegrillt....

AUBERGINENRAGOUT

Zutaten für 4 Personen:

4 Auberginen

40 g Mandelblättchen, 4 EL Korinthen, 50 g Butter, 2 Glas Weißwein

Salz, Pfeffer, 4 El Weinbrand, 0,2 l süße Sahne

Auberginen abspülen, schälen, in Würfel schneiden und mit Salz bestreuen, 15 min. ziehen lassen. Die ausgetretene Flüssigkeit abtupfen. Die Korinthen waschen und trockentupfen. Mandeln in Butter anrösten, Auberginen und Korinthen zugeben, salzen, pfeffern, Weißwein angießen, das Gemüse bei geringer Hitze 25 min. garen. Zum Schluss mit Weinbrand abschmecken, steif geschlagene Sahne unterziehen.

* Zubereitung: 3/4 Stunde.

GESCHMORTE OKRASCHOTEN

Zutaten für 4 Personen:

500 g Okraschoten

2 Fleischtomaten, 2 Zwiebeln, 1 Knoblauchzehe

4 EL Olivenöl, Salz, Pfeffer, Essig

Okraschoten waschen, Stielansatz und Spitze abschneiden, in 1 l kochendes Salzwasser geben, 5 min. kochen lassen, danach in ein Sieb gießen, um den sich sonst bildenden Schleim zu entfernen. Die Schoten mit Essig beträufeln.

Die Fleischtomaten überbrühen, abziehen und vierteln, die Zwiebeln schälen und würfeln.

Das Olivenöl in der Pfanne erhitzen, die Zwiebeln glasig dünsten, die Tomaten und Okraschoten dazugeben, mit Salz und Pfeffer würzen, 1 EL Essig dazugeben und die Knoblauchzehe darüberpressen. Alles zugedeckt 10 min. dünsten, mit gehackten Basilikumblättchen bestreuen.

* Zubereitung: 1 Stunde.

KARTOFFELN,

REIS

&

TEIGWAREN

Schon der "Alte Fritz" hatte Probleme damit, seinen Preußen die Kartoffel schmackhaft zu machen. Und in Frankreich musste man gar zu einem üblen Trick greifen, um die "pomme de terre" interessant zu machen: Man zäunte die Versuchsfelder ein und bewachte sie. Prompt wurden die "verbotenen Knollen" geklaut, heimlich angebaut – und als "pommes frites" bald heiß geliebt.

Heutzutage ist die Kartoffel (zu unrecht) als Dickmacher verschrien und gilt wegen ihres geringen Preises als "Armeleuteessen". Ich bin mir sicher: Wäre sie so teuer wie Spargel – man würde sie als Delikatesse preisen!

Aber wie es so ist: Was nichts gilt, wird entsprechend lieblos behandelt – und die Kartoffel rächt sich mit fadem Geschmack!

Das soll sich auf den nächsten Seiten ändern. Denn die Kartoffel muss nicht nur Beilage sein – sie kann auch als Hauptgericht glänzen!

Vorab ein Wort noch zum "Dickmacher": 100 g Kartoffeln haben nur 87 Kalorien (100 g Reis 150 Kalorien, 100 g Nudeln 390 Kalorien, 100 g Brötchen 277 Kalorien).

Kartoffeln bekommt man überall. Gerade im WOMO sollte man deshalb nur kleine Vorräte lagern – und zwar luftig, möglichst kühl und dunkel. Die Herstellung von Kartoffelpüree erspare ich Ihnen im WOMO. Aus der Tüte schmeckt es, gut gewürzt mit Muskatnuss, Zitronenschale, Knoblauch oder Cayennepfeffer und verfeinert mit Sahne und/oder Butter fast wie selbstgemacht.

Kartoffeln schmecken am besten frisch gekocht. Trotzdem sollte man möglichst eine doppelte Portion zubereiten – und man hat für die nächste Mahlzeit vorgesorgt. Bratkartoffeln bekommen übrigens mit Kümmel, Knoblauch, Thymian, Bohnenkraut, Estragon oder Rosmarin eine interessante Würze. Rösti gelingen mit Pellkartoffeln vom Vortag am besten.

Es muss aber nicht immer Kartoffel sein! Schließlich gibt es noch Reis, Teigwaren und andere Beilagen. Beachten Sie aber die obigen Kalorienangaben. Statt einem kleinen Teller Spaghetti könnte man 1 kg Auberginen oder gar 2 kg Zucchini essen. Und gesünder wäre der Gemüseberg auch noch! Es sei denn, Sie verwenden statt geschältem Reis Naturreis (oder Parboiled-Reis) und Vollkornnudeln.

SALZKARTOFFELN

Zutaten für 4 Personen:

1 kg Kartoffeln	
1 TL Salz	
1/4 l Wasser	

Kartoffeln waschen, schälen und in gleich große Stücke teilen. Topf mit Wasser zum Kochen bringen, dann das Salz und die Kartoffeln zugeben und ca. 15 min. kochen lassen. Kartoffeln abgießen und sofort servieren.

* **Zubereitung: 25 Minuten.**

SALZKARTOFFELN
im Schnellkochtopf

1/8 l Wasser in den SKT füllen, die Kartoffeln in den Siebeinsatz geben, Salz darüber streuen und den Topf schließen. Bei voller Energiezufuhr kochen. Nach 4 min. unter Druck den Topf auf einer hitzebeständigen Unterlage zur Seite stellen und warten, bis sich das Ventil geöffnet hat.
Kartoffeln servieren.

* **Zubereitung: 15 Minuten.**

PELLKARTOFFELN

Zutaten für 4 Personen:

1 kg Kartoffeln gleicher Größe	
kein Salz! (entzieht Mineralstoffe)	
1/4 l Wasser	

Kartoffeln waschen. Den Topf mit dem Wasser zum Kochen bringen, Kartoffeln hineingeben und bei geschlossenem Deckel ca. 20 min. kochen. Die Zeit ist abhängig von der Größe und der Sorte der Kartoffeln.

* **Zubereitung: 25 Minuten.**

PELLKARTOFFELN
im Schnellkochtopf

1/8 l Wasser in den SKT geben, die Kartoffeln in den Siebeinsatz legen und den Deckel schließen. Bei voller Energiezufuhr kochen, nach 8 min. unter Druck den SKT auf einer hitzebeständigen Unterlage zur Seite stellen und warten, bis sich das Ventil gesenkt hat. Kartoffeln sofort servieren, die übrige Menge für Kartoffelsalat noch heiß schälen und in Scheiben schneiden.

* **Zubereitung: 15 Minuten.**

BUTTERKARTÖFFELCHEN

Zutaten für 2 Personen:

8 - 10 kleine Kartoffeln

Butter für die Pfanne

1 TL Salz zum Bestreuen

Kleine, runde, gleich große Kartoffeln schälen, waschen und abtrocknen.
In der Pfanne Butter auslassen und Kartoffeln braten, bis sie ringsum schön braun sind. Die Kartoffeln mit Salz bestreuen, die Pfanne zudecken und öfters mal schütteln.
Sofort heiß servieren.

> **Mein Tipp:**
> Neue Kartöffelchen
> kann man auch mit der Schale braten und essen.

* Zubereitung: 1/2 Stunde.

BRATKARTOFFELN
aus gekochten Kartoffeln (Resteverwertung)

Zutaten für 4 Personen:

8 bis 10 gekochte und geschälte Pellkartoffeln

1 Zwiebel

100 g Speck

Salz und Pfeffer

Speck würfeln, Zwiebel schälen und kleinschneiden, Kartoffeln in Scheiben schneiden. Speck in der Pfanne erhitzen, Zwiebel darin glasig dünsten, Kartoffelscheiben zugeben und anbraten. Unter regelmäßigem Wenden die Kartoffeln garen. Mit Salz und Pfeffer würzen.

* Zubereitung: 10 Minuten.

KARTOFFELN
auf Salz gegart

Zutaten für 2 Personen:

4 bis 6 lange, nicht dicke Kartoffeln

1 Handvoll Salz

Die Kartoffeln putzen, nicht waschen (mit feuchtem und trockenem Tuch abreiben), in einen Topf legen, eine Handvoll Salz darüber streuen und den Deckel gut verschließen (es soll kein Dampf austreten). Bei mäßiger Hitze braten, bis sie weich sind und Krüstchen haben. Passen mit Butter zusammen sehr gut zu Fisch.

SAHNEKARTOFFELN

Zutaten für 4 Personen:

600 g Pellkartoffeln

3 EL. Öl

1/8 l Milch, 1/8 l Schlagsahne

Salz, Pfeffer

Die gepellten Kartoffeln in Stücke schneiden, Öl in der Pfanne erhitzen, die Kartoffeln darin goldgelb braten. Milch und Schlagsahne zugeben und etwas einkochen lassen, bis die Milch-Sahne-Verbindung dickflüssig wird, dabei öfter umrühren. Mit Salz und Pfeffer kräftig würzen.
Als Beilage zu gebratenem Geflügel und Hackbraten.

* Zubereitung: 20 Minuten.

PELLKARTOFFELN
mit dicker Gemüsesauce

Zutaten für 4 Personen:

500 g kleine Kartoffeln

500 g Spinat

400 g Tomaten

2 Frühlingszwiebeln

2 EL Öl

Salz, Pfeffer

200 g Créme fraiche

1/2 Bund Petersilie

Kartoffeln waschen und in wenig Salzwasser 10 - 15 min. weichkochen.

Inzwischen den Spinat verlesen, waschen und grob hacken. Die Tomaten häuten und würfeln. Die Frühlingszwiebeln in fingerbreite Ringe schneiden.

Das Öl erhitzen und das Gemüse bei mittlerer bis starker Hitze unter ständigem Wenden etwa 2 min. anbraten, mit Salz und Pfeffer würzen, Crème fraiche hinzufügen, aufkochen und zugedeckt auf der abgeschalteten Kochstelle ca. 2 min. ziehen lassen.

Die Petersilie waschen, fein hacken und über die Sauce streuen.

* Zubereitung: 20 Minuten.

KARAMELKARTOFFELN

Zutaten für 4 Personen:

600 g kleine Pellkartoffeln

2 EL Zucker

2 EL Öl

Öl in einer Pfanne erhitzen, den Zucker gleichmäßig hinein-
streuen und bräunen. Die gepellten Kartoffeln hinzufügen
und unter wenden braten, bis sie goldbraun sind.

Als Beilage zu Kohlgerichten.

* Zubereitung: 20 Minuten.

RÖSTKARTOFFELN MIT PFIFF

Zutaten für 4 Personen:

1 kg Kartoffeln

4 EL Butter, 2 Zwiebeln, 1/2 TL Salz, 1/2 TL Oregano, Pfeffer

4 gehäutete Tomaten, 200 g Käse

1 Bund Schnittlauch

Kartoffeln waschen, schälen und in dünne Scheiben schneiden. Butter in der Pfanne schmelzen lassen und die abgetropften Kartoffeln hineingeben. Zwiebeln in Ringe schneiden, dazugeben, salzen. Die Kartoffeln hellgelb anbraten.

Deckel auf die Pfanne geben und ein paar min. weiter braten
lassen. Kartoffeln wenden und auch von der anderen Seite
knusprig braten. Mit Oregano und Pfeffer würzen.

Tomaten zerkleinern, Käse in Stückchen schneiden und auf
die Kartoffeln geben. Etwa 5 min. mitbraten und mit feingeschnittenem Schnittlauch servieren.

* Zubereitung: 25 Minuten.

SAURE KARTOFFELRÄDLE
schwäbische Spezialität

Zutaten für 4 Personen:

800 g gekochte Kratoffeln

Salz, Pfeffer

30 g Bratfett

3 EL Mehl

1 1/4 l Fleischbrühe

1 kleine Zwiebel

2 Lorbeerblätter

2-3 EL Essig

1/8 l herber Weißwein

1 EL Tomatenmark

Die gekochten Kartoffeln in feine Scheiben schneiden. Das Fett erhitzen, das Mehl unterrühren und unter ständigem Rühren dunkelbraun werden lassen.

Die Brühe zugießen und ständig weiterrühren. Die geschälte Zwiebel, die Gewürze, das Tomatenmark und etwas Salz zugeben.

Die Brühe 30 min. kochen lassen, danach mit Essig, Wein, Salz und Pfeffer abschmecken.

Jetzt die Kartoffelscheiben zugeben und noch etwa 5-10 min. in der braunen Sauce garen.

* Zubereitung: 1 Stunde.

BAUERNFRÜHSTÜCK

Zutaten für 1 Person:

2 mittelgroße Pellkartoffeln

2 EL Öl

2 Zwiebeln

50 g Schinkenspeck

Salz, Pfeffer

2 Eier

Die gepellten Kartoffeln in Scheiben schneiden, Öl in einer Pfanne erhitzen und die Kartoffeln goldbraun braten. Zwiebeln in Ringe schneiden und mit dem in Streifen geschnittenen Schinken zu den Kartoffeln geben. Mit Salz und Pfeffer würzen und ca. 5 min. braten. Verquirlte Eier unterrühren und 2 min. stocken lassen.

Mit Salatblättern, Gurken oder Tomaten garnieren.

* Zubereitung: 1/4 Stunde.

BRATKARTOFFELN
aus rohen Kartoffeln

Zutaten für 4 Personen:

1 kg Kartoffeln

1 mittlere Zwiebel

Öl zum Braten

Salz, Pfeffer

Kartoffeln waschen, schälen, in dünne, gleichmäßige Scheiben schneiden. Die Kartoffelscheiben mit Küchentüchern gut abtrocknen. Öl in der Pfanne erhitzen, Zwiebel darin glasig dünsten, die Kartoffelscheiben bei mittlerer Hitze hellbraun braten. Mit Salz und Pfeffer würzen.

KARTOFFELPUFFER

Zutaten für 4 Personen:

1 kg Kartoffeln

Pfannenknecht-Rezept

1 Zwiebel

1 EL saure Sahne, 1 kl. Ei oder 1 Eigelb, 1-2 EL Weizenmehl

Salz, Butter zum Braten

Kartoffeln schälen, grob reiben, einige Minuten auf dem Sieb abtropfen lassen. Zwiebel schälen und fein würfeln. Die Kartoffeln mit der sauren Sahne, dem Ei, Mehl und der Zwiebel verrühren, salzen.

Fett in der Pfanne erhitzen und nach und nach die Puffer backen (pro Puffer etwa einen gehäuften EL Kartoffelteig ins heiße Fett geben, glattstreichen und von beiden Seiten knusprig braun braten).

Dazu entweder Gemüse, z. B. Porree oder Zwetschgen- bzw. Apfelkompott (dann die Zwiebel weglassen) reichen.

* Zubereitung: 45 Minuten.

KARTOFFELRÖSTI
schweizer Spezialität

Zutaten für 4 Personen:

1 kg Kartoffeln

1/2 kl. Bund Petersilie

1 TL Salz

Pfeffer

3 EL Olivenöl

100 g Tilsiter oder Gouda

Kartoffeln schälen, waschen, abtrocknen und grob raspeln. Mit gehackter Petersilie, Salz und Pfeffer mischen.

Öl in der Pfanne erhitzen, Kartoffelteig in die Pfanne geben, fingerdicken Kuchen formen und 15 min. bei zugedeckter Pfanne braten.

Rösti wenden, mit Käsewürfeln bestreuen und weitere 15 min. bei offener Pfanne braten, bis Käse zu schmelzen beginnt.

Mein Tipp:
Dazu passt am besten gemischter Salat.

* Zubereitung: 45 Minuten.

SCHUPFNUDELN
schwäbisch: Bubespitzle

Zutaten für 4 Personen:

500 g Kartoffeln

125 g Mehl

1 Ei

Salz, Muskat

Pellkartoffeln kochen, schälen abkühlen lassen und dann reiben.

Mit den übrigen Zutaten zu einem Teig verkneten, der etwas fester sein darf.

Aus dem Teig runde "Bubespitzle" formen und in siedendem Salzwasser kochen, bis sie oben schwimmen. Mit einem Sieb herausnehmen.

Mein Tipp:
Dazu reicht die Schwäbin Braten mit viel Soße – oder Sie röstet die Bubespitzle in Butter und serviert sie mit Salat.

* Zubereitung: 1 Stunde.

KARTOFFELOMELETT MIT ZWIEBEL
Tortilla de Patata (span. Gericht)

Zutaten für 4 Personen:

1 kg Kartoffeln

2 TL Salz, 1 mittlere Zwiebel

4 Eier, 1/4 l Olivenöl zum Braten

Kartoffeln schälen, waschen und in 1/4 cm dicke Scheiben schneiden.

1/4 l Olivenöl in der Pfanne erhitzen. Kartoffeln hineingeben, mit 1 TL Salz würzen und bei mäßiger Hitze 8-10 min. unter gelegentlichem Wenden braten.

Zwiebel hinzufügen und weitere 10 min. garen, bis die Kartoffeln goldbraun sind. Pfanneninhalt in ein Sieb gießen, um überflüssiges Öl abtropfen zu lassen.

Eier mit Schneebesen schaumig schlagen, 1 TL Salz hinzufügen, Kartoffeln und Zwiebeln vorsichtig unterheben.

Olivenöl in der Pfanne nochmals erhitzen, Omelettmischung hineingießen und gleichmäßig verteilen. Bei mäßiger Hitze 2 min. garen, das Omelett wenden und von der anderen Seite ebenfalls 3 min. bräunen lassen.

Dazu passt gut Salat.

WESTFÄLISCHER REIBEKUCHEN

Zutaten für 4 Personen:

15 - 20 Kartoffeln

4 Eier, Öl für die Pfanne

Kartoffeln schälen und reiben, sofort mit den Eiern vermischen und in der Pfanne backen, wenden und von der anderen Seite backen. Die Reibekuchen müssen so groß wie eine Untertasse sein, dünn und spröde, dann schmecken sie am besten.

KARTOFFELPFANNE	TORTILLA
Niedernauer Rezept	**aus Spanien**
Zutaten für 4 Personen:	**Zutaten für 2 Personen:**
750 g Kartoffeln (festkochend)	2 mittlere Kartoffeln (festkochend)
1 Ei	3-4 Eier
1 EL Sauerrahm (oder Kondensmilch)	1 Paprikaschote, 1 Tomate
	1 Zwiebel
Petersilie, Salz, Pfeffer	5 EL Olivenöl oder Butter
3 EL Öl	Pfeffer & Salz
	Schnittlauch oder Petersilie

Die abgekochten, kalten Kartoffeln schälen und in kleine Würfel schneiden.

In einer Kasserolle das Fett erhitzen und die Kartoffeln unter Zugabe der Gewürze darin anbraten.

Das Ei und den Rahm verquirlen, darübergießen und noch kurz braten, bis das Ei gestockt ist.

Kartoffeln schälen, waschen, in dünne Scheiben schneiden (evtl. mit Gurkenhobel), trockentupfen. Paprika und Tomate putzen und in Streifen/Scheiben schneiden, Zwiebel fein hacken.

Öl in großer Pfanne erhitzen, erst die Kartoffeln, dann Paprika und Zwiebel darin verteilen und 10 min. weichbraten. Eier mit Gabel verquirlen, darübergießen, mit Tomatenscheiben belegen; bei schwacher Hitze zugedeckt weiterbraten, bis Ei gestockt ist.

Tortilla auf einen Teller schieben, mit einem zweiten Teller wenden und wieder in die Pfanne mit frischem Öl geben; weitere 5 min. braten.

Tortilla in Tortenstücke schneiden, mit Schnittlauch garnieren und heiß oder lauwarm servieren.

Pfeffer (Piper nigrum)

* Dazu gibt's Brot und Salat.

* Zubereitung: 40 Minuten

* Zubereitung: 40 Minuten

KARTOFFELSALATE

Pellkartoffeln zubereiten: Kartoffeln waschen, kochen, schälen und noch heiß in feine Scheiben schneiden. Die geschnittenen Kartoffeln mit der jeweiligen Salatmischung anmachen und zugedeckt mindestens 1 Stunde ziehen lassen, anschließend eventuell nochmals nachwürzen.

Variante 1:
1 Tasse kochendes Wasser darüber gießen, zudecken.
Soße bereiten aus:
6 EL feines Öl, 6 EL Rotwein, 4-6 EL Essig
Pfeffer, Salz, Senf, fein geschnittene Zwiebel
Hering, in mundgerechte Stücke geschnitten.
Soße vorsichtig unter die Kartoffelscheiben heben, einige schöne Scheiben zum Garnieren darüber legen.

Variante 2:
6 EL Öl, 1 geriebene Zwiebel
Pfeffer, Salz, 1 Prise Zucker
über die Kartoffelscheiben geben, unterrühren und ziehen lassen.
2 Eier weich kochen, würflig schneiden und mit den Kartoffeln vermischen, 6 EL Essig mit einer Tasse kochendem Wasser mischen und den Salat damit abschmecken.

Variante 3:
250 g geräucherter Speck
1 Zwiebel
Essig, Salz, Pfeffer
Speck und Zwiebel würflig schneiden und in der Pfanne hell rösten, Kartoffelscheiben damit vermengen, mit Essig, Salz und Pfeffer würzen.

Variante 4:
1/4 l Joghurt, 1 Becher saure Sahne
Essig, Salz, Pfeffer
1 feingeschnittene Zwiebel
Joghurt und Sahne mit Schneebesen schlagen, Essig, Salz, Pfeffer und Zwiebel dazugeben, alles miteinander verrühren.

Kartoffel (Solanum tuberosum)

Reis kochen im Kochtopf

Zutaten für 4 Personen:

2 Tassen Reis

4 Tassen Wasser

2 TL Salz

Wasser mit Salz zum Sieden bringen, Reis waschen und einstreuen, 12 min. bei geringer Hitze kochen lassen. Reis auf ein Sieb schütten, kurz mit warmem Wasser abspülen, abtropfen lassen und servieren.

Trick: Reis kurz aufkochen lassen, Topf in eine sichere Ecke stellen und 1 Std. warm halten (meine Schwiegermutter steckte den Topf ins Bett). Nun können Sie in aller Ruhe Ihre Beilagen zubereiten.

Reis kochen im Schnellkochtopf

Statt des normalen Topfes nehmen Sie den SKT, verschließen den Deckel, lassen den Reis kurz aufkochen und stellen den unter Druck stehenden Topf auf einem hitzebeständigen Untersetzer zur Seite.

Nach 8 min. ist der Reis gar. Dann wird er abgespült und serviert oder weiter zubereitet (z. B. als Curryreis).

Curryreis

Den vorbereiteten, gekochten Reis in eine Pfanne mit Butter und Curry geben, vorsichtig wenden, bis er gelb ist.

Sofort servieren.

RISIPISI als Beilage	REISFRIKADELLEN als Beilage
Zutaten für 4 Personen:	**Zutaten für 4 Personen:**
300 g Rundkornreis	200 g Rundkornreis
3/4 L Hühnerbrühe (Instant)	400 ml Gemüsebrühe (Instant)
300 g Erbsen (kleine Dose)	2 Eier
1 Zwiebel	50 g Crème fraîche
1 Knoblauchzehe	50 g Mehl
1 EL Öl	Salz, Pfeffer, Muskatnuss
1 EL Butter	Öl (oder Fett) zum Backen
Salz, Pfeffer	

RISIPISI als Beilage

Zwiebel und Knoblauch abziehen, fein hacken, im Öl glasig braten.

Reis zugeben und kurz mitbraten. Brühe zugießen, aufkochen, 20 min. garen.

Erbsen unterrühren, kurz aufkochen, Butter unterziehen, mit Salz und Pfeffer abschmecken.

REISFRIKADELLEN als Beilage

Reis mit der Brühe aufkochen und dann bei schwacher Hitze 20 min. garen, anschließend abkühlen lassen.

Eier, Crème fraîche, Mehl und Gewürze unter den Reis mischen.

Von dem enstandenen Teig mit einem Löffel Frikadellen abstechen, in heißem Fett auf der Unterseite 10 min. und auf der anderen Seite noch 6-8 min. braten.

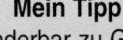

Mein Tipp:
Passt wunderbar zu Geschnetzeltem und Currygerichten – aber auch zu Salat oder Apfelmus!

* **Zubereitung: 30 Minuten.**

* **Zubereitung: 45 Minuten.**

REISSCHMARREN

Zutaten für 4 Personen:

1 Tasse Reis, 2 Tassen Milch

Salz, 5 EL Butter, 2 Eigelb, 2 Eier

2 EL ger. Mandeln, 4 EL Rosinen

Butter, Zucker, Zimt

Reis waschen und mit etwas Salz in der Milch 3/4 weich-kochen.

Die Butter schaumig rühren, die Eier und Eigelb nach und nach unter Rühren zugeben.

Dann den abgekühlten Reis, die Mandeln und die Rosinen zugeben.

In einer Pfanne Butter zergehen lassen, die Masse einfüllen, anbacken und mit zwei Gabeln zerzupfen.

Mit Zucker und Zimt bestreut anrichten.

Beilage: Kompott oder Apfelmus.

Mandelzweig

RISOTTO	PILAW
aus dem Schnellkochtopf	
Zutaten für 4 Personen:	**Zutaten für 4 Personen:**
1 EL Butter	400 g Langkornreis
1 große Zwiebel	1 Zwiebel gewürfelt
200 g Rundkornreis	1 Knoblauchzehe, gewürfelt
1/4 l Fleischbrühe	125 g Butter
1 Knoblauchzehe	3/4 l Fleischbrühe
Salz, Pfeffer	Salz
1/8 l Weißwein	
3 EL Sahne	
50 g geriebener Käse	

Butter erhitzen, geschälte, fein gehackte Zwiebel anschwitzen, Reis dazugeben und glasig braten. Dann die Fleischbrühe mit Salz, Pfeffer, gepresster Knoblauchzehe und Weißwein zugießen und den Topf schließen. 6 min. bei geschlossenem Topf garen, sofort abkühlen und dann öffnen, Reis nachwürzen, Sahne und geriebenen Käse unterziehen.

Reis in kaltes Wasser geben und waschen, auf einem Sieb abtropfen lassen. Zwiebel und Knoblauch in 30 g Butter dünsten, Reis zugeben und ca. 2 min. glasig werden lassen. Dann mit Brühe auffüllen und mit Salz zum Kochen bringen.

Deckel auflegen, auf geringste Hitze herunterschalten und Reis 15 min. quellen lassen. Die restliche Butter zugeben und mit dem Reis vermischen.

> **Mein Tipp:**
> Risotto ist mit Pilzen, kleingeschnittenen Paprikaschoten, Erbsen, roten Bohnen oder anderem Gemüse aus dem aktuellen Angebot variierbar.

> **Mein Tipp:**
> Als Variation mit Aprikosen, Rosinen und Currypulver vermischen.

Zubereitung: 15 Minuten.

Zubereitung: 30 Minuten.

SERBISCHES REISFLEISCH

Zutaten für 4 Personen:

500 g Schweinefleisch

3 Zwiebeln, 1 Knoblauchzehe, 4 EL Öl, 2 EL Tomatenmark

3/4 l Fleischbrühe, 2 TL gerebelter Thymian, 1 EL Paprikapulver

Salz, Pfeffer

200 g Langkornreis

2 Paprikaschoten, 1 Chilischote, 3 Tomaten, 1 EL gehackte Petersilie

Fleisch in Stücke schneiden, waschen und trockentupfen. Zwiebel würfeln, Knoblauchzehe fein hacken. Öl stark erhitzen, Fleisch darin anbraten, bei schwacher Hitze dann Zwiebel und Knoblauch mitdünsten. Tomatenmark und Brühe zufügen, mit Thymian, Pfeffer, Salz und Paprika würzen und ca. 30 min. garen.

Reis waschen und abtropfen lassen, Paprika- und Chilischote putzen, waschen und in kleine Würfel schneiden. Tomaten überbrühen, enthäuten, vierteln und entkernen. Alle Zutaten mit dem Fleisch vermischen und weitere 30 min. garen lassen, bis Reis die Flüssigkeit aufgenommen hat.

Mit Salz und Pfeffer abschmecken, mit gehackter Petersilie bestreut servieren.

Zubereitung: 1 1/4 Stunden.

MILCHREIS	MILCHREIS
mit Vanillezucker	mit Obstkonserven

Zutaten für 4 Personen:	Zutaten für 4 Personen:
250 g Rundkornreis	250 g Rundkornreis
3/4 l Milch	1 1/2 l Milch
50 g Zucker	1 EL Zucker
1 Prise Salz	1 Ei
1 TL Vanillezucker	3 EL Butter
Zimt und Zucker zum Bestreuen	Semmelbrösel
Kompott oder frisches Obst	

Reis mit Milch, Zucker, Salz und Vanillinzucker langsam zum Kochen bringen, 20 min. quellen lassen. Der Reis muss häufig umgerührt werden, damit er nicht anbrennt.

Den Milchreis mit Zucker und Zimt bestreuen und mit Kompott oder frischem Obst servieren.

Vanille

Reis waschen.

Milch im Topf erhitzen, nicht kochen lassen.

Reis und Zucker hinzugeben und 40 Minuten bei kleinster Flamme quellen lassen.

Eiweiß steif schlagen, Eigelb unterheben.

Den Eischaum unter den fertigen Milchreis heben, auf Tellen anrichten.

Butter auslassen, darin die Semmelbrösel rösten, über den Milchreis verteilen.

Mein Tipp:
Falls Sie den Reis fester möchten, einfach 1 EL Puddingpulver oder Grieß in etwas Milch anrühren, unterheben und kurz aufkochen lassen.

Zubereitung: 30 Minuten.

* **Dazu reichen wir Obst aus der Dose.**

* **Zubereitung: 1 Stunde.**

NUDELN
Grundsätzliches zum Kochen

Nudeln in viel Wasser kochen, für 100 g Nudeln 1-2 l Salzwasser zum Kochen bringen.
Die Zugabe von 1 EL Öl verhindert das Überkochen,
gelegentliches Umrühren das Zusammenkleben.
Das Gas auf mittlere Hitze zurückdrehen.
Ganz entscheidend ist die Kochzeit, am besten rechtzeitig
eine Nudel herausnehmen und probieren. Die Italiener
kochen die Nudeln „al dente", d.h.: sie sollen noch Biss
haben. Nudeln, die zu lange kochen, werden pappig und
verlieren an Geschmack.

Die Etwa-Kochzeiten für
dünne Nudeln (Bandnudeln, Suppennudeln): 4-8 min.,
dickere Nudeln (Makkaroni, Spaghetti): 8-15 min. (genauere
Garzeiten entnehmen Sie den Verpackungen).
Die garen Nudeln schreckt man mit kaltem Wasser ab, dann
kann man sie in heißer Butter wieder erhitzen.

NUDELN "CARBONARA"

500 g Bandnudeln

4 Eigelb, 4 EL Sahne

50 g Parmesankäse

100 g durchwachsener Schinkenspeck, 1 El Öl

Nudeln nach Vorschrift kochen. Eigelb mit Schlagsahne
vermischen und nach und nach die Hälfte des
Parmesankäses unterrühren. Mit Salz und Pfeffer abschmecken. Schinkenspeck in Streifen schneiden, in heißem
Öl anbraten, die Nudeln zufügen und kurz erhitzen. Gas
ausschalten, Ei-Sahne-Käse-Mischung zu den Nudeln
geben und mit dem restlichen Parmesan bestreuen.

* Zubereitung: 1/2 Stunde.

TORTELLINI
in Sahnesauce

Zutaten für 4 Personen:

1 Karotte

1 Zwiebel

1 Stangensellerie

2 Knoblauchzehen

2 EL Olivenöl

Salz, Pfeffer, Fondor, Oregano

2 Becher Sahne

Gemüse waschen, putzen und klein schneiden, Karotte würfeln, Knoblauchzehe auspressen. 2 EL Öl in einer Pfanne erhitzen, Gemüse dazugeben und 20 min. gardünsten. Sahne, Salz, Pfeffer, Fondor und Oregano unterrühren und weitere 5 min. köcheln lassen.

In der Zwischenzeit die Tortellini zubereiten.

Tortellini oder andere Pasta in 1,5 l gesalzenem Wasser ca. 10 min. "al dente" kochen, abspülen und abtropfen lassen.

Die fertige Gemüsesauce über die vorbereiteten Tortellini gießen.

Mein Tipp:
Statt Karotte und Sellerie kann man mit Pilzen oder anderen Gemüsen abwandeln.

* Zubereitung: 1/2 Stunde.

MAKKARONI
mit Kräuter-Sahne-Sauce

Zutaten für 4 Personen:

400 g Nudeln (Makkaroni, Muscheln, Hörnchen o. ä. Varianten)

1 Zwiebel

1-2 Knoblauchzehen

2 EL Olivenöl

1/2 l Sahne

40 g Parmesan

Salz, Pfeffer

geriebener Muskat

1/2 Tasse gehackte Kräuter

(Basilikum, Thymian, Oregano, Petersilie)

Nudeln wie beschrieben kochen und abschrecken.

Zwiebel fein hacken, mit feingehacktem Knoblauch in heißem Öl glasig dünsten, mit Schlagsahne auffüllen und bei mittlerer Hitze auf die Hälfte einkochen lassen. Von der Energiequelle nehmen, den Parmesan unterrühren, mit Salz, Pfeffer und Muskat abschmecken. Die fein gehackten Kräuter in die Sahnesauce geben und kurz erhitzen.

* Zubereitung: 1/2 Stunde.

NUDELN
mit Tomatensauce

Zutaten für 4 Personen:

400 g Nudeln (Makkaroni, Muscheln, Hörnchen o. ä. Varianten)

2 EL Öl, 1 Zwiebel, 1 Knoblauchzehe

800 g frische Tomaten (oder geschälte aus der Dose)

1/2 TL Salz, 1 Prise Zucker

1 EL feingehacktes Basilikum

Nudeln wie beschrieben kochen und abschrecken.

Öl erhitzen, die fein gewürfelte Zwiebel und den gehackten Knoblauch hinzufügen und 2 min. bei mittlerer Hitze anbraten. Tomaten überbrühen, häuten, würfeln und hinzufügen. Bei starker Hitze alles ca. 15 min. einkochen lassen, bis die Sauce dicklich wird. Mit Basilikum, Salz und Zucker würzen.

Zubereitung: 1/2 Stunde.

SPAGHETTI
mit Sauce Bolognese

Zutaten für 4 Personen:

400 g Spaghetti, 300 g Hackfleisch (gemischt)

80 g durchwachsener Speck, 1-2 Zwiebeln, 1 mittelgroße Möhre

1 Stück Sellerieknolle (ca. 1 Tasse), 4 EL Butter

2 EL Tomatenmark, 1/2 Tasse Fleischbrühe, 1 Tasse Rotwein

Pfeffer, frisch geriebener Muskat, 1/8 l Sahne, 1 Lorbeerblatt

Spaghetti wie beschrieben kochen und abschrecken.

Gewürfelten Speck auslassen, kleingehackte Zwiebel, gewürfelte Möhre und Sellerie hinzufügen und ca. 2 min. bei mittlerer Hitze anbraten. Butter und Hackfleisch hinzufügen und verrühren. Restliche Zutaten zugeben und alles zusammen bei kleiner Hitze und ohne Deckel 1 Stunde schmoren lassen. Die fertige Sauce mit Pfeffer abschmecken und mit der Sahne binden.

Zubereitung: 1 1/2 Stunden.

KÄSESPÄTZLE schwäbisch	APFELNUDELN (Resteverwertung)
Zutaten für 4 Personen:	**Zutaten für 4 Personen:**
400 g Spätzle	150 g Nudeln
100 g geriebenen Käse	2 EL Margarine
1 Zwiebel	4 Äpfel
2 EL Butter	Zimtzucker

Spätzle wie beschrieben kochen und abschrecken.

Zwiebel kleinschneiden und in Butter rösten.

In einer heißen Pfanne lagenweise die Spätzle abwechselnd mit Käse schichten, mit gerösteten Zwiebeln bestreuen und servieren.

Dazu reicht der Schwabenkoch z. B. grünen Salat.

Die Nudeln in reichlich Salzwasser kochen, abschrecken und abtropfen lassen.

Die von Schale und Kernhaus befreiten Apfelscheiben in der Pfanne in der erhitzten Margarine kurz dünsten, die Nudeln zugeben und unter vorsichtigem Unterheben braten.

Mit reichlich Zimtzucker bestreuen.

> **Mein Tipp:**
> Auf diese Weise lässt sich auch ein Reisrest verwenden.

* Zubereitung: 20 Minuten. | * Zubereitung: 40 Minuten.

DAMPFNUDELN
mit Vanillesauce

Zutaten für 4 Personen:

Für den Teig:

600 g Mehl, 30 g Hefe, etwa 1/8 l Milch

2 Eier, 125 g Butter

1 Prise Zucker, 1/2 TL Salz

Für die Pfannen:

50 g Zucker, 8 EL Milch

8 EL Wasser, 40 g Butter

Hefe mit warmer Milch und einer Prise Zucker gehen lassen.

Mehl in eine Schüssel geben, eine Mulde formen, warme weiche Butter, Eier, 1 Prise Salz und die Milch mit der aufgegangenen Hefe in die Mulde geben, mit dem Mehl mischen und gut durchkneten (Hefe darf nicht direkt mit dem Fett und Salz in Berührung kommen).

Teig an einem warmen Ort gehen lassen, bis sich der Teig verdoppelt hat. Danach etwa tennisballgroße Kugeln formen, diese noch einmal gehen lassen.

In zwei gut schließenden Pfannen je die Hälfte o.g. Zutaten geben und erhitzen.

Die aufgegangenen Kugeln in die kochende Flüssigkeit setzen und gut zugedeckt etwa 20 - 30 min. aufziehen lassen (Temperatur zurückschalten).

Sobald die Milchmischung verkocht ist und die Dampfnudeln mitzurösten beginnen, diese sorgsam mit der Backschaufel herausnehmen und sofort servieren.

Mein Tipp:
Kühle Vanillesauce zu den heißen Dampfnudeln reichen.

---

* Zubereitung: 3 Stunden (Arbeitszeit 1 Stunde).

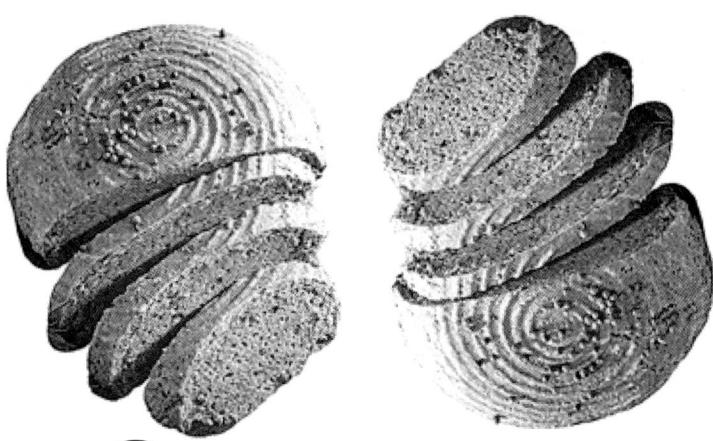

GEBACKENES

AUS

DER

PFANNE

&

Co.

Da sitzen Sie nun am Ziel Ihrer Urlaubsträume:
Den Kopf im Schatten, den Bauch in der Sonne, die Füße im Wasser, Ihre Herzallerliebste serviert Ihnen ein kühles Blondes – und dazu ein **gummiartiges Etwas,** das sich als "frisches Baguette" vom Vortag entpuppt. Dabei haben Sie das ewige Weißbrot schon seit Tagen "gefressen" ...

Haben Sie ein Familienmitglied, das mitten im Urlaub Geburtstag hat, oder Namenstag, oder gar Hochzeitstag? Die Kerzen hatten Sie eingepackt, aber wo nimmt man jetzt einen Festtagskuchen her??

Sie schlenden durch die unberührte Natur, stoßen auf paradiesische Mengen von Heidelbeeren, Erdbeeren, Himbeeren – der Gedanke an einen frischen Obstkuchen lässt Ihnen das Wasser im Munde zusammenlaufen???

All diese Situationen habe ich schon erlebt, nach Auswegen gesucht – und diese auf den nächsten Seiten für Sie notiert. Dabei wird Sie gar manches verblüffen. Aber nur Mut: Jedes Rezept ist schon mehrfach ausprobiert worden – es kann eigentlich gar nichts schiefgehen. Allerdings brauchen Sie als "Urlaubsbäcker" einige Zutaten, die Sie besser von zu Haue mitbringen sollten. Zwar ist (fast) alles auch in den Urlaubsländern erhältlich – aber Sie wollen ja gerade für alle Eventualitäten gewappnet sein, oder!?

Ich habe folgendes zusätzlich in der großen Vorratskiste:

* **Blatt-Gelatine**
* **Tortenguss (mehrere Päckchen)**
* **Backpulver (mehrere Päckchen)**
* **Vanillinzucker (mehrere Päckchen)**
* **Trockenhefe (mehrere Päckchen)**
* **Trockensauerteig (oder flüssiger abgepackt)**
* **Sahnesteif ("San apart")**
* **Butterkekse**
* **Löffelbiskuits**
* **gemahlenen Mohn (in Plastikbeuteln zu 100 g)**
* **fertig gemischtes Mehl (lt. Rezept)**

Ich gehe davon aus, dass Sie keinen Backofen im Wohnmobil haben. Als Ersatz brauchen Sie nur:

* **Bratpfanne mit Deckel (oberer Ø ca. 24 cm)**
* **Flammenverteilersieb**
* **Backkegel (wird gleich erklärt)**

Die weiteren Backutensilien beschränken sich auf:

* **Schneebesen * Messbecher**
* **Schlagsahnerädchen (Handbetrieb)**
* **2 Schüsseln**
* **Tortenring (Plastik oder Edelstahl)**
  oder Springform (falls noch Platz ist)

Großmutters
Sahnerädchen

Doch nun zum Wichtigsten:

Beim Backen in der Pfanne muss – so gut es eben geht – die gleichmäßige Wärmeverteilung des Backofens nachgeahmt werden. Deshalb brauchen wir:

* **Eine Pfanne mit Deckel und dickem Boden** (mind. 2-3 mm); durch einen Glasdeckel kann man praktischerweise durchgucken (er ist aber schwer), Blechdeckel haben am Griff meist einen Wrasenschieber, durch den man Dampf ablassen kann.

* **Ein Flammenverteilersieb** (gibt's in jedem Haushaltswarenladen); es verteilt die punktuelle Wärme der einzelnen Gasflämmchen noch besser.

* **Einen Backkegel.** Er soll in der Mitte der Pfanne einen Hitzeschornstein bilden, damit auch die Oberseite des Kuchens durchgaren kann. Man 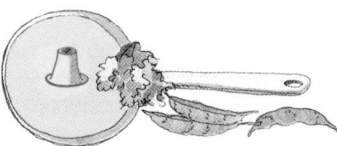 bastelt ihn ganz einfach aus einen neuen Ton-Blumentopf, dem man vorsichtig den Boden ausschlägt. Natürlich muss man darauf auchten, dass über dem Blumentopf der Deckel noch aufgesetzt werden kann.

Die wichtigsten **Pfannenbackregeln** lauten:

* Stets mit der kleinstmöglichen Flammenstärke backen – der Teig an der Unterssseite verbrennt sonst und der Rest wird nicht durchgebacken.

* Deckel nicht öffnen vor Ende der angegebenen Backzeit.

* Von Zeit zu Zeit Wrasenschieber im Deckel kurz öffen, um Dampf entweichen zu lassen.

GESTÜRZTER APRIKOSENKUCHEN
mit Mohn

Zutaten für 24-cm-Pfanne:

400 g frische Aprikosen, 100 g Margarine, 140 g Zucker

1 Prise Salz, 160 g Mehl, 2 Eier, 2 TL Backpulver

100 g gemahlener Mohn, 100 ml Milch

Margarine und Grieß zum Ausstreuen der Pfanne

Aprikosen waschen, halbieren, entsteinen.

Margarine, Zucker und Salz schaumig rühren, nach und nach die Eier zufügen. Mehl und Backpulver mischen und mit dem Mohn und der Milch unterrühren.

Pfanne einfetten und mit Grieß bestreuen, Aprikosen mit der Schnittfläche nach unten einlegen, Teig darauf verteilen und glattstreichen.

Deckel aufsetzen und auf dem Flammenverteilersieb bei kleinster Flamme 1 Stunde backen.

Kuchen etwas auskühlen lassen, dann stürzen.

> **Mein Tipp:**
> Zu Hause Mohn mahlen und abgewogene 100-g-Portion(en) im Plastikbeutel mitnehmen – oder statt Mohn Grieß verwenden.

KIRSCHKUCHEN
mit Zimt

Zutaten für 24-cm-Pfanne:

500 g entsteinte Sauerkirschen, 100 g Margarine, 150 g Brot

100 g Zucker, 4 Eier, 1/2 TL Zimt, Schale 1/2 Zitrone

150 g Grieß, 2 TL Backpulver

Margarine und Grieß zum Ausstreuen der Pfanne

Sauerkirschen gut abtropfen lassen, Brot einweichen. Weiche Margarine mit Zucker, Eiern, Zimt und der abgeriebenen Zitronenschale mit dem Schneebesen gut verrühren.

Grieß, ausgedrücktes Brot und Backpulver dazurühren, am Schluss Kirschen unterheben

Deckel aufsetzen und auf dem Flammenverteilersieb bei kleinster Flamme 1 Stunde backen.

BISKUITKUCHEN mit Früchten	RÜHRKUCHEN mit Schokoladestücken
Zutaten für 24-cm-Pfanne:	**Zutaten für 24-cm-Pfanne:**
3 Eier	2 Eier
Saft 1/2 Zitrone (oder Rum o.ä.)	Saft 1/2 Zitrone
125 g Puderzucker (oder Zucker)	150 g Margarine
125 g Weizenmehl	150 g Zucker
1/2 Päckchen Backpulver	150 g Mehl
frisch gepflückte Beeren	1/2 Päckchen Backpulver
(oder anderes Obst, ca. 300 g)	1 EL Rum, 1 Prise Salz
Margarine und Grieß für die Pfanne	200 g Schokolade

Eier schaumig rühren, Zucker zugeben, kräftig mit dem Schneebesen schlagen. Zitronensaft zugeben, langsam Mehl und Backpulver unterheben.

Backkegel und Pfanne einfetten und mit Grieß bestreuen, Backkegel einsetzen.

Teig in die Pfanne geben, glattstreichen, reichlich mit Obst belegen.

Deckel schließen und 40 min. bei kleinster Flamme auf dem Flammenverteilersieb backen.

Margarine mit Zucker schaumig rühren, nach und nach Eier zugeben, dann Zitronensaft, Rum (oder Weinbrand), Salz, Mehl und Backpulver unterrühren (insgesamt ca. 15 min. rühren).

Zum Schluss Schokolade in Stücke hacken und unterrühren.

Pfanne und Backkegel gut einfetten und mit Grieß bestreuen.

Fertigen Teig in die Pfanne geben, Deckel schließen und bei kleinster Flamme auf dem Flammenverteilersieb 1 Stunde backen.

Himbeere *Rubus idaeus*

Rührkuchen
mit Früchten

Zutaten für 24-cm-Pfanne:

125 g Margarine, 2 Eier, 125 g Zucker, 125 g Weizenmehl

1/2 Päckchen Backpulver, 3 EL Rum oder Weinbrand

500 g Äpfel oder anderes Obst

Margarine und Grieß für die Pfanne

Margarine mit Zucker sehr schaumig schlagen.

Unter ständigem Rühren Eier einzeln dazugeben, Rum oder Weinbrand hinzufügen. Mehl und Backpulver unterrühren. Teig sollte nicht zu flüssig sein.

Pfanne mit Margarine einfetten und mit Grieß bestreuen, in die Mitte den Backkegel setzen. Teig in die Pfanne geben, mit Apfelschnitten belegen.

Auf kleinster Flamme und Flammenverteilersieb ca. 40 min. backen.

"Gugelhupf"

Zutaten für 24-cm-Pfanne:

250 g Mehl, 125 g Butter, 2 Eier

1 Päckchen Trockenhefe, 30 g Zucker, 1 Prise Salz

1/8 L Milch, Rosinen, 1/8 L Rum, Puderzucker zum Bestreuen

Alle Zutaten miteinander vermischen und den Teig zu einer Kugel formen. In bemehlter Schüssel zugedeckt 1 Std. gehen lassen.

Teig zu einer Rolle formen und in die gut eigefettete und mit Grieß bestreute Pfanne rings um den Backkegel legen.

Deckel gut schließen; eine weitere Stunde gehen lassen, bis sich die Menge verdoppelt hat.

Auf kleinster Flamme und Flammenverteilersieb ca. 1 Std. backen. Auf einen Teller stürzen, mit Puderzucker bestäuben und noch lauwarm servieren.

KRAPFEN
(in Fett ausbacken)

Zutaten für 4 Personen:

500 g Mehl

1/4 L Milch

1 Päckchen Trockenhefe

60 g Zucker

1 Prise Salz

4 Eigelb

Alle Zutaten miteinander vermengen. Teig zu einer Kugel formen, in bemehlter Schüssel gehen lassen.

Nach ca. 3 Std. durchkneten und nochmals 3 Std. gehen lassen.

Dann eine Rolle formen (Durchmesser 3 cm), Scheiben von 1 cm Stärke abschneiden, auf Brett gehen lassen.

In heißem Fett von beiden Seiten ausbacken, noch heiß in Zucker wenden.

Sofort servieren.

Mein Tipp:
Unbedingt Pflanzenfett zum Ausbacken verwenden (kein Öl). Es wird beim Abkühlen wieder fest und kann nicht verschüttet werden. Außerdem kann man es zum Braten oder Grillen weiterverwenden.

QUARKSCHMARREN
als Tortenboden

Zutaten für 24-cm-Pfanne:

250 g Magerquark

1 EL Zucker

2 Eier

1/4 TL unbehandelte abgeriebene

Zitronenschale

1 Prise Salz

100 g Mehl

4 EL Öl

Den Quark mit Zucker, Eiern, abgeriebener Zitronenschale und Salz in eine Schüssel geben und mit dem Schneebesen verrühren.

Das Mehl darübersieben und unterheben.

Öl in der Pfanne erhitzen, Quarkteig darin glattstreichen und zugedeckt bei geringer Hitze 10 min. backen, bis er an der Unterseite hellbraun ist und sich ablösen lässt.

Dann wendet man die Teigplatte und bäckt sie bei offenem Deckel noch weitere 5 min. von der anderen Seite.

Mein Tipp:
Probieren Sie mit dem Quarkschmarren-Tortenboden einmal die Erdbeertorte auf der nächsten Seite.

---

* **Zubereitung: 40 Minuten.**

ERDBEERTORTE
Tortenboden, z. B einen Quarkschmarren

Zutaten für 24-cm-Pfanne:

Belag:

4 Blatt Gelatine

3/4 l Sahne

500 g Erdbeeren (Heidelbeeren, Himbeeren o. ä.)

4 - 5 EL Zucker

Gelatine einweichen, gut ausdrücken, im Wasserbad auflösen und unter die Sahne rühren, kalt stellen.

Die Erdbeeren waschen, durch ein Sieb streichen und nach Geschmack süßen (man kann sie auch mit der Gabel zerdrücken).

Sobald die Sahne zu gelieren beginnt, mit dem Sahnerädchen steif schlagen, dann das Erdbeerpüree unter die Sahne ziehen.

Einen Tortenring um den Boden legen und die Sahnecreme einfüllen. Vor dem Anschneiden 1 Std. kühl stellen.

Mein Tipp:
Auf die gleiche Art kann man eine Mokkacreme zubereiten, statt der Früchte nimmt man 5 EL starken, gut gekühlten Mokka.

* **Zubereitung: 1/2 Stunde.**

KÄSE-SAHNE- Creme-Torte	WEINSCHAUMTORTE
Zutaten für 4 Personen:	**Zutaten für 4 Personen:**
Tortenboden (vor Ort gekauft oder von zu Hause mitgenommen)	Tortenboden (vor Ort gekauft oder von zu Hause mitgenommen)
Belag:	**Belag:**
1/2 l Schlagsahne	3 Eier
10 geh. TL san-apart (Sahnesteif)	125 g Zucker
100 g Zucker, 1 Pck. Vanillinzucker	1 Pck. Vanillinzucker
250 g Quark	1/8 l Wasser
Konfitüre	20 g Gelatine (2 Tütchen, 12 Blatt)
frisches Obst (Pfirsiche, Aprikosen, Ananas, Mandarinen o. ä.)	3/8 l Weißwein

Sahne und Quark gut kühlen, Quark mit Zucker und Vanillinzucker glattrühren, Sahne mit 4 TL Sahnesteif steifschlagen. Beides zusammengeben und miteinander verrühren, die restlichen 6 TL Sahnesteif unterrühren. Den Tortenboden mit Konfitüre bestreichen, mit frischem Obst belegen und die Sahnecreme darüber verteilen. Diese Torte kann sofort serviert werden.

Eigelb, Zucker und Vanillinzucker schaumig rühren.

Das Wasser aufkochen, vom Gas nehmen und die in wenig Wasser vorgeweichte Gelatine darin auflösen.

Den Weißwein zugießen und bei Beginn des Gelierens allmählich unter die Eiercreme ziehen. Zuletzt den steifen Eischnee unterheben.

Creme auf den Tortenboden streichen. (Ev. mit gerösteten Mandelsplittern bestreuen).

Mein Tipp:
Statt frischem Obst kann man 1 Pck. Orangenlimonadenpulver (100 g, Instant-Getränkepulver aus der Tüte) unter den Quark rühren, muss aber den Zucker dann weglassen.

---

* Zubereitung: 1/2 Stunde.

* Zubereitung: 20 Minuten.

FRISCHKÄSE-ZITRONENTORTE

Zutaten für 4 Personen:

Boden:

150 g Löffelbiskuits (ca. 20 Stck.)

100 g weiche Butter

Füllung:

10 Blatt Gelatine, 1/2 l Sahne

250 g Frischkäse oder Quark

abgeriebene Schale und Saft von 2 ungespritzten Zitronen

80 g Zucker

Die Löffelbiskuits zerbröseln und mit der weichen Butter vermischen. Auf einen großen flachen Teller verteilen und gleichmäßig flachdrücken, Tortenring um den Boden legen, kühl stellen.

Gelatine in kaltem Wasser 5 min. einweichen, Sahne steif schlagen. Frischkäse mit abgeriebener Zitronenschale, Zitronensaft und Zucker gründlich verrühren. Gelatine ausdrücken und kurz erhitzen, bis sie flüssig geworden ist, dann unter die Frischkäsemischung rühren.

Schlagsahne unter die Masse ziehen.

Creme auf den vorbereiteten Löffelbiskuitboden streichen, für 3 Std. kühl stellen. Gut gekühlt servieren.

Mein Tipp:
Statt Zitronen kann man frisches, zerdrücktes Obst, z.B. Kiwis, Himbeeren o. ä. verwenden).

* Zubereitung: 1/2 Stunde.

KRÜMELKUCHEN
mit Quark und frischen Früchten

Zutaten für 4 Personen:

Für die Torte sollten Sie eine Springform oder einen großen flachen Teller mit Tortenring verwenden

Boden:

100 g Butter

300 g leicht gesalzene Kräcker, Löffelbiskuits oder Butterkekse

5 EL Zucker

Belag:

250 g Magerquark

1/4 l Sahne

5 EL Zucker

ev. 5 TL Sahnesteif

500 g frisches Obst

Weiche Butter mit Zucker schaumig rühren, Kekse zerbröseln und unterrühren, die Masse in die vorbereite Tortenform drücken, kühl stellen.

Magerquark mit Zucker gut verrühren, Sahne steif schlagen und unterheben, Mischung auf den Tortenboden streichen und 1 Std. kalt stellen.

Kurz vor dem Servieren die gut abgetropften Früchte auf dem Sahnequark anrichten.

* Zubereitung: 30 Minuten

OBSTTORTE

Zutaten für 4 Personen:

fertiger Biskuitboden

Marmelade

500 g Obst aus der Dose

1 Pck. Gelatine

Tortenboden mit Marmelade bestreichen, Früchte in ein Sieb geben und gut abtropfen lassen, den Tortenboden damit belegen.

Gelatine in wenig Obstsaft einweichen, kurz erhitzen und auflösen lassen.

Die abgekühlte Gelatine in den restlichen (ca. 500 ml) Obstsaft gießen und erkalten lassen. Kurz vor dem Erstarren über die Früchte gießen, die Torte kühl stellen.

Nach etwa 1 Std. kann sie serviert werden.

* Zubereitung: 20 Minuten

FERTIGGEBACKMISCHUNGEN

Im Handel werden Fertiggebäckmischungen angeboten, die aus:

- einem Kuchenboden oder Krümelteig

- einer Form aus Pappe

- einer Sahnecreme und

- einer Früchtemischung

bestehen.

Wir haben sie ausprobiert, sie sind eine Alternative und vergleichbar mit bereits beschriebenen Sahnequark-mischungen.

Je nach Variante brauchen Sie nur noch Butter, Joghurt, Sahne und ev. Wasser oder Milch zuzufügen.

Statt des Rührgerätes nehmen Sie das Sahnerädchen und den Schneebesen.

Der Kuchen wird nach Vorschrift zubereitet, ist schnell fertig, muss aber anschließend gut gekühlt werden.

Die beiliegende Tortenform aus Pappe kann man einige Male verwenden.

*Zubereitung: 10 Minuten.

VOLLKORNBROT	VOLLKORNBRÖTCHEN
Zutaten für 24-cm-Pfanne:	**Zutaten für 24-cm-Pfanne:**
500 g Weizenvollkornmehl	500 g Weizenvollkornmehl
1 Pck. Trockenhefe	1 Pck. Trockenhefe
1 TL Zucker	1 TL Zucker
2 TL Salz	2 TL Salz
2 EL Öl	2 EL Öl
350 ml warmes Wasser	350 ml warmes Wasser

VOLLKORNBROT

Bratpfanne gut einfetten und mit Grieß ausstreuen.

Alle Zutaten zu einem Teig verkneten, 1/2 Std. gehen lassen, dann nochmals gut durchkneten und in die Pfanne geben. Den Teig mit einem nassen Löffel gut andrücken, vom Rand dabei etwas lösen, weil das Brot gewendet werden muss.

Die Pfanne mit dem Deckel gut verschließen und den Teig nochmals gehen lassen, bis er sich verdoppelt hat.

Pfanne auf das Flammenverteilersieb stellen und bei kleinster Flamme 40 min. backen.

Mit Hilfe eines Brettes das Brot umdrehen, es muss sich gut schütteln lassen. Anschließend von der anderen Seite weitere 15 min. backen.

* **Zubereitung 2 Stunden.**
* **Arbeitszeit: 20 Minuten.**

VOLLKORNBRÖTCHEN

Bratpfanne gut einfetten und mit Grieß ausstreuen.

Alle Zutaten zu einem Teig verkneten, 1/2 Std. gehen lassen und nochmals gut durchkneten.

Tischtennisballgroße Kugeln formen und kreisförmig in die Pfanne an den Rand setzen. Brötchen mit dem Messer einritzen und mit Wasser bepinseln.

Deckel schließen und Brötchen 45 min. gehen lassen.

Danach 40 min. auf kleinster Hitze auf dem Flammenverteilersieb backen.

* **Zubereitung: 2 Stunden.**
* **Arbeitszeit: 20 Minuten.**

BROT AUS NATURSAUERTEIG

Zutaten für 24-cm-Pfanne

250 g Roggenmehl
250 g Weizenmehl
1 Pck. Trockenhefe
1 geh. TL Salz
350 ml lauwarmes Wasser
1/2 Pck. flüssigen oder Trockensauerteig

Bratpfanne gut einfetten und mit Grieß ausstreuen.

Alle Zutaten zu einem Teig verkneten, 1/2 Std. gehen lassen, dann nochmals gut durchkneten und in die Pfanne geben. Den Teig mit einem nassen Löffel gut andrücken, vom Rand dabei etwas lösen, weil das Brot gewendet werden muss.

Die Pfanne mit dem Deckel gut verschließen und den Teig nochmals gehen lassen, bis er sich verdoppelt hat. Pfanne auf das Flammenverteilersieb stellen und bei kleinster Flamme 40 min. backen.

Mit Hilfe eines Brettes das Brot umdrehen, es muss sich gut schütteln lassen. Anschließend von der anderen Seite weitere 15 min. backen.

Varianten: Die Mehlzusammensetzung kann abgewandelt werden, außerdem ist es möglich, weitere Zutaten wie Sesamkörner, Sonnenblumenkerne, gehackte Nüsse, Rosinen o. ä. zuzugeben.

* Zubereitung: 2 Stunden. * Arbeitszeit: 20 Minuten.

| **BROTFLADEN** | **FLADENPIZZA** |
| | italienisches Rezept |

Zutaten für 4 Stück:	**Zutaten für 6 Stück:**
250 g Weizenmehl	250 g Weizenmehl
1 Ei	250 g Maismehl
4 EL Öl	1/2 Würfel Hefe
max. 1/8 l warmes Wasser	1/4 l Wasser
1/2 TL Salz	1 Prise Salz
	4 EL Olivenöl
	Oregano

Alle Zutaten zu einem festen Teig verkneten, in tennisballgroße Stücke zerteilen und kreisförmig auseinanderziehen.

Die Fladen mit Mehl bestäuben, mehrmals einstechen und ohne Zugabe von Fett in einer Eisenpfanne beidseitig backen, z. B. im Pfannenknecht.

Die Fladen mit gehobeltem Käse und Schinken- oder Salamischeiben belegen, zusammenklappen und sofort heiß servieren.

Aus den Zutaten einen geschmeidigen Teig kneten, 1-2 Std. gehen lassen, nochmals durchkneten. Pfannenbodengroße, dünne Fladen formen (ca. 6 St.), nochmals 1/2 Std. gehen lassen, mit Olivenöl bestreichen und bei mittlerer Hitze beidseitig je 5 min. in der Pfanne mit Deckel goldgelb backen.

Mit Salami, Schafskäse und Olivenscheiben belegen und mit Oregano bestreuen.

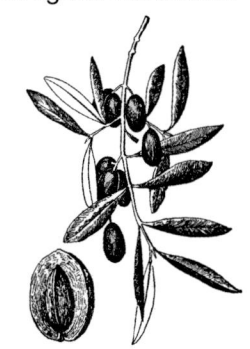

* **Zubereitung: 3 Stunden.**
* **Arbeitszeit: 30 Minuten.**

* **Zubereitung: 30 Minuten.**

PIZZA AUS DER PFANNE
Reinhards Rezept

Zutaten für 2 Personen:

Pizzateig:

250 g Mehl, 100 g Maisgrieß

1 EL Trockenhefe, 1 EL Olivenöl, 1 Prise Salz

ca. 1/4 l Wasser

Belag:

Salamischeiben, Tomatenscheiben, Käse

Mehl, Salz und Hefe in eine Schüssel geben, den Maisgrieß einrühren. In die Mitte Öl und Wasser geben, gründlich durchrühren, bis ein weicher Teig entsteht. Danach auf einer bemehlten Arbeitsfläche 10 min. durchkneten, bis der Teig schön elastisch ist. Den Teig mit Öl einreiben, in eine Schüssel geben und mit einem Tuch abdecken. 1 - 2 Stunden gehen lassen.

Danach in 2 Teile teilen und bis auf Pfannenbodengröße fingerdick flachdrücken, mit einer Gabel mehrmals einstechen und in die Pfanne legen, 10 min. gehen lassen.

Die Pfanne auf die Gasflamme stellen, den Pizzaboden bei schwacher Hitze von einer Seite 5 min. backen, wenden, mit Olivenöl einpinseln, mit Salami, Tomaten und Käse belegen. Den Deckel schließen und 10 min. weiterbacken.

Anschließend mit der zweiten Pizza ebenso verfahren.

* Zubereitung: 2 1/2 Stunden. * Arbeitszeit: 40 Minuten.

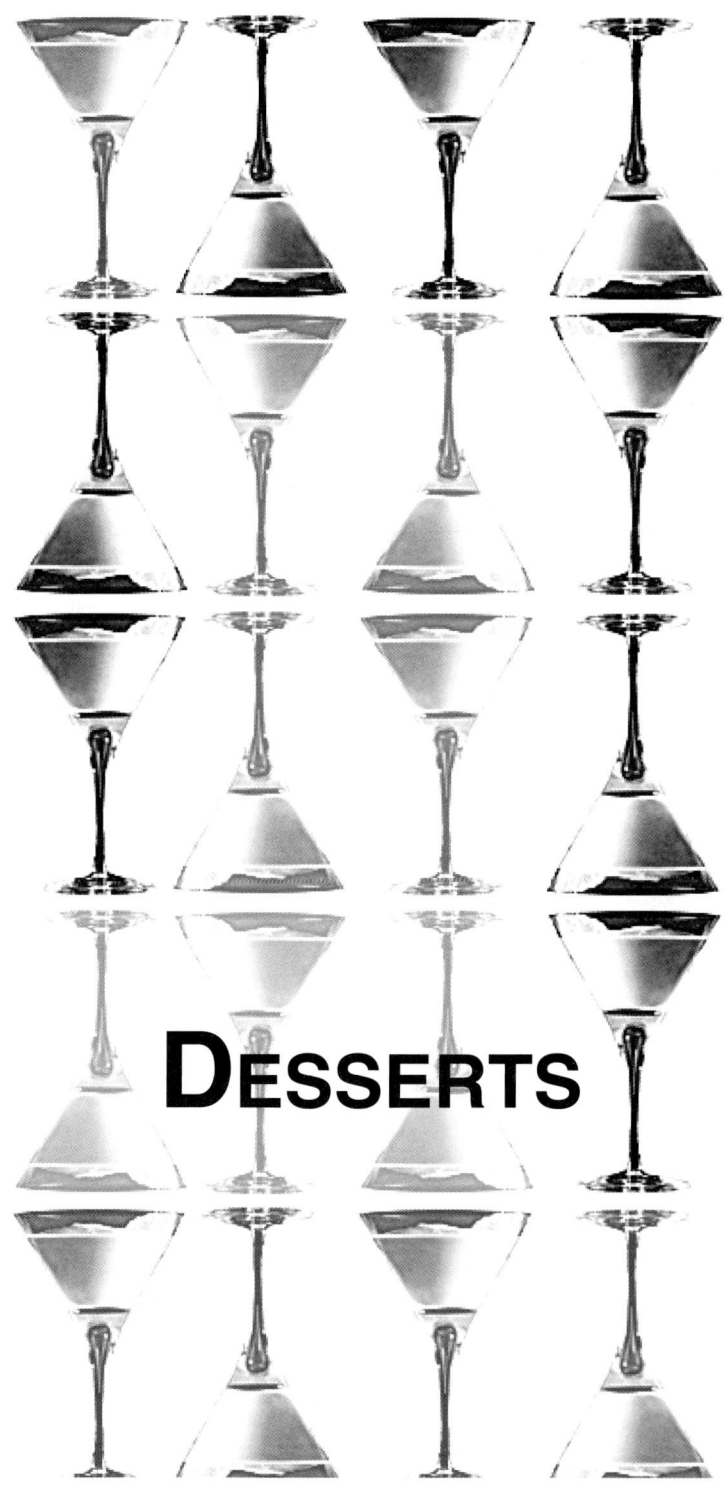

DESSERTS

„Dessert – nein Danke – ich muss auf meine Linie achten!?"

Gerade in den südlichen Ländern, unseren bevorzugten Urlaubszielen, wird man Sie mit baumgereiften, hocharomatischen Früchten verwöhnen, die keine Gewichtsprobleme verursachen und dazu noch von Vitaminen strotzen.

Aber selbst der leckerste Obstkorb kann den Heißhunger nach einem süßen Pudding nicht stillen.

Damit Sie nicht nur die industriellen Puddingtüten anrühren müssen oder zu den zuckerüberladenen Dessertbechern in den Kühlregalen greifen, habe ich eine Auswahl unserer Lieblingsdesserts zusammengestellt, die man auch im WOMO ohne große Probleme zubereiten kann.

Das einzige Problem ist die oft nötige Kühlung Ihrer süßen Träume, denn bei Temperaturen über 23 °C bleiben Gelatinespeisen flüssig oder verflüssigen sich wieder, bevor man sie gegessen hat. Da wünsche ich Ihnen einen genau so gut funktionierenden Kompressorkühlschrank mit Solarantrieb, wie ich ihn seit Jahren genieße.

* Den Reifegrad von Früchten kann man oft am intensiven Geruch, an der gleichmäßigen Farbe bzw. an der weichen Konsistenz feststellen. Reife Wassermelonen klingen hohl, wenn man sie mit dem Finger anschlägt.

* Gibt man Alkohol zum Nachtisch, dann bleibt er in kalten Desserts völlig erhalten, aber auch in gekochten Süßspeisen verfliegt er nicht vollständig. Das sollten Sie bei mitschleckenden Kindern bedenken. Guter Ersatz für Likör oder Wein sind Fruchtsäfte oder ausgepresste Früchte.

* Meist gibt man zu Desserts Doppelrahmfrischkäse. Aber auch mit Magerquark schmeckt es nicht schlecht.

* Sahne gibt man erst dann zu Gelatinespeisen, wenn diese zu gelieren anfängt – sonst steigt die Sahne an die Oberfläche.

* **Die Krönung jedes Desserts ist seine Verzierung!**
  Schokoladenraspel sind schnell aus Schokolade hergestellt; reife Beeren zieren die Puddingmitte und ein Klecks Sahne aus der Sprühdose ist immer zur Hand. Aber auch eine Blüte von der Wiese ist ein Blickfang (man muss sie ja nicht unbedingt mitessen).

OBSTSALAT	OBSTSALAT in Orangenkörbchen
Zutaten für 4 Personen:	**Zutaten für 4 Personen:**
Obst je nach Angebot (ca. 800 g)	4 schöne gleich große Orangen
2 - 4 EL Zucker	1 Zitrone
ev. Saft einer Zitrone	2 Bananen
ev. 1 Gläschen Kognak, Rum oder	1 Apfel,
Kirschwasser	Datteln, Nüsse
geschlagene Sahne oder Sprüh-	Zucker, Rum
sahne	

Obst in mundgerechte Stücke schneiden, mit Zucker, Zitronensaft und Alkohol anmachen, 1 Std. gut gekühlt ziehen lassen.

Mit Sahne servieren.

Orangen zu einem Körbchen mit Henkel schneiden, das Fruchtfleisch sorgfältig herauslösen, entkernen und mit dem übrigen Obst in Scheiben schneiden.

Mit Zucker, Zitronensaft, Rum und blättrig geschnittenen Nüssen zu einem Salat vermengen.

Die Körbchen damit füllen und kühl stellen.

Beigabe: Kleingebäck

* **Zubereitung: 10 Minuten.** * **Zubereitung: 1/4 Stunde.**

MELONENSALAT

Zutaten für 4 Personen:

1 Honigmelone (500 g), 2 Äpfel

Mandarinenspalten aus der Dose, 2 Bananen

3 EL Zitronensaft, 2 EL Honig, Haselnusskerne

Melone halbieren, schälen, entkernen und in mundgerechte Stücke schneiden. Äpfel schälen, vierteln, entkernen und in Streifen schneiden. Mandarinenspalten abtropfen lassen. Bananen schälen und in Scheiben schneiden.

Das Obst vermengen, den Zitronensaft mit dem Honig verrühren und unter die Obstmischung heben, mit Nüssen garnieren.

* Zubereitung: 20 Minuten.

GEFÜLLTE ANANAS

Zutaten für 4 Personen:

1 Ananas

1 Glas Kirschwasser oder Maraschino

Schlagsahne oder Sprühsahne

Ananas längs vierteln, Fruchtfleisch herauslösen und in Würfel schneiden, mit Kirschwasser begießen und 1 Std. ziehen lassen. Kühl stellen. Die Ananaswürfel abtropfen lassen, auf den Ananasschalenvierteln anrichten, mit Sahne verzieren und dem Saft beträufeln.

* Zubereitung: 1/4 Stunde.

# FRUCHTPUDDING	# AMBROSIA
Zutaten für 4 Personen:	**Zutaten für 4 Personen:**
500 g gut ausgereifte Früchte	1 Tasse dicken Sauerrahm
75 g Stärkemehl (7-8 EL)	5 EL Zucker
1/4 l Weißwein oder Rotwein	3 TL Gelatine
125 g Zucker (ca. 1/2 Tasse)	2 EL Rum
	1/2 Pck. Vanillinzucker
Gut ausgereifte Früchte durch ein Haarsieb streichen.	1 Tasse süße Sahne

Stärkemehl mit Wein glattrühren und zusammen mit der Hälfte des Fruchtmarks unter ständigem Rühren mit dem Schneebesen über kleiner Flamme aufkochen.

In eine kalt ausgespülte Schüssel füllen und bis zum Erstarren kalt stellen.

Vor dem Anrichten stürzen und mit dem übrigen rohen Fruchtmark übergießen.

Den sauren Rahm mit der Hälfte der süßen Sahne zu Schaum schlagen.

Gelatine in wenig Wasser einweichen und unter Erhitzen auflösen.

Den Rum, Zucker, Vanillinzucker und die aufgelöste Gelatine unter die Sahne heben.

Die Masse in kleine Schälchen oder Gläser füllen, kaltstellen und stocken lassen.

Die restliche süße Sahne steif schlagen und zum Verzieren verwenden.

* Zubereitung: 1/2 Stunde *** Zubereitung: 1/4 Stunde.**

BANANENCREME

Zutaten für 4 Personen:

3 Bananen

1/4 l Milch, 2 EL Zucker

25 g Stärkemehl, 2 Eier

Das Fruchtfleisch der Bananen mit einer Gabel fein zerdrükken. Aus Milch, Zucker und Stärkemehl einen Pudding
kochen, vom Feuer nehmen und mit dem Eigelb abziehen.
Das Bananenmark und den steifen Eischnee unter die etwas
abgekühlte Speise heben.

* Zubereitung: 25 Minuten.

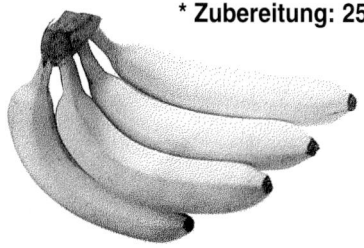

FLAMBIERTE BANANEN

Zutaten für 4 Personen:

4 Bananen, 2-3- Orangen

1 Zitrone, 4-5 EL Zucker, 1 Gläschen Rum

Zucker in einer Pfanne schmelzen und hellbraun
karamelisieren lassen.

Orangen und Zitrone auspressen und den Saft dem Karamel
zufügen. So lange rühren, bis sich der Zucker im Saft gelöst
hat. Die geschälten Bananen nebeneinander in diese Soße
legen und auf niedrigster Stufe weich dünsten, dabei mehrmals wenden.

Kurz vor dem Servieren den Rum über die Bananen verteilen und flambieren.

* Zubereitung: 20 Minuten.

GESCHÄLTE BANANEN	APFELRÖSTI
gegrillt	Karins Rezept

Zutaten für 4 Personen:	Zutaten für 4 Personen:
4 Bananen	4 Äpfel
4 TL Zitronensaft	4 Scheiben altes Brot oder Brötchen
4 EL ausgelassene Butter	2 EL Butter
entweder:Ingwerpulver,Kokosflocken	1/8 l Apfelsaft (oder etwas mehr)
und geriebene Nüsse	Rosinen, Zimt, Zucker
oder: Paprikapulver, Currypulver und	
geriebene Mandeln	

GESCHÄLTE BANANEN

Bananen schälen, mit Zitronensaft beträufeln und flüssiger Butter bepinseln.

In der entsprechenden Gewürzmischung wälzen und vorsichtig grillen.

APFELRÖSTI

Rosinen waschen und in Apfelsaft einweichen.

Äpfel schälen, entkernen und in Würfel schneiden, Brot ebenfalls würfeln.

Zuerst Brot in der Pfanne rösten, dann die gewürfelten Äpfel hinzugeben und mitrösten, vorsichtig wenden.

Rosinen, Zimt und Zucker dazugeben, mit restlichem Apfelsaft ablöschen, Äpfel dürfen nicht zerkochen.

Heiß servieren.

> **Mein Tipp:**
> Ungesüßt passt dieses Gericht auch zu Lamm oder Wild.

* Zubereitung: 10 Minuten. *** Zubereitung: 20 Minuten.**

WEINTRAUBENBECHER

Zutaten für 4 Personen:

250 g Weintrauben, 250 g Sahnequark, 1 EL Butter

8 EL kernige Haferflocken

3 EL Zucker , Saft 1/2 Zitrone

Butter in der Pfanne zerlassen, Haferflocken darin goldgelb rösten, mit 1 EL Zucker bestreuen, weiterrösten und abkühlen lassen.

Die Weintrauben waschen, entstielen, halbieren und entkernen.

Den Quark mit Zitronensaft und 2 EL Zucker zu einer geschmeidigen Masse verrühren. Die einzelnen Zutaten schichtweise in Schälchen oder Gläser füllen.

* Zubereitung: 20 Minuten.

BISKUIT FANNY

Zutaten für 4 Personen:

20 Löffelbiskuits, 3/4 Tasse Butter, 3 Eigelb

4 EL Mokka, 5 EL Puderzucker, Krokant oder Mandelsplitter

Die Butter schaumig rühren, die Eigelb und den gesiebten Puderzucker abwechselnd unterziehen, tropfenweise den kalten Kaffee-Extrakt zugeben und dick schaumig schlagen.

Auf einem flachen Teller scheiterhaufenartig abwechselnd Creme und Biskuits häufen, das Ganze mit Creme bestreichen, an den Seiten glattstreichen und mit Krokant oder gerösteten Mandelsplittern bestreuen.

* Zubereitung: 15 Minuten.

APFELKÜCHLE

Zutaten für 4 Personen:

500 g mürbe Äpfel

etwas Zucker für die Äpfel

200 g Mehl

3 EL Zucker

Zitronenschale

1/4 l Weißwein oder Milch

2 TL Öl oder Flüssige Butter

2 Eiweiß

Backfett

Zucker, Zimt

Die Äpfel schälen, in dicke Scheiben schneiden und das Kernhaus herausschneiden. Die Scheiben mit Zucker bestreuen.

Das Eiweiß zu steifem Schnee schlagen.

Von den übrigen Zutaten einen dickflüssigen Teig anrühren, den Eischnee locker unterziehen und die Apfelscheiben in den Teig eintauchen.

In sehr heißem Fett auf beiden Seiten hellgelb backen, auf Kuchenkrepp entfetten und mit Zucker und Zimt bestreuen.

* Zubereitung: 1/2 Stunde.

HIMBEER-CHARLOTTE

Zutaten für 4 Personen:

3/8 l Rotwein

450 g Himbeeren

Saft von 2 Zitronen

Zucker

12 Blatt Gelatine

3/8 l Schlagsahne

zur Garnitur: Löffelbiskuits, einige

Himbeeren, 1/8 l Schlagsahne

Himbeeren in Wein aufkochen und durchpassieren, mit Zitronensaft und Zucker abschmekken.

Die Gelatine in wenig Wasser auflösen und unter die Himbeermasse ziehen, kühl stellen.

Beginnt die Masse steif zu werden, die Schlagsahne unterheben, in eine hohe Schüssel füllen, kühl stellen und steif werden lassen.

Nach dem Stürzen mit Schlagsahne überziehen, mit senkrecht stehenden Biskuits verkleiden und mit Schlagsahne und Früchten garnieren.

* Zubereitung: 1/2 Stunde.

GEFÜLLTE BIRNEN

Zutaten für 4 Personen:

4 reife Birnen

Konfitüre

Zitronensaft

Sabayon-Sauce

Die Birnen schälen und vorsichtig aushöhlen, mit Konfitüre füllen und mit Zitronensaft beträufeln, damit sie hell bleiben. Kühl stellen.

Vor dem Anrichten mit Sabayon-Sauce begießen.

* Zubereitung: 5 Minuten.

SABAYON-SAUCE

Zutaten für 4 Personen:

3 Eigelb

4 EL Puderzucker

4 Likörgläser Sherry, Madeira o. a. Südwein

Die Zutaten vermengen und im Wasserbad zu einer Creme anrühren. Warm reichen.

* Zubereitung: 20 Minuten.

# OBSTSALAT	# FRUCHTJOGHURT
mit Joghurtsauce	mit Ei

Zutaten für 4 Personen:	**Zutaten für 4 Personen:**
1 reifer Pfirsich	500 ml Joghurt
1 Nektarine	1/8 l Fruchtsaft oder
100 g Himbeeren	150 g zerkleinerte Früchte
100 g Brombeeren	1 Ei
2 EL Cassis oder roter Fruchtsaft	
1 Banane	
1 TL Honig	
150 g Magerjoghurt	
2 EL süße Sahne	
75 g beliebige Nusskerne	

OBSTSALAT (Zubereitung):

Obst vorbereiten, in mundgerechte Stücke schneiden und mit dem Likör oder Saft mischen.

Banane schälen, mit Honig, Joghurt und Sahne fein zerdrücken. Nüsse hacken.

Obst auf Tellern anrichten, Sauce darüber verteilen und mit den Nüssen bestreuen.

FRUCHTJOGHURT (Zubereitung):

Joghurt, Fruchtsaft oder Früchte und Eigelb gut miteinander verrühren, das Eiweiß steif schlagen und unterheben.

Sofort servieren.

* Zubereitung: 1/2 Stunde.

* Zubereitung: 10 Minuten.

SÜSSER QUARK

Zutaten für 4 Personen:

150 g Quark

3 EL Zucker

1/2 Pck. Vanillinzucker

abgeriebene Zitronenschale

Milch

Den Quark mit Zucker, Gewürzen und so viel Milch verrühren, dass eine dickschaumige Creme entsteht.

Varianten: Süßer Quark kann auch mit Fruchtsaft, Marmelade, kleingeschnittenen Früchten oder Kakaopulver bereitet werden. Auch ist die Zugabe von Eigelb oder Schlagsahne möglich.

* Zubereitung: 5 Minuten.

EIERLIKÖR-QUARK-CREME

Zutaten für 4 Personen:

250 g Quark

etwas Milch, 1 Eigelb

1 Pck. Vanillinzucker, 4 EL Eierlikör

300 g Erdbeeren

Den Quark mit Milch, Eigelb, Vanillinzucker und Eierlikör schaumig schlagen.

Die gewaschenen und geputzten Erdbeeren halbieren, die Früchte in Schälchen füllen und mit der Creme übergießen.

* Zubereitung: 1/4 Stunde.

ERDBEER-REIS-SALAT	SCHOKOLADENSUPPE
Zutaten für 4 Personen:	**Zutaten für 4 Personen:**
1 Tasse Reis	1/2 l Milch
1/4 l Milch	30 g Schokolade
Zucker	1 EL Zucker
300 g Erdbeeren	1 Pck. Vanillinsoße
1/4 l Schlagsahne	1 Ei

Von Reis und Milch Milchreis bereiten, mit Zucker nach Geschmack süßen und abkühlen lassen.

Die gewaschenen Erdbeeren etwas zerschneiden und mit dem Reis vermischen.

Die Sahne steif schlagen und darunterheben.

Milch mit Schokolade erhitzen, Zucker dazugeben.

Vanillinsoße mit 3 EL kalter Milch anrühren, Eigelb unterrühren.

Die Mischung in die von der Kochstelle genommene Milch unterrühren, kurz aufkochen lassen.

Eiweiß ganz steif schlagen, 2 TL Zucker unterschlagen, mit 2 Esslöffeln kleine Klößchen formen und auf die Suppe setzen.

Im zugedeckten Zustand 5 min. fest werden lassen (wegen der vielen Klößchen unbedingt die große Pfanne verwenden!).

* **Zubereitung: 20 Minuten.**   * **Zubereitung: 30 Minuten.**

RESTE-
VERWERTUNG

BASIS-INFOS & TRICKS

Oft bleibt von einer Mahlzeit etwas übrig. Jeder Rest lässt sich verwerten, und mit einiger Überlegung kann daraus ein neues Gericht entstehen. Oft ist es im Süden Brot, denn bereits am zweiten Tag schmeckt das Weißbrot wie Pappe.
Die in diesem Kapitel vorgeschlagenen Rezepte sollen Sie auch anregen, Mahlzeiten zu improvisieren...

Fleischreste:
* Suppen und Eintöpfe: Gegartes, in Würfel geschnittenes Fleisch in wenig heißem Fett anbraten, dabei nach Belieben kleingeschnittene Zwiebel zufügen, als Einlage für Suppen und Eintöpfe verwenden.
* Soßen: Gegartes, feingewiegtes Fleisch unter eine beliebige Soße ziehen, durch die Zugabe von Gurkenwürfelchen, gegarten Pilzscheiben oder hartgekochtem, gehacktem Ei werden solche Soßen noch gehaltvoller.
* Bratlinge: Fein zerkleinerte Fleischreste unter gegarten Reis oder geriebene, gekochte Kartoffeln mischen. Zur besseren Bindung Ei und ein wenig Stärkemehl hinzugeben. Die Masse kräftig würzen und zu flachgedrückten Klößchen formen, in heißem Fett braten.
* Salate: Feinstreifig geschnittenes, gegartes Fleisch verfeinert Kartoffel-, Teigwaren-, Reis- oder Gemüsesalat oder lässt sich mit Mayonnaise und sauren Gurkenwürfelchen vermischen.

Fischreste:
* Auch bei guter Kühlung sind Fischreste sobald als möglich zu verwenden! Den gegarten Fisch zerpflücken und sorgfältig entgräten!
* Frikassee: Eine helle, säuerlich abgeschmeckte Soße bereiten und den Fisch hinzufügen. Kirschgroße Semmelklößchen, gegarte Champignonstücke und Kapern können dieses Gericht noch ergänzen.
* Bratlinge (siehe Fleischreste): Auch Reste von geräuchertem Fisch können verwendet werden, dann aber vorsichtig würzen.
* Klopse, Klößchen: Den fein zerkleinerten Fischrest mit eingeweichtem, ausgedrücktem Weißbrot oder mit geriebener Semmel, Ei und Gewürzen vermischen. Die Klopse oder Klößchen in Stärkemehl wälzen und entweder in heißem Fett braten oder in siedendem Salzwasser, einer heißen Suppe oder Sauce aufkochen und gar ziehen lassen.

* Salate: Fischreste, auch von Räucherfisch, können die Grundlage für einen vollwertigen Salat darstellen. Kleinere Mengen kann man einem Salat aus Kartoffeln, Reis, Teigwaren oder Eiern zufügen.

Teigwarenreste:
* Suppen: Die Teigwaren, gegebenenfalls zerkleinert, in klare Suppen geben. Mit frischen Kräutern bestreuen.
* Eierkuchen: Teigwaren (Makkaroni, Spaghetti oder Nudeln) zerkleinern, entweder in Fett anbraten, mit Eierkuchenteig übergießen und wie Eierkuchen braten oder die Teigwaren gleich unter die rohe Eierkuchenmasse rühren.
* Salate: Die gegebenenfalls zerkleinerten Teigwaren mit Fleisch-, Wurst- oder Fischresten, Mayonnaise und gehackten Kräutern vermischen.

Kartoffelreste:
* Suppen: Grob geraspelte oder kleingeschnittene Kartoffeln kochfertigen oder anderen Suppen zufügen und mit frischen Kräutern bestreuen.
* Bratkartoffeln: siehe Kap. 11: Kartoffeln...
* Salate: siehe Kap. 11: Kartoffeln...

Gemüsereste:
* Suppen: Gemüsereste als Einlage für klare oder gebundene Suppen verwenden, reichlich gehackte Kräuter darüber streuen.
* Eierkuchen: Gebackene Eierkuchen mit dem möglichst kurz erhitzten Gemüse füllen und reichlich mit feingehackten Kräutern bestreuen. Der Gemüserest kann auch unter den angerührten Teig gegeben werden.

Brotreste:
* Die Möglichkeiten, altbackenes Brot zu verwenden, sind vielfältig. Ein bis zwei Tage kann man Brot in einem Folienbeutel kühl und dunkel aufbewahren, um seine Feuchtigkeit zu erhalten. Dann sollte man die Reste in einem Leinenbeutel trocknen lassen, um das Schimmeln zu verhindern.

SEMMELEIERKUCHEN MIT HEIDELBEEREN

Zutaten für 4 Personen:

1/2 l Milch, 3-4 Eier

150 g altbackenes Weißbrot

100 g Mehl, Salz

300 g Heidelbeeren

Bratfett

Milch, Eier, Weißbrotwürfelchen, Mehl und etwas Salz
miteinander verquirlen. Die Heidelbeeren zuschütten und
den Teig kellenweise von beiden Seiten backen.

* Zubereitung: 20 Minuten.

WEISSBROTEIERKUCHEN

Zutaten für 4 Personen:

100 g altbackenes Weißbrot

3/4 l Milch

65 g Mehl, 6-8 Eier, Salz

2 EL Zucker

ev. 50 g geriebene Mandeln

Bratfett

Das feingeschnittene Weißbrot mit der warmen Milch übergießen und weichen lassen.

Mehl, Eier, Salz, Zucker und Mandeln darunterrühren.
Portionsweise in heißem Fett zu goldbraunen Eierkuchen
ausbacken.

* Zubereitung: 20 Minuten.

KARTÄUSERKLÖSSE

Zutaten für 4 Personen:

6 - 8 altbackene Brötchen

3 Eigelb

1 EL Zucker

1/2 l Milch

abger. Zitronenschale

zum Panieren:

3 Eiweiß, Semmelbrösel, Backfett,

Zimtzucker

Brötchen mit dem Reibeisen abreiben und halbieren.

Eigelb mit Zucker, Milch und abgeriebener Zitronenschale verquirlen.

Die Brötchen in der Eiermilch einweichen, unter öfterem Wenden durchziehen, aber nicht zerfallen lassen.

Eiweiß steif schlagen, Brötchenhälften erst im Eiweiß, anschließend in Semmelbröseln wenden.

Backfett in der Pfanne erhitzen, die Brötchen von allen Seiten goldgelb backen.

Mit Zimtzucker bestreuen.

* Zubereitung: 20 Minuten.

ARME RITTER

Zutaten für 4 Personen:

6 Eier

1/2 L Milch

10-15 3 cm dicke, alte Weißbrotscheiben

Bratfett

Marmelade und Zucker

oder:

Salz und Pfeffer

Man verrührt die Eier mit der Milch und tränkt darin die Brotscheiben, bis sie vollgesogen sind (ca. 2 Std.).

Dann bäckt man sie im heißen Fett aus.

Kinder lieben sie mit Marmelade, Apfelmus oder Zucker.

Erwachsene würzen sie mit Pfeffer und Salz und essen dazu Salami, Dosenfisch und Salat.

* Zubereitung: 2 1/2 Stunden.
* Arbeitszeit 20 Minuten.

APFEL-BUTTERMILCH-SPEISE

Zutaten für 4 Personen:

1 l Buttermilch

1 kg Äpfel

500 g altbackenes Weißbrot

Zucker, 50 g Butter, 1/2 TL Zimt

Die Buttermilch zum Kochen bringen und die geschälten, in Stücke geschnittenen Äpfel zufügen. Wenn sie halb gar sind, das geriebene Weißbrot und Zucker nach Geschmack zugeben und fertig kochen. Die Speise mit gebräunter Butter übergießen und dick mit Zimtzucker bestreuen.

* Zubereitung: 1/2 Stunde.

G´SCHMELZTE BROTSUPPE

Zutaten für 4 Personen:

1 Zwiebel

50 g magerer Rauchspeck

100-200 g alte Brotreste

Kümmel, Salz, Muskat, etwas Fett oder Öl, 1 Ei

1 l Brühe, ev. 50 g Leberkäse oder Bratenreste

Zwiebel und Rauchspeck in Würfel schneiden, goldgelb in Öl andünsten. Kleingeschnittene Brotstücke und Kümmel dazugeben, etwas anrösten.

Mit Brühe auffüllen, gut durchkochen lassen, mit wenig Salz und Muskat abschmecken.

Das aufgeschlagene Ei in die leicht kochende Suppe einlaufen lassen und wer möchte, kann fein geschnittenen Leberkäse o. ä. darüberstreuen.

* Zubereitung: 1/2 Stunde.

BROTSUPPE
mit Korinthen

Zutaten für 4 Personen:

ca. 150 g trockne Schwarzbrotreste

1 l kaltes Wasser

abgerieben Schale 1/2 Zitrone

1 Msp. gem. Nelken

50 g Korinthen

60 g Zucker

1 Prise Salz

40 g Butter

2 Glas Weinbrand

30 g Mandelblättchen

Brot in kaltem Wasser einweichen und durch ein Sieb rühren, mit Zitronenschale, Nelken und Korinthen unter Rühren aufkochen.

Mit Zucker, Salz und Butter abschmecken, zum Schluss Weinbrand hineingeben.

Mandeln in restlicher Butter rösten, über die Suppe streuen.

* Zubereitung: 1/2 Stunde.

SÜSSE BROTSUPPE
mit Hui

Zutaten für 4 Personen:

250 g altbackenes Brot

1 Stange Zimt

1/4 l Wasser

1/2 l Weißwein

4 EL Rosinen

3 Eigelb

1 EL Zucker

Die Rosinen kurz in Wasser einweichen und dann eine gute Stunde in ein wenig Wein quellen lassen.

Jetzt das Brot zerkrümeln und zusammen mit der Zimtstange 10 min. im Wasser kochen lassen.

Danach die Zimtstange herausnehmen, den Wein und den Zucker hinzufügen.

Alles gut durchrühren und währenddessen leicht aufkochen lassen.

Die Eigelb mit den Rosinen verquirlen und in die Suppe einrühren.

* Zubereitung: 20 Minuten.

BROTSUPPE MIT PARMESAN

Zutaten für 4 Personen:

1 altbackenes Brötchen

2 Eier

2 EL Butter

80 g Parmesan

1 l Fleischbrühe

Das Brötchen von der Rinde befreien und eine Viertelstunde in der Brühe einweichen.

Dann die Butter dazugeben, das Ganze 5 min. unter ständigem Rühren kochen.

In einer Suppenschüssel die Eier aufschlagen und mit 2 EL Parmesan verrühren. Die heiße Suppe hineingießen und mit dem Rest Käse bestreuen.

* Zubereitung: 15 Minuten.

TOMATEN-BROTSUPPE

Zutaten für 4 Personen:

800 g Tomaten

250 g altbackenes Brot, 1 Zwiebel, 1 Bund Basilikum

1,5 l Fleischbrühe, 3 EL Olivenöl, Pfeffer, Salz

Die gehackten Zwiebeln in Öl kurz andünsten, die Brotwürfel dazugeben und auf allen Seiten anbräunen, dann die geschälten und gewürfelten Tomaten unterrühren und das Ganze bei niedriger Temperatur einige Minuten garen.

Die Masse mit der Brühe auffüllen, aufkochen und 30 min. kochen lassen.

Den zerkleinerten Basilikum und etwas Öl mit der Suppe verrühren und servieren.

* Zubereitung: 1/2 Stunde.

SPIRELLIPFANNE

Zutaten für 4 Personen:

100 g Schinkenspeckwürfel

250 g gekochte Spirelli (Rest)

4 Eier

4 EL Milch

Salz

geriebene Muskat

Schnittlauch zum Bestreuen

Schinkenwürfel leicht in der Pfanne anbraten, die gekochten Spirelli darin erhitzen.

Die Eier mit Milch, Salz und Muskat verquirlen und über die Spirelli gießen, stocken lassen.

Mit Schnittlauch bestreuen zu Salat servieren.

KÄSEBÄLLCHEN

Zutaten für 4 Personen:

2 Eiweiß (Rest)

1 Tasse geriebenen Hartkäse

Pfeffer

Olivenöl zum Ausbacken

ev. Weizenmehl

Eiweiß sehr steif schlagen, den gerieben Käse unterrühren, mit Pfeffer würzen und kleine Bällchen formen.

Olivenöl bis zum Siedepunkt erhitzen, Käsebällchen portionsweise schwimmend darin goldbraun ausbacken, auf Küchenpapier abtropfen lassen.

Hände ev. bei der Zubereitung mit Mehl bestäuben.

* Zubereitung: 20 Minuten.

* Zubereitung: 20 Minuten.

SCHNEE-EIER IN VANILLESAUCE

Zutaten für 4 Personen:

4 Eiweiß (Resteverwertung)

130 g Zucker, 1 l Milch, 1 Pck. Vanillesauce

Die Eiweiß sehr steif schlagen, 50 g Zucker zugeben und noch etwas weiterschlagen.

Die Milch in einer großen Pfanne erhitzen.

Mit zwei Esslöffeln Klößchen aus der Eiweißmasse abstechen und in die heiße Milch geben. Auf jeder Seite ca. 1 Minute garen lassen.

Die Klößchen herausnehmen und auf einer Platte abkühlen lassen. Die Milch durch ein Sieb gießen und aufkochen lassen.

Das Vanillesoßenpulver in 2 EL Milch anrühren und in die kochende Milch geben, kurz aufkochen lassen und zusammen mit den Schnee-Eiern servieren.

* Zubereitung: 1/2 Stunde.

QUARKKEULCHEN

Zutaten für 4 Personen:

650 g gekochte Kartoffeln vom Vortag

200 g Mehl, 300 g Quark

Salz, 50 g Zucker

abgeriebene Zitronenschale

2-3 Eier, Rosinen, Bratfett

Zucker zum Bestreuen

Die Kartoffeln reiben, locker mit dem Mehl vermengen und mit den übrigen Zutaten zu einem Teig verkneten. Keulchen daraus formen und in heißem Fett auf beiden Seiten goldbraun braten. Mit Zucker bestreuen.

Zubereitung: 1/2 Stunde.

GERÖSTETER REIS

Zutaten für 2-3 Personen:

Reisrest

1-2 Eier

Reis in Butter anbraten, mit zerschlagenem Ei übergießen, noch leicht stocken lassen und auf einen Teller stürzen.

* Zubereitung: 5 Minuten

REISSALAT I

Zutaten für 4 Personen:

150 gekochter Reis

150 g Möhren, 150 g Sellerie

200 g junge Erbsen, 3 saure Äpfel

3 EL Essig, 3 EL Weißwein

1/2 TL Curry, 1 EL Sojasoße

6 TL Öl

Kresse, Kerbel, ev. weitere

Gewürze nach Geschmack

Möhren und Sellerie waschen, putzen, stifteln oder grob raffeln. Äpfel waschen, ungeschält stifteln. Alles zusammen mit den frischen Erbsen unter den Reis heben.

Essig, Weißwein, Gewürze, Sojasoße und Öl miteinander verschlagen und unter den Reis geben, mit gehackten Kräutern bestreuen.

* Zubereitung: 25 Minuten.

REISSALAT II

Zutaten für 4 Personen:

150 g gekochter Reis

3 rote Paprikaschoten

1/2 Honigmelone

1 TL milden Senf

2 EL Essig

1 TL (Rohr)zucker

5 EL Öl

2 EL Kerbel

Paprikaschoten waschen, entkernen, in feine Stifte schneiden. Honigmelone schälen, Kerne herausschaben, kleine Würfel schneiden.

Senf, Essig, Zucker gut verrühren, Öl darunterschlagen, unter den Reis mischen, durchziehen lassen.

Dann erst Paprika- und Melonenwürfel untermischen, Kerbel fein gehackt unterheben.

* Zubereitung: 1/4 Stunde.

SCHINKENNUDELN

Zutaten für 4 Personen:

Gekochte Nudeln (ca. 200 g)

1 EL Butter, 2 EL Öl

200 g gekochter oder roher Schinken

4 Eier, 3 EL Milch, Pfeffer

ger. Muskat, ev. 1 Dose Champignons

Petersilie zum Bestreuen

Öl in der Pfanne erhitzen, Schinken in Würfel schneiden, zusammen mit den Nudeln in Öl unter häufigem Wenden braten. Eier mit Milch verquirlen, mit Pfeffer und Muskat würzen.

Eiermischung über die Schinkennudeln geben, zugedeckt ca. 3 min. stocken lassen, dann unter häufigem Wenden weitere 2 min. rösten, mit Petersilie betreut servieren.

Dazu: reichlich Salate.

* Zubereitung: 20 Minuten.

NUDELSTEAK

Zutaten für 4 Personen:

250 g gekochte Spaghetti, 2 EL Öl

2 Zwiebeln, 2 Tomaten, 150 g gekochter Schinken

4 EL grüner Pfeffer, 50 g Parmesankäse, 1 TL Paprika

1 TL Cayennepfeffer, 200 ml süße Sahne, Mehl

Spaghetti zerkeinern, Zwiebel andünsten, Tomaten würfeln und mit andünsten, dann gekochten Schinken in Streifen schneiden und mit heiß werden lassen. Nudeln dazugeben, würzen und mit Mehl bestäuben. Die süße Sahne unterrühren und das Ganze stocken lassen. Die Masse auskühlen lassen, Steaks formen und in Fett braten.

* Zubereitung: 40 Minuten.

MIGAS
mit Chorizo

Zutaten für 4 Personen:

200 g altes Weißbrot in Scheiben

100 g Chorizo (Paprikawurst)

100 g Bauchspeck durchwachsen

3 Knoblauchzehen

1 Zwiebel

Salz, Cayennepfeffer

Olivenöl

Das Weißbrot würfeln, in Wasser einweichen, ausdrücken und zerbröseln.

Zwiebeln, Speck und Wurst würfeln, in Olivenöl anbraten, Brotkrumen zugeben und mitbraten, regelmäßig wenden.

Knoblauch quetschen und mit den anderen Gewürzen nach Geschmack zugeben.

FRISELLE
aus Apulien

Zutaten für 4 Personen:

200 g altes Weißbrot in Scheiben

4 Tomaten

1 Zwiebel

Olivenöl

1 EL Basilikum

Wasser, 2 TL Essig

Die Weißbrotscheiben kurze Zeit in Essigwasser einlegen, bis sie weich sind, aber nicht zerfallen.

Währenddessen Tomaten und Zwiebeln würfeln, mit Oregano, Salz und Pfeffer würzen.

Die Mischung auf die Weißbrotscheiben legen und mit Olivenöl beträufeln.

> **Meine Variante:**
> Die eingeweichten Weißbrotscheiben in Olivenöl rösten und nach Belieben belegen, z.B. mit Chorizo, Oliven, Mozarella, Sardellen, Rucola, Kapern - oder was Ihnen sind noch einfällt.

* **Zubereitung: 1/4 Stunde.**

* **Zubereitung: 1/4 Stunde.**

Küchen-

Wörterbuch

Fachbeirat: Frau Oberstudienrätin Dorothee Friedel

D	GB	F	I
Zutaten			
Backpulver	baking-powder	levure chimique	lievito in polvere
Brot (Weiß-)	(white) bread	pain (blanc)	pane (bianco)
Butter	butter	beurre	burro
Eier	eggs	œufs	uova
Essig	vinegar	vinaigre	aceto
Fett, Brat-	fat	gras	grasso
Grieß	semolina	semoule	semolino
Hefe	yeast	levain	lievito
Kartoffeln	potatos	pomme de terre	patate
Knoblauch	garlic	ail	aglio
Makkaroni	macaroni	macaroni	maccheroni
Margarine	margarine	margarine	margarina
Mayonnaise	mayonnaise	mayonnaise	maionese
Mehl	flour	farine	farina
Mehl, Roggen-	wheat-flour	farine de seigle	farina di segale
Mehl, Weizen-	rye-flour	farine de froment	farina di frumento
Milch, Butter-	milk	lait	latte, latticello
Nudeln	noodle/pasta	nouilles	pasta
Öl	oil	huile	olio
Öl, Oliven-	olive oil	huile d'olive	olio di oliva
Pfeffer	pepper	poivre	pepe
Pfeffer, Cayenne-	red pepper		pepe di Caienna
Salz	salt	sel	sale
Senf	mustard	moutarde	senape
Spaghetti	spaghetti	spaghetti	spaghetti
Wasser	water	eau	acqua
Zucker	sugar	sucre	zucchero
Zubereitung	**Preparation**	**Préparation**	**Preparazione**
ausgebacken		frit/cuit	fritto
durchgebraten	well done	bien cuit	ben arrostito
gebraten	fried	rôti	arrosto
gegrillt	grilled/barbecued	grillé	ai ferri
gekocht	cooked	cuit	cotto
geräuchert	smoked	fumé	affumicato
geschmort	braised	braisé	in umido
halb durchgebr.	medium	medium	poco cotto
Müllerin Art		à la meunière	
paniert	breaded	pané	impanato

E	P	GR	S
		(einfache Lautschrift)	
levadura en polvo	levedura	béjkin	Bakpulver
pan (blanco)	pâo (alvo)	psomí	Bröd
mantequilla	manteiga	wútiro	Smör
huevos	ovos	awghá	Ägg
vinagre	vinagre	xídi	Ättika
grasa	gordo	páchoß	Stek-fett
sémola	sémola	ßimighdáli	Manna-gryn
levedura	levedura	majá	Jäst/Drägg
patata	batatas	patátes	Potatis
ajo	alho	skórdo	Vitlök
macarrones	macarão	makarónja	Makaroner
margarina	margarina	margaríne	Margarin
mayonesa	maionese	majonésa	Majonnäs
harina	farinha	aléwri	Mjöl
harina de centeno	farinha de centeio	sitálewro	Råg-mjöl
harina de trigo	farinha de trigo	aléwri sikáleos	Vete-mjöl
leche	leite	ghála	Mjölk
pastas	massas	chilopítäß	Nudel/Rulta
aceite	óleo	ládi	Olja
aceite de oliva	azeite	ládi apo eliés	Olivolja
pimienta	pimenta	pipéri	Peppar
	piripiri	búkowo	
sal	sal	aláti	Salt
mostaza	mostarda	mußtárda	Senap
espagueti	esparguete	ßpajäti	Spagetti
agua	água	neró	Vatten
azúcar	açucar	sáchari	Socker
Preparación	**Preparação**	**Proetimasía**	**Tillredning**
frito	frito	tiganísi	
muy hecho	bem passado	kalá (psiméno)	välstekt
asado	assado	psiméno	stekt
asado a la parrilla	grelhado	psitó	grillat
cocido	cozido	wraßtóß	kokt
ahumado	fumado	ine kapnísi	rökt
estofado	estufado	tiß kazarólaß	
poco hecho	médio, medium	métrio (psiméno)	lagom
	à moleira	panjíre	
empanado	panado	káni pané	panert

D	GB	F	I
Früchte	**Fruits**	**Fruits**	**Frutta**
Ananas	pineapple	ananas	ananasso
Apfel	apple	pomme	mela
Aprikose	apricot	abricot	albicocca
Banane	banana	banane	banana
Birne	pear	poire	pera
Dattel	date	datte	dattero
Erdbeere	strawberry	fraise	fragole
Feige	fig	figue	fico
Grapefruit	grapefruit	pamplemousse	pompelmo
Haselnuss	hazelnut	noisette	nocciola
Honigmelone	melon	melon	melone
Kirsche	cherry	cerise	ciliegia
Orange	orange	orange	arancia
Pfirsich	peach	pêche	pesca
Traube	grape	raisins	uva
Wassermelone	watermelon	pastèque	cocomero
Zitrone	lemon	citron	limone
Gemüse	**Vegetables**	**Légumes**	**Contorni**
Artischocken	artichoke	artichaut	carciofo
Auberginen	aubergine	aubergine	melanzana
Blumenkohl	cauliflower	chou-fleur	cavolfiore
Bohnen, grüne	green beans	haricots verts	fagiolini
Bohnen, große	broad beans	fèves	fagioli
Erbsen	peas	pois	piselli
Gurke	cucumber	concombre	cetriolo
Karotte	carrot	carotte	carote
Kartoffeln	potatos	pommes de terre	patate
Kichererbsen		pois chiches	ceci
Knoblauch	garlic	ail	aglio
Kohl	cabbage	chou	cavolo
Linsen	lentils	lentilles	lenticchie
Oliven	olives	olives	oliveco
Paprika	pepper	poivron	peperone
Petersilie	parsley	persil	prezzemolo
Pilze	mushrooms	champignons	funghi
Reis	rice	riz	riso
Salat, grüner	lettuce	laittue	lattuga
Spargel	asparagus	asperge	asparagi
Spinat	spinach	épinard	spinaci
Tomate	tomato	tomate	pomodoro
Zwiebel	onion	oignon	cipolla

E	**P**	**GR**	**S**
Frutos	**Frutas**	**Frúta**	**Frukt**
piña	ananás	ananes	Ananas
manzana	maçâ	míla	Äpple
albaricoque	alperces	wäríkoka	Aprikoser
plátano	bananas	banánes	Banan
pera	pêra	achládja	Päron
dátil	tâmara	churmádes	Dadlar
fresa	morango	fráules	Jordgubbar
higo	figo	ßíka	Fikon
pomelo	toronja	grépfrut	Grapefrukt
avellana	avelãs	fundúkja	Hasselnötter
melón	melâo	päpóni	Melon
cereza	cereja	käráßja	Körsbär
naranja	laranja	portokálja	Apelsiner
melocotón	pêssego	rodákina	Persika
uvas	uvas	ßtafílja	Vindruvor
sandía	melancía	karpúsi	Vattenmelon
limón	limã	lämóni	Citron
Verduras	**Legumes**	**Lachaniká**	**Grönsaker**
alcachofa	alcachofras	angináres	Artisjokk
berenjena	beringelas	melitsánes	
coliflor	couve-flor	kunupídi	Blomkål
judías verdes	feijâo	faßolákia	Bönor, gröna
judía haba	favas	jígantes	
guisantes	ervilhas	bisä´lja	Ärter
pepino	pepino	angúrja	Gurka
zanahoria	cenoura	karóta	Morötter
patatas	batatas	patátes	Potatis
garbanzos	grâo	stragália	
ajo	alho	ßkórdo	Vitlök
berza, col	couve	láchano	Kål
lentejas	lentilhas	fakä´ß	Lins
aceitunas	azeitonas	eljéß	Oliv
pimiento	pimentos	pipér	Paprika
perejil	salsa	maidanó	Persilja
hongo, seta	cogumelos	manitárja	Svamp
arroz	arroz	rísi	Ris
lechuga	alface	ßaláta marúlja	Grönsallad
espárragos	espargo	ßparángi	Sparris
espinacas	espinafre	ßpanájki	Spenat
tomate	tomate	domátes	Tomater
cebolla	cebola	krämídi	Lök

D	GB	F	I
Fisch	**Fish**	**Poisson**	**Pesce**
Aal	eel	anguille	anguilla
Austern	oysters	huîtres	ostriche
Barsch/Barbe	perch	perche	pesce persico/triglia
Brassen		brème	orata/dentice
Dorsch	cod (fish)	cabillaud	merluzzo
Forelle	trout	truite	trota
Garnelen	shrimp/prawn	crevette	gamberi
Hering	herring	hareng	aringhe
Hummer	lobster	homard	gambero di mare
Karpfen	carp	carpe	carpa
Krabben	crab	crevette	gambero
Krake	octopus	pieuvre	polipo
Krebs	crayfish	écrevisse	granchio
Lachs	salmon	saumon	salmone
Languste	spiny lobster	langouste	aragosta
Makrele	mackerel	maquerau	sgombro
Miesmuschel	mussel	moule	cozze
Muscheln (div.)		moules	vongole/precoci
Rotbarsch	rosefish	petite perche	pesce persico
Sardinen	sardines	sardines	sardine
Scholle	plaice	plie	passera di mare
Schwertfisch		espadon	pescespada
Seebarsch		loup de mer	spigola
Seehecht		brochet	nasello
Seespinne			
Seezunge	sole	sole	sogliola
Steinbutt	turbot	turbot	rombo
Stockfisch	dried cod	morue séchée	baccalà
Taschenkrebs		crabe	
Thunfisch	tuna	thon	tonno
Tintenfisch	squid	seiche	sepia
Fleisch	**Meat**	**Viande**	**Carne**
Beefsteak	beefsteak	bifteck	bistecca
Ente	duck	canard	anatra
Hähnchen	chicken	poulet	pollo
Hammel	muton	mouton	montone
Hackfleisch	minced meat	viande hachée	carne tritata
Hirn	brains	cervelle	cervello
Hirsch/Elch	venison/elk	cerf/élan	cervo/alce
Huhn	hen	poule	pollo
Kalb	veal	veau	vitello

E	**P**	**GR**	**S**
Pescados	**Peixe**	**Psariá**	**Fisk**
anguila	enguia	chä´li	Ål
ostras	ostras	strídia	Ostron
perca	garoupa/goraz	barbúni	Abborre
besugo	cachucos/sargo	lithrínia	
pequeño	badejo	bakalarákia	Torsk
trucha	truta	pä´ßtrofa	Forell
gambas	gambas/lagostins	gharídes	Räkor
arenque	arenque	rénga	Sill
bogavante	lavagante	aßtakóß	Hummer
carpa	carpa	ghriwádi	Karp
camarones	camarâoes	garídes	Krabba
pulpo	polvo	ochtapódi	
cangrejo	caranguejo	karawídes	Kräftor
salmón	salmão	ßolomós	Lax
langosta	lagosta	palinúri	
caballa	cavala	ßkumbrí	Makrill
mejillones	mexilhões	mídja	
almejas	amêijoas	kithóni	
gallinéta nordica	salmonete	kokinópsaro	Abborre
sardinas	sardinhas	sardéles	
platija	solho	ghlóßa	Rödspätta
pez espada	espadarte	xifías	
dorada	robalo	pérka	
merluza	espada	lútsos	
centolla	sapateira		
lenguado	linguado	ghlóßa	Sjötunga
rodaballo	rodovalho		Piggvar
bacalao	bacalhau	bakaliáro	Torsk
nécoras	santola	kawúlia	Havskräftor
atún/bonito	atum	tónoß	Tunfisk
calamares	lula	kalamarakía	Blekksprut
Carne	**Carne**	**Kréas**	**Kött**
biftec/bistec	bife	biftä´ki	Biff
pato	pato	pápja	Anka
pollo	frango	kotópulo	Kyckling
carnero	carneiro	arní	Lamm
carne picada	carne picada	kimás	malet kött
sesos	cérebro	mjalá	Hjärna
ciervo	veado	eláfi/	Hjort/Älg
gallina	galinha	kóta	Höns
ternera	vitela	moßchári	Kalv

D	GB	F	I
Kaninchen	rabbit	lapin	coniglio
Keule	leg	cuisse/gigot	coscia
Kotelett	chop/cutlet	côtelette	costata
Kutteln		tripes	trippa
Lamm	lamb	agneau	agnello
Leber	liver	foie	fegato
Lende/Filet	loin/fillet	longe/filet	lombatina
Nieren	kidney	rognon	rognoni
Rebhuhn	partridge	perdrix	pernice
Reh/Rentier	roe/reindeer	chevreuil/rentier	capriolo/
Rind	beef	boeuf	manzo
Rumpsteak	rump-steak	romsteck	costata di manzo
Schaf	sheep	mouton	pecora
Schinken (ger.)	ham	jambon fumé	prosciutto (crudo)
Schinken (gek.)		jambon cuit	prosciutto (cotto)
Schnecken	snail	escargots	chiocciola
Schnitzel	escalope	escalope	coteletta
Schwein	pork	porc	maiale
Spanferkel	sucking pig	cochon de lait	porcellino da latte
Speck	(fatty) bacon	lard	lardo
Truthahn	turkey	dindon/dinde	tacchino
Wachtel	quail	caille	quaglia
Wurst	sausage	saucisson	salsiccia/salumi
Ziege/Zicklein	goat	chèvre/chevrette	-/capretto
Zunge	tongue	langue	lingua
Getränke	**Drinks**	**Boissons**	**Bevande**
Bier	beer	bière	birra
Branntwein	brandy	eau-de-vie	grappa
Espresso		café	caffè
Kakao	cocoa	cacao	cioccolate/cacao
Milch	milk	lait	latte
Milchkaffee	milkcoffee	café au lait	caffeelatte
Mineralwasser	mineral water	eau minérale	acqua minerale
mit/ohne Kohlens.		avec/sans gaz	gassata/naturale
Mocca	mocha	café/moka	caffè
Orangenlimonade		orangina	orangeade
Tee	tea	thé	tè
Wein, Weiß-	white wine	vin blanc	vino bianco
Wein, Rot-	red wine	vin rouge	vino rosso
Zitronenlimonade	lemonade	citronnade	limonata
Zitronensaft	lemon juice	jus de citron	succo di limone
Prost!	**Cheers!**	**À votre santé!**	**Salute!**

E	P	GR	S
conejo	coelho	kunä´li	Kanin
pierna	perna	búti	Lår
chuleta	costeletas	brisóla	Kotlett
callos	tripas	patsás	
cordero	cordeiro/borrego	arnáki	Lamm
higado	fígado	ßikóti	Lever
lomo	lombo/lombinho	filéto	Filé/Biffkött
riñones	rins	näfrá	Njurar
perdiz	perdiz	pérdika	Rapphöna
corzo	corço	sarkádi/tárandos	RådjurRen
vaca	vaca	moßchári kréas	Oxkött
entrecot	entrecosto	kilóto	Rumpstek/oxstek
oveja/carnero	ovelha/carneiro	prówato	Får
jamón serrano	presunto	chiroméri	rökt skinka
jamón de york	fiambre	sambón	kokt skinka
caracoles	caracóis	salingári	Snäcka
escalope	escalope	ßnítsel	Snitsel
cerdo	porco	chirinó kréas	Fläsk
lechón, cochinillo	leitâo	gurunópulo	Spädgris
tocino	toucinho	pachí	Bacon, flesk
pavo	perú	ghalopúhla	Kalkon
codorniz	codorniz	ortíki	Vaktel
chorizo	Chouriço	lukániko	Korv
cabra/-	-/cabrito	katsíki/katsikáki	get
lengua	língua	ghlóssa	Tunga
Bebidas	**Bebidas**	**Potá**	**Drycker**
cerveza	cerveja	bíra	Öl
aguardiente	aguardente	konják/raki/úso	Brandy/Cognac
café	café	kafé	Espresso
cacao	chocolate quente	kakáo	Choklad
leche	leite	ghála	Mjölk
café con leche	garoto	"Néskaffee"	Kaffe med grädde
agua mineral	água mineral	metallikó neró	Mineralvatten
con/sin gas	com/sem gás	andrakikó	med/utan kolsyra
sole/café	bica	kafé	Mocka(kaffe)
	laranjada	portokaláda	Apelsinsquash
té	chá	tzái	Te
vino blanco	vinho branco	áßpro kraßí	Vitvin
vino tinto	vinho tinto	kókkino kráßi	Rödvin
limonada	limonada	limonáda	Limonad
zumo de limón	sumo de limão	chimós limóni	Citronsaft
A su salud!	**Saúde!**	**Jámas!**	**Skål!**

D	GB	F	I
Sonstiges			
Eiscreme	ice (cream)	glace	gelato
Honig	honey	miel	miele
Joghurt	yoghurt	yaourt	yogurt
Käse	cheese	fromage	formaggio
Käse, Schafs-	sheep's milk cheese		pecorino
Käse, Ziegen-	goat's milk cheese	fromage de chèvre	
Marmelade	jam/marmelade	confiture	marmellata
Quark	curd cheese	fromage blanc	ricotta
Redewendungen			
Guten Morgen	good morning	bonjour	buon giorno
Guten Tag	how do you do?	bonjour	buon giorno
Bitte (um etwas)	please	s'il vous plaît	per favore
Danke	thank you	merci	grazie
Ja/nein	yes/no	oui/non	si/no
Auf Wiedersehen	good bye	au revoir	arrivederci/ciao
Sprechen Sie	do you speak	parlez-vous	parla
deutsch/englisch?	german/english?	allemand/anglais?	tedesco/inglese?
Ich möchte ...	I want ...	Je voudrais...	vorrei ...
Was kostet es?	how much is?	Ça coûte combien?	quanto costa?
Zahlen			
eins/eine	one	un/une	uno/un
zwei	two	deux	due
drei	three	trois	tre
vier	four	quatre	quattro
fünf	five	cinq	cinque
sechs	six	six	sei
sieben	seven	sept	sette
acht	eight	huit	otto
neun	nine	neuf	nove
zehn	ten	dix	dieci
zwanzig	twenty	vingt	venti
dreißig	thirty	trente	trenta
vierzig	forty	quarante	quaranta
fünfzig	fifty	cinquante	cinquanta
sechzig	sixty	soixante	sessanta
siebzig	seventy	soixante-dix	settanta
achtzig	eighty	quatre-vingt	ottanta
neunzig	ninety	quatre-vingt-dix	novanta
hundert	hundred	cent	cento
tausend	thousand	mille	mille

E	P	GR	S
helado	Gelado	pagotó	Glass
miel	mel	méli	Honung
yogur	iogurte	jaúrti	Yoghurt
queso	Queijo	kaséri	Ost
queso de oveja	Queijo Serra	próviu tirí	
queso de Cabra	Queijo de cabra	katsikísio tirí	Getost
mermelada	Doce	marmeláda	Marmelad
requesón	Requeijão	misíthra	Kvark
Buenos días	Bom dai (bis 12)	káli méra (bis 12)	god morgon
Buenos días	Boa tarde (nach 12)	kálispéra (nach 12)	god dag
Por favor	Faz favor	parakaló	varsågod
Gracias	Obrigádo	efcharistó	tack
sí/no	sim/não	nä/oichí	ja/nej
Adiós	Adeus	jássu/adío	adjö
Habla Usted	Fala	miláte	talar Ni
alemán/inglés?	alemâo/inglês?	jermaniká/angliká?	tyska/engelska?
Quisiéra ...	Queria ...	egó thélo ...	jag ville ...
Cuánto cuesta?	Quanto custa?	póso káni?	vad kostar det?
uno	um/uma	äna/mia	en, ett
dos	dois/duas	thío	tvǎ
tres	três	tría	tre
cuatro	quatro	téssera	fyra
cinco	cinco	pénde	fem
seís	seis	éxi	sex
siete	sete	eftá	sju
ocho	oito	ochtó	åta
nueve	nove	enjá	nio
diez	dez	théka	tio
veinte	vinte	íkosi	tjugo
treinta	trinta	triánda	trettio
cuarenta	quarenta	saránda	fyrtio
cincuenta	cinquenta	penínda	femtio
sesenta	sessenta	exínda	sextio
setenta	setenta	efthomínda	sjuttio
ochenta	oitenta	ochthónda	åttio
noventa	noventa	enenínda	nittio
cien	cem	ekató	hundra
mil	mil	chília	tusen

D	GB	F	I

Brüche
einhalb	half	un demi	mezzo/mezza
ein Viertel	quarter	un quart	un quarto
ein Zehntel	tenth	un dixième	un decimo

Gewichte
100 Gramm	hundred gram	cent grammes	cento grammos
1 Kilogramm	one kilogram	un kilo	un chilo (grammo)
1 Liter	one litre	un litre	un litro

Zubehör
Gas	gas	gaz	gas
Holzkohle	charcoal	charbon de bois	carbone di legna
Grill	barbecue	barbecue	griglia
Filtertüten	filterbag	papier filtrant	filtri di carta
Messer	knife	couteau	coltello
Gabel	fork	fourchette	forchetta
Löffel	spoon	cuill	cucchiaio
Teller	plate	assiette	piatto
Topf	pan/pot	pot/casserole	pentola
Dampftopf	pressure-cooker	cocotte à pression	pentola a pressione
Pfanne	pan	poêle	padella
Sieb	strainer/sieve	passoire	setaccio/passino

Einkaufsläden			
Bäckerei	bakery	boulangerie	panettería
Metzgerei	butcher's (shop)	boucherie	macellería
Fischgeschäft	fishmonger's	poissonnerie	pescería
Gemüseladen	greengrocer's	marchand de légumes	fruttivendolo
Milchgeschäft	dairy	laiterie	lattería
Haushaltswaren	household article	articles de ménage	neg. di casalinghi
Supermarkt	supermarket	super-marché	supermercáto

Nachträge

Besonders würden wir uns freuen, wenn Sie uns helfen würden .....

E	P	GR	S
un médio	meio/meia	misó	halv
un cuárto	um quarto	éna tétardo	kvarter
un décimo		éna thékato	
cien gramos	cem gramas	ekató grammária	hundra gram
uno kilo	um quilo	éna kiló	en kilogram
uno litro	um litro	éna lítro	en liter
gas	gás	gás	gas
carbón vegetál	carvão vegetal	xílo kárbona	träkol
parrilla	grelha	grill	grill
filtros de papel	filtros de café	fíltro	
cuchillo	faca	machéri	kniv
tenedor	garfo	pirúni	gaffel
cuchara	colher	kutáli	sked
plato	prato	piátto	tallrik
marmita/olla	panela/pote	kazzaróla	kastrull/gryta
olla a presión		chídra	
sartén	sertã	tigháni	panna
colador	peneira/passador	stragistíri	såll
panadería	padaria	fúrnos	Bageri
carnicería	talho	kreopolío	Köttaffär
pescadería	peixeiro	ichthiopolío	fiskaffär
verdulería		manavikó	grönsakeraffär
lechería	leitaria	ghalaktopolío	mjölkbutik
almacén		polikatástima	
supermercado	supermercado	supermárket	supermarknad

.... die Lücken in unserem Küchenwörterbuch zu schließen!

Rezeptverzeichnis – nach Kapiteln

Kapitel 1
Cevapcici 25
Einkochen 28
Frikassee vom Huhn 27
Gulasch, gemischt 23
Hackfleischbällchen 22
Heidelbeermarmelade 29
Kapernfleisch 23
Königsberger Klopse 22
Lammragout 27
Orangenmarmelade 30
Pilze, eingekocht 30
Preiselbeerkompott 29
Rinderherz, geschmort 26
Rouladen 24
Schmorbraten 25
Sterilisation 21
Vorbereitung 19

Kapitel 2
Anti-Pasto mit Fisch 33
Anti-Pasto von Gemüse 33
Auberginenpürree 39
Avocadomus 39
Eier, gefüllt 41
Früchtecocktail 34
Gazpacho 36
Heringshack 38
Honigmelone mit Schinken 43
Imam Bayildi 37
Lachs-Tatar 45
Obatzter 41
Pilze, mariniert 44
Russische Eier 43
Schafskäse, mariniert 44
Tatar 45
Tomaten mit 2 Füllungen 42
Tomaten mit Mozzarella 40
Weinblätter, gefüllt 35
Zaziki 35
Zucchini, kalt 37

Kapitel 3
Apfelsinen-Salat 55
Auberginen-Salat 62
Brotsalat 63
Champignon-Salat 56
Chicorée-Salat 51
Chinakohl-Salat 61
Cocktailsauce 64
Fenchel-Apfelsinen-Salat 50
Fenchelsalat spezial 50
Griechischer Salat 58
Gurken-Salat 59
Joghurtsauce 64
Kohlrabi-Salat 60
Kräutersauce 64, 65
Löwenzahn-Salat 57
Marinade 65
Mayonnaise 65
Meeres-Salat 54

Nudelsalat 63
Obst-Käse-Salat 53
Rettich-Salat 59
Sauerkraut-Ananas-Salat 52
Sauerkraut-Salat 52
Schnittlauchsauce 65
Spinat-Salat 51
Staudensellerie-Salat 57
Teufelssauce 64
Tomaten-Salat 61, 62
Vinaigrette 49
Zucchini-Salat 53

Kapitel 4
Biersuppe 79
Blumenkohlsuppe 68
Bohnensuppe 74
Broccolicremesuppe 74
Curry-Krabben-Suppe 73
Fischsuppe 76
Flädlesuppe 72
Irish Stew 81
Joghurtsuppe 72
Kalbfleischtopf 81
Knoblauchsuppe 71
Lachs-Suppe 77
Lamm-Eintopf 79
Miesmuschelsuppe 75
Nudeltopf 80
Pilzsuppe 70
Porreesuppe 70
Soljanka 68
Tomaten-Fischsuppe 76
Tomaten-Paprika-Suppe 69
Tomatensuppe 69
Weinsuppe 75
Zucchini-Suppe 77
Zwiebelsuppe 78

Kapitel 5
Auberginen, überbackene 102
Auberginenscheiben 99
Bauernfrühstück 87
Bauernpfanne 91
Blitzgulasch 85
Bohnenpfanne 86
Chili-con-Carne 93
Chili-Dogs 93
Fischgulasch 99
Fleischbällchen, gefüllte 98
Gemüsepfanne mit Schafskäse 97
Gurkenpfanne 88
Hackfleisch „Fidel Castro" 91
Hackfleischpfanne 98
Hähnchen-Reis-Pfanne 92
Keftedes 90
Leberkäse-Zucchini-Pfanne 96
Letscho 97
Mexikanische Pfanne 92
Nudelkuchen 95

Nudelpfanne 87
Olivenpfanne 101
Paella 94
Paprika, gefüllte 102
Paprikagulasch 85
Paprikapfanne 88
Putenpfanne 100
Ravioli-Tuning 86
Reisfleischpfanne 100
Reispfanne 89
Schinkennudeln 95
Schweinegeschnetzeltes 90
Spätzlestopf 101
WOMO-Ratatouille 89
Zucchini in Sahnesauce 96

Kapitel 6
Apfelpfannkuchen 107
Camembert m. Cognacbanane 122
Crêpes 112
Eier, gefüllte 117
Eier, pochierte 118
Eierhäckerle 105
Frittata di Cipolle 114
Frittata di Verdura 114
Grieß-Schmarren 113
Ham and Eggs 105
Heidelbeerpfannkuchen 111
Holländische Eier 118
Kaiserschmarren 111
Käseomeletts, gefüllte 110
Käsepfanne 122
Käsepfannkuchen 109
Kräuterrührei 106
Omelett mit Rum 108
Pancakes 109
Quark-Variationen 120
Quarkeierkuchen 121
Quarkflammeri 119
Quarkpfannkuchen 107
Quarkpiroggen 121
Quarkplinsen 119
Rühreierkartoffeln 115
Soleier 117
Spaghetti-Omelett 113
Spiegeleier 106
Spiegeleier mit Käse 105
Süße Hefeplinsen 108
Verlorene Eier 116
Zucchinipuffer 115

Kapitel 7
Bonito 129
Bratfisch 128
Fisch-Kebab 134
Fisch-Risotto 127
Fischgulasch 126
Fischtopf 127
Forelle „Müllerin" 132
Forelle blau 125
Forelle mit Mandelsauce 133
Forelle, gegrillte 133
Garneelen-Spieße 136
Gebackene Meerestiere 130
Gegrillte Sardinen 130

Gegrillter Lachs 129
Grillfisch 128
Heringe, grüne 126
Mandelforelle 132
Miesmuscheln in Weinsud 137
Miesmuscheln mit Reis 137
Schollenfilets 125
Seehechtfilet 131
Speckscholle 131
Steckerl-Fische 134
Stockfisch in Tomatensauce 135
Stockfisch mit Oliven 135
Thunfischsalat 138
Tintenfisch, geschmort 136

Kapitel 8
Bifteki 151
Cordon bleu 144
Filetgulasch 143
Fleischtopf 147
Gulasch aus Sojawürfeln 151
Hähnchen provenzalisch 153
Holsteiner Schnitzel 144
Hühnerbrüste auf Curryreis 154
Kalbshaxe 143
Kalbsleber 149
Karbonaden, mariniert 146
Lammkeule 150
Putengeschnetzeltes 152
Putengulasch 153
Putenkeulen 152
Rinder-Steak 141
Rinderbraten 142
Rindergulasch 142
Sahne-Koteletts 149
Schweine-Lende 145
Schweine-Steak 145
Schweinebraten 148
Schweinerippchen, gebraten 146
Szegediner Gulasch 147

Kapitel 9
Aioli 163
Apfelsinen-Bananen-Spießchen 166
Auberginen, gefüllte, gegrillt 167
Auberginen, gegrillt 167
Bananen, gegrillt 166
Bechamelsauce 163
Birnen, gegrillt 165
Cevapcici 161
Filetmedaillons 158
Grillfisch 165
Grillwürstchen 160
Hacksteaks 162
Kartoffeln, gegrillt 167
Kotelett 157
Lammkoteletts 159
Maiskolben, gegrillt 168
Marinaden 157
Paprika, gegrillt 168
Paprikareis 169
Paprikaröllchen 169
Sauce, Amerikanische 163
Sauce, Grüne 164
Sauce, Ungarische 164

Schafskäse, gegrillt 165
Schälrippchen 159
Schinkensteak 159
Schnitzel 157
Schweineschnitzel, gefüllt 158
Souvlakia 162
Spieße, kleine 160
Tomaten, gegrillt 168
Würstchen-Schaschlik 161
Zucchini, gefüllt und gegrillt 170
Zucchini, gegrillt 170

Kapitel 10
Auberginenragout 176
Blumenkohl mit Holl. Sauce 175
Blumenkohl mit Käsesauce 175
Blumenkohl, paniert 173
Broccoli mit Schinkensauce 173
Okraschoten, geschmort 176
Zucchini-Tomaten-Gemüse 174
Zwiebelgemüse 174

Kapitel 11
Apfelnudeln 199
Bauernfrühstück 183
Bratkartoffeln 180
Bratkartoffeln, roh 184
Butterkartöffelchen 180
Curryreis 190
Dampfnudeln 200
Karamelkartoffeln 182
Kartoffeln auf Salz 181
Kartoffelomelett mit Zwiebel 186
Kartoffelpfanne 187
Kartoffelpuffer 184
Kartoffelrädle, saure 183
Kartoffelrösti 185
Kartoffelsalate 188
Käsespätzle 199
Makkaroni 197
Milchreis 195
Nudeln „Carbonara" 196
Nudeln mit Tomatensauce 198
Nudeln, grundsätzliches 196
Pellkartoffeln 179
Pellkartoffeln mit Gemüsesauce 181
Pilaw 193
Reibekuchen, westfälischer 186
Reis im SKT 190
Reisfleisch, serbisches 194
Reisfrikadellen 191
Reisschmarren 192
Risipisi 191
Risotto 193
Röstkartoffeln mit Pfiff 182
Sahnekartoffeln 181
Salzkartoffeln 179
Schupfnudeln 185
Spaghetti m. Sauce Bolognese 198
Tortellini 197
Tortilla 187

Kapitel 12
Aprikosenkuchen, gestürzter 204
Backen im WOMO 203

Bikuitkuchen 205
Brot aus Sauerteig 214
Brotfladen 215
Erdbeertorte 208
Fertigbackmischungen 212
Fladenpizza 215
Frischkäse-Zitronentorte 210
Gugelhupf 206
Käse-Sahne-Torte 209
Kirschkuchen 204
Krapfen 207
Krümelkuchen 211
Obsttorte 211
Pizza 216
Quarkschmarren 207
Rührkuchen mit Früchten 206
Rührkuchen mit Schokolade 205
Vollkornbrot 213
Vollkornbrötchen 213
Weinschaumtorte 209

Kapitel 13
Ambrosia 221
Ananas, gefüllt 220
Apfelküchle 225
Apfelrösti 223
Bananen, flambiert 222
Bananen, gegrillt 223
Bananencreme 222
Birnen, gefüllt 226
Biskuit Fanny 224
Eierlikör-Quark-Creme 228
Erdbeer-Reis-Salat 229
Fruchtjoghurt 227
Fruchtpudding 221
Himbeer-Charlotte 225
Melonensalat 220
Obstsalate 219/227
Quark, süßer 228
Sabayon-Sauce 226
Schokoladensuppe 229
Weintraubenbecher 224

Kapitel 14
Apfel-Buttermilch-Speise 235
Arme Ritter 234
Brotsuppe 236
Brotsuppe (süße) 236
Brotsuppe mit Parmesan 237
Friselle 242
G´schmelzte Brotsuppe 235
Kartäuserklösse 234
Käsebällchen 238
Migas 242
Nudelsteak 241
Quarkkeulchen 239
Reis (geröstet) 240
Reissalat 240
Schinkennudeln 241
Schnee-Eier 239
Semmeleierkuchen 233
Spirellipfanne 238
Tomaten-Brotsuppe 237
Weißbroteierkuchen 233

Rezeptverzeichnis – alphabetisch

Aioli 163
Ambrosia 221
Amerikanische Sauce 163
Ananas (gefüllt) 220
Anti-Pasto 33
Apfel-Buttermilch-Speise 235
Apfelküchle 225
Apfelnudeln 199
Apfelpfannkuchen 107
Apfelrösti 223
Apfelsinen-Salat 55
Aprikosenkuchen 204
Arme Ritter 234
Auberginen 167
Auberginen (überbacken) 102
Auberginen (gefüllt) 167
Auberginen-Salat 62
Auberginenpüree 39
Auberginenragout 176
Auberginenscheiben 99
Avocadomus 39
Bananen (flambiert) 222
Bananen (gegrillt) 166
Bananencreme 222
Bauernfrühstück 87, 183
Bauernpfanne 91
Bechamelsauce 163
Biersuppe 79
Bifteki 151
Birnen (gefüllt) 226
Birnen (gegrillt) 165
Biskuit Fanny 224
Biskuitkuchen 205
Blitzgulasch 85
Blumenkohl 173, 175
Blumenkohlsuppe 68
Bohnenpfanne 86
Bohnensuppe 74
Bonito 129
Bratfisch 128
Bratkartoffeln 180, 184
Broccoli 173
Broccolicremesuppe 74
Brotfladen 215
Brotsalat 63
Brotsuppe 236
Brotsuppe mit Parmesan 237
Brotsuppe (süße) 236
Butterkartöffelchen 180
Camembert 122
Cevapcici 25, 161
Champignon-Salat 56
Chicorée-Salat 51

Chili con Carne 93
Chili-Dogs 93
Chinakohl-Salat 61
Cocktailsauce 64
Cordon bleu 144
Crêpes 112
Curry-Krabben-Suppe 73
Dampfnudeln 200
Eier (gefüllt) 41
Eier (gefüllte) 117
Eier (holländische) 118
Eier (pochierte) 118
Eier (verlorene) 116
Eierhäckerle 105
Eierlikör-Quark-Creme 228
Erdbeer-Reis-Salat 229
Erdbeertorte 208
Fenchelsalat spezial 50
Fenchel-Apfelsinen-Salat 50
Filetgulasch 143
Filetmedaillons 158
Fisch-Kebab 134
Fisch-Risotto 127
Fischgulasch 99
Fischsuppe 76
Fischtopf 127
Fladenpizza 215
Flädlesuppe 72
Fleischbällchen 98
Fleischtopf 147
Forelle 125
Forelle (gegrillt) 133
Forelle "Müllerin" 132
Frikassee 27
Frischkäse-Zitronentorte 210
Friselle 242
Frittata di cipolle 114
Frittata di verdura 114
Früchte-Cocktail 34
Fruchtjoghurt 227
Fruchtpudding 221
G´schmelzte Brotsuppe 235
Garnelen-Spiesse 136
Gazpacho 36
Gemüsepfanne 97
Griechischer Salat 58
Griess-Schmarren 113
Grillfisch 128, 165
Grillwürstchen 160
Guacamole 39
Gugelhupf 206
Gulasch 23, 147, 151
Gurken-Salat 59

Gurkenpfanne 88
Hackfleisch 91
Hackfleischbällchen 22
Hackfleischpfanne 98
Hacksteaks 162
Hähnchen 153
Hähnchen-Reis-Pfanne 92
Ham and Eggs 105
Hefeplinsen 108
Heidelbeermarmelade 29
Heringe (grüne) 126
Heringshack 38
Himbeer-Charlotte 225
Honigmelone 43
Hühnerbrüste 154
Imam Bayildi 37
Irish Stew 81
Joghurtsauce 64
Joghurtsuppe 72
Kaiserschmarren 111
Kalbfleischtopf 81
Kalbshaxe 143
Kalbsleber 149
Kapernfleisch 23
Karamelkartoffeln 182
Karbonaden 146
Kartäuserklösse 234
Kartoffeln (gegrillt) 167
Kartoffelomelett 186
Kartoffelpfanne 187
Kartoffelpuffer 184
Kartoffelrädle 183
Kartoffelrösti 185
Kartoffelsalate 188
Käse-Sahne-Torte 209
Käsebällchen 238
Käseomeletts 110
Käsepfanne 122
Käsepfannkuchen 109
Käsespätzle 199
Keftedes 90
Kirschkuchen 204
Knoblauchsuppe 71
Kohlrabi-Salat 60
Königsberger Klopse 22
Kotelett 157
Krapfen 207
Kräuerrühreier 106
Kräutersauce 64
Krümelkuchen 211
Lachs (gegrillter) 129
Lachs-Suppe 77
Lachs-Tatar 45

Lamm-Eintopf 79
Lammkeule 150
Lammkoteletts 159
Lammragout 27
Leberkäse-Zucchini-Pfanne 96
Letscho 97
Löwenzahn-Salat 57
Maiskolben 168
Makkaroni 197
Mandelforelle 132
Marinade 65
Marinaden 157
Mayonnaise 65
Meeres-Salat 54
Meerestiere (gefüllte) 130
Melonensalat 220
Mexikanische Pfanne 92
Miesmuscheln 137
Miesmuschelsuppe 75
Migas 242
Milchreis 195
Nudelkuchen 95
Nudeln 196
Nudelpfanne 87
Nudelsalat 63
Nudelsteak 241
Nudeltopf 80
Obatzter 41
Obst-Käse-Salat 53
Obstsalat 219, 227
Obsttorte 211
Okraschoten 176
Oliven-Pfanne 101
Omelett 108
Orangenmarmelade 30
Paella 94
Pancakes 109
Paprika (gefüllt) 102
Paprika (gegrillt) 168
Paprikagulasch 85
Paprikapfanne 88
Paprikareis 169
Paprikaröllchen 169
Pellkartoffeln 179, 181
Pfannenknecht 15
Pfannkuchen 111
Pilaw 193
Pilze 44
Pilze (eingekocht) 30
Pilzsuppe 70
Pizza 216
Porreesuppe 70
Preiselbeerkompott 29
Putengeschnetzeltes 152
Putengulasch 153
Putenkeulen 152
Putenpfanne 100

Quark 228
Quark-Variationen 120
Quarkeierkuchen 121
Quarkflammeri 119
Quarkkeulchen 239
Quarkpfannkuchen 107
Quarkpiroggen 121
Quarkplinsen 119
Quarkschmarren 207
Ratatouille 89
Ravioli-Tuning 86
Reibekuchen 186
Reis (geröstet) 240
Reis kochen 190
Reisfleisch 194
Reisfleischpfanne 100
Reisfrikadellen 191
Reispfanne 89
Reissalat 240
Reisschmarren 192
Rettich-Salat 59
Rinder-Steak 141
Rinderbraten 142
Rindergulasch 142
Rinderherz 26
Risipisi 191
Risotto 193
Röstkartoffeln 182
Rouladen 24
Rühreierkartoffeln 115
Rührkuchen 205
Russische Eier 43
Sabayon-Sauce 226
Sahne-Koteletts 149
Sahnekartoffeln 181
Salate 47
Salzkartoffeln 179
Sardinen (gefüllte) 130
Sauce (grüne) 164
Sauce (ungarische) 164
Sauerkraut-Ananas-Salat 52
Sauerkraut-Salat 52
Schafskäse 44, 165
Schälrippchen 159
Schinkennudeln 95, 241
Schinkensteak 159
Schmorbraten 25
Schnee-Eier 239
Schnittlauchsauce 65
Schnitzel 157
Schnitzel (Holstein) 144
Schokoladensuppe 229
Schollenfilets 125
Schupfnudeln 185
Schweine-Lende 145
Schweine-Steak 145
Schweinebraten 148

Schweinegeschnetzeltes 90
Schweinerippchen 146
Schweineschnitzel 158
Seehechtfilet 131
Semmeleierkuchen 233
Soleier 117
Soljanka 68
Souvlakia 162
Spaghetti 198
Spaghetti-Omelett 113
Spätzlestopf 101
Speckscholle 131
Spiegeleier 105, 106
Spiesschen 166
Spiesse 160
Spinat-Salat 51
Spirellipfanne 238
Staudensellerie-Salat 57
Steckerlfische 134
Stockfisch 135
Tatar 45
Teufelssauce 64
Thunfischsalat 138
Tintenfisch (geschmort) 136
Tomaten (2 Füllungen) 42
Tomaten (gegrillt) 168
Tomaten mit Mozzarella 40
Tomaten-Brotsuppe 237
Tomaten-Fischsuppe 76
Tomaten-Paprika-Suppe 69
Tomaten-Salat 61, 62
Tomatensuppe 69
Tortellini 197
Tortilla 187
Trinkwasser 16
Vinaigrette 49
Vollkornbrot 213
Vollkornbrötchen 213
Weinblätter 35
Weinschaumtorte 209
Weinsuppe 75
Weintraubenbecher 224
Weissbroteierkuchen 233
Würstchen-Schaschlik 161
Zaziki 35
Zucchini 37
Zucchini (gefüllt) 170
Zucchini (gegrillt) 170
Zucchini in Sahnesauce 96
Zucchini-Salat 53
Zucchini-Suppe 77
Zucchini-Tomaten-Gemüse 174
Zuccchinipuffer 115
Zwiebelgemüse 174
Zwiebelsuppe 78

Wir bestellen zur sofortigen Lieferung: (Alle Preise in € [D], Preisänderungen vorbehalten)

☐ Wohnmobil Handbuch	19,90 €		☐ Ligurien	17,90 €	
☐ Wohnmobil Kochbuch	12,90 €		☐ Loire-Tal/Paris	17,90 €	
☐ Heitere WOMO-Geschichten	6,90 €		☐ Languedoc/Roussillon	19,90 €	
☐ Multimedia im Wohnmobil	9,90 €		☐ Marokko	18,90 €	
☐ Gordische Lüge – WOMO-Krimi	9,90 €		☐ Namibia	19,90 €	
☐ Albanien	17,90 €		☐ Neuseeland	19,90 €	
☐ Allgäu	17,90 €		☐ Niederlande	19,90 €	
☐ Auvergne	17,90 €		☐ Nord-Frankreich	19,90 €	
☐ Bayern (Nordost)	19,90 €		☐ Normandie	17,90 €	
☐ Belgien & Luxemburg	18,90 €		☐ Norwegen (Nord)	19,90 €	
☐ Bretagne	18,90 €		☐ Norwegen (Süd)	19,90 €	
☐ Burgund	17,90 €		☐ Österreich (Ost)	17,90 €	
☐ Dänemark	17,90 €		☐ Österreich (West)	17,90 €	
☐ Elsass	18,90 €		☐ Ostfriesland	18,90 €	
☐ England	18,90 €		☐ Peloponnes	17,90 €	
☐ Finnland	18,90 €		☐ Pfalz	19,90 €	
☐ Franz. Atlantikküste (Nord)	17,90 €		☐ Piemont/Aosta-Tal	17,90 €	
☐ Franz. Atlantikküste (Süd)	17,90 €		☐ Polen (Nord/Masuren)	19,90 €	
☐ Griechenland	19,90 €		☐ Polen (Süd/Schlesien)	17,90 €	
☐ Hessen (Norden + Osten)	19,90 €		☐ Portugal	19,90 €	
☐ Hunsrück/Mosel/Eifel	19,90 €		☐ Provence & Côte d'Azur (Ost)	18,90 €	
☐ Irland	18,90 €		☐ Provence & Côte d'Azur (West)	18,90 €	
☐ Korsika	17,90 €		☐ Rumänien	19,90 €	
☐ Kreta	14,90 €		☐ Pyrenäen	17,90 €	
☐ Kroatien (Dalmatien)	17,90 €		☐ Sachsen	19,90 €	
☐ Latium/Rom/Abruzzen	18,90 €		☐ Sardinien	19,90 €	
			☐ Schleswig-Holstein	19,90 €	
			☐ Schottland	18,90 €	
			☐ Schwabenländle	17,90 €	
			☐ Schwarzwald	17,90 €	
			☐ Schweden (Nord)	18,90 €	
			☐ Schweden (Süd)	19,90 €	
			☐ Schweiz (Ost)	19,90 €	
			☐ Schweiz (West)	18,90 €	
			☐ Sizilien	17,90 €	
			☐ Slowenien	17,90 €	
			☐ Spanien (Nord/Atlantik)	19,90 €	
			☐ Spanien (Ost/Katalonien)	17,90 €	
			☐ Spanien (Süd/Andalusien)	17,90 €	
			☐ Süditalien (Osthälfte)	19,90 €	
			☐ Süditalien (Westhälfte)	17,90 €	
			☐ Süd-Tirol	18,90 €	
			☐ Thüringen	19,90 €	
			☐ Toskana & Elba	19,90 €	
			☐ Trentino/Gardasee	17,90 €	
			☐ Tschechien	18,90 €	
			☐ Tunesien	17,90 €	
			☐ Türkei (West)	18,90 €	
			☐ Türkei (Mitte-Kappadokien)	18,90 €	
			☐ Umbrien & Marken mit Adria	17,90 €	
			☐ Ungarn	19,90 €	
			☐ Venetien/Friaul	19,90 €	

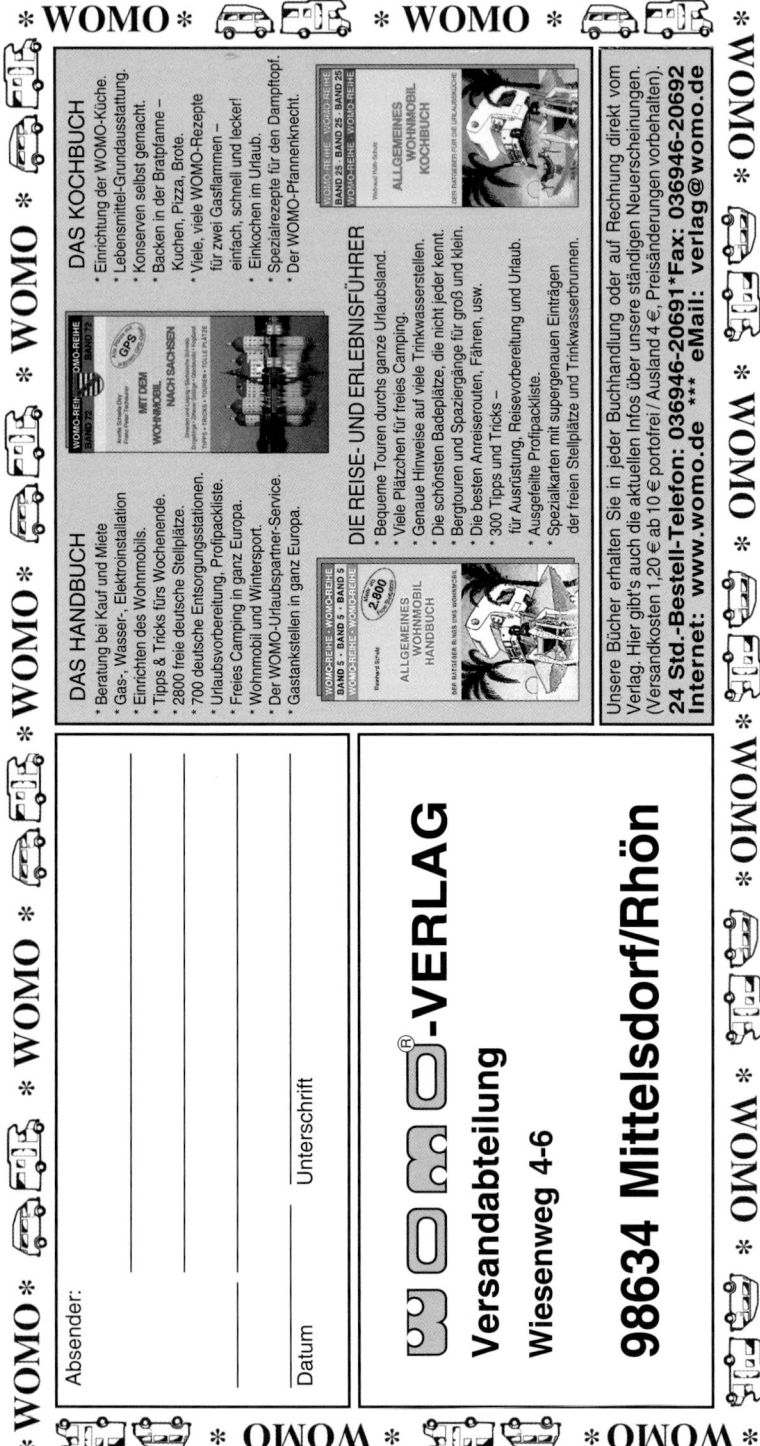